別冊　問題

大学入試　全レベル問題集

現代文

5　私大最難関レベル

改訂版

目次

評論

『恋愛の社会学』

谷本奈穂（たにもと なほ）

早稲田大学　文学部（改）

目標解答時間　20分

本冊（解答・解説）　p.14

七〇年代までの恋愛観と九〇年代以降の恋愛観を対比して、その相違点を理解しよう。

次の文章を読んで、あとの問いに答えよ。

大越愛子は、近代以前の社会では「『恋愛』、『性愛』、『結婚』は分離したものであった」と断言している。だが、私たちは、結婚式で「お二人はめでたくゴールインされ」などというスピーチを聞くことがある。この「ゴールイン」という言葉は、恋愛の目的が結婚だという認識があることからきている。ならば、少なくとも近代以降を生きる私たちには、「恋愛と結婚が結びついている意識」があるということだ。

山田昌弘によれば、そもそも恋愛と結婚は矛盾している。結婚にふさわしい相手を好きになるとはかぎらないし、結婚後に配偶者以外の人を好きになることもありえるからだ。結婚相手にふさわしくない相手に恋愛感情をもってしまえば「階統的秩序」を乱すことになるし、夫婦以外の人に恋愛感情をもてば「家族的秩序」を乱すことになるだろう。そうして、完全に自由な恋愛は、社会にとって望ましい結婚制度を1ホウカイさせる危険性をもはらんでいると見なされるようになる。人が好き勝手に自分の感情に基づき他者を好きになっていては社会が不安定なものになる。安定的な社会のためには、恋愛を結婚に見合うものにする必要が出てきたのである。

そこで、社会は三つの戦略を用意する。一つは、 a 。例えば、結婚は結婚として維持しながら、花街で恋愛をしたり愛人を囲ったりするスタイルである。現在では公然とこの戦略を使うことは社会的に認められにくくなったものの、かつてはかなり許容されていた。

二つ目は、恋愛を抑制する戦略である。例えば、宗教の力を使って恋愛感情そのものを罪悪としてしまう方法が一つの例としてあげられるだろう。

最後に、 b である。これこそがロマンティック・ラブ・イデオロギーと呼ばれるものだ。十八世紀から十九世紀にかけて西欧に誕生し、日本でも高度経済成長期以降に普及したとされる。ロマンティック・ラブ・イデオロギーは、もともとは矛盾する恋愛と結婚を結びつけて、結婚相手としてふさわしい相手に抱く感情を恋愛感情と規定する。すると、結婚相手としてふさわしくない相手との関係は、偽物の恋愛として排除され、ふさわしい相手との関係が正しい恋愛として推奨されることになる。例えば、同性同士のカップルやあまりにも低年齢同士のカップル、社会的に生活していけない無職同士のカップルなどは、社会的に認められにくくなる。年齢的にも社会的にも成熟していて、安定的に暮らしていけるような相手との交際が推奨されるようになる。井上俊や柳父章は、このイデオロギーが、自由なはずの恋愛を結婚という社会制度に組み込むことで、「恋愛統制の機能」を発揮するようになり、「日本の現実を裁く規範」になっていったと述べている。ロマンティック・ラブ・イデオロギーによって、恋愛は結婚に結びつくべきだと認識されるようになり、このイデオロギーが流布するにつれて、近代の日本では、恋愛の目的は結末である「結婚」にあったし、そうでなければならなくなったのである。したがって、雑誌等でも恋愛物語の結末（特に結婚）は重要視されている。

また、恋愛物語というと、童話であれ小説や映画であれ、主人公が理想の相手と結ばれる（あるいは別れる）エンディングがクライマックスとなる。童話としてあまりにも有名なシンデレラは継母とその連れ子である姉にいじめられているが、最後は王子に見初められて結婚する。このストーリーは、シンデレラストーリーという言葉に表れるように、その他のさまざまな物語の型となっている。『美女と野獣』にしろ『白雪姫』にしろ『眠れる森の美女』にしろ、やはり結婚で話はクライマックスを迎える。ロバート・ブレインは、結婚を「未来を約束するにもかかわらず、物語の始まりでなく終わり」と断じている。逆に、悲恋に終わる物語も、『人魚姫』なら王子との恋を諦めて海に身を投げて泡になるシーンが、（童話ではないが）『ロミオとジュリエット』なら二人が周囲に恋を反対されたことで結果として死んでいくシーンが、やはりクライマックスとなる。

つまり物語論の観点から考えれば、「結末」が非常に重要なのである。ポール・リクールの物語論を参照してみよう。リクールによれば、物語とは因果的連鎖で結ばれた筋が「完結」するものである。物語が「Aのゆえに Bが」という因果的な連鎖構造をとるということは、物語は結末に到達するために進むと解釈してもいい。物語中のすべてのエピソードは結末に結びつくための伏線なのである。したがって、物語の調和や統一性は結末によって作り出されるという。

言い換えれば、一般に物語は「初め・中間・終わり」から成り立ち、「終わり」に到達するために進展しているともいえる。すなわち終わりという一点に収束していくのである。ある意味では初め・中間は終わりのための伏線であって、「終わり」「結末」は物語上の［C］となる。

したがって「結末」「終わり」とは、物語にとっても最も重要な要素であり、恋愛物語にとって「結婚」や「別れ」といった「結末」が重要なのである。

＊実際に一九七〇年代の恋愛物語では結末部分が重要視されており、雑誌記事を調べてみると誌面の多くを結婚や失恋の記事が占めている。特に、結婚記事が二九・一八％を占めており、出会いから恋愛期間中そして結婚（もしくは別れ）すべてを描いた「完全な物語」も九・一八％ある（従って、結末にふれているのは、三八・三六％となる）。具体的な記事の内容を見ても結婚の重要性はよくわかる。ある女性誌では次のような記事がある。ある女性が、恋人である彼と高校で知りあい、一緒に通学したり映画を観たりして、楽しい交際をする。（中略）高校卒業後には短大にいくつもりだったが、彼が家業を継ぐことになったので、彼に合わせて就職することにした。そのうち結婚を意識するようになるが、彼はまだその気がない。[2]アセる彼女は、「本当に別れようかと思いました。でもダメでした。この人と別れたら私は一生後悔すると思ったのです。そして彼が一人前になるまで待とうと思いました。」というのである。最終的に二人は結婚することになり、彼女は「本当によかったと心の底から言えます」と満足げな言葉で締めくくる。（一九七〇年代）

イ

しかし、一九九〇年代そして二〇〇〇年代における恋愛物語での結末部分――結婚、別れ・失恋――は弱体化している。雑誌記事を調べてみると、九〇年代では、別れ一・五四％、結婚二・〇一％で、合わせて三・五五％、二〇〇〇年代では別れ二・〇一％、結婚一・一二％でこちらも合わせて三・一三％にしかならない。具体的な記事の内容を見ても、「占いでいつ結婚するといいか」といった軽い内容が目立ち、クライマックスとして描かれていない。

ロ

物語論やイデオロギーの観点から見て大切な結末が、そこでは描かれていないのである。言説上だけでなく、実際の調査でも同様の結果が出ている。大橋照枝は、「 d 」と考える二十代と三十代前半の女性たちが一九七二年で四割を占めていたのに、九〇年では二十代女性で五％弱、三十代前半で九％に下がったことを指摘している。このことは恋愛言説と実際の意識の関連を裏づけているだろう。

ハ

したがって、少なくとも一九九〇年代に I「恋愛」は死んだことになる。もちろんそれはかつて「恋愛」という言葉で意味していたものを指している。

ニ

一九七〇年代ではリクールの議論やロマンティック・ラブ・イデオロギーが目指すところに合致して、結末は恋愛物語の目的だったといえるだろう。しかしいまや、結末が目的でない。では、九〇年代以降の恋愛物語の目的はどこにあるのか、目的を探るために、現代の雑誌記事で見られる特徴を検討したい。

ホ

一つには、現代の雑誌記事は物語論でいうところの「中間」、すなわちプロセスを多く描いていることがあげられる。例えば全体の記事に対して「魅力」「アプローチ」の記事で半分を占める（一九九〇年代は五四・二％、二〇〇〇年代は四九・〇％）。プロセス部分が膨張し、結末に収斂（しゅうれん）していかない——そのようなものを物語と呼んでいいなら——拡散した物語なのである。

ヘ

もう一つには、「軋轢（あつれき）」や「別れ・失恋」に関する記事が少ないことである。「魅力」「アプローチ」は恋愛の楽しい部分であり、「軋轢」「別れ・失恋」は恋愛の苦しい部分だと考えるならば、恋愛の楽しい部分は強調され、苦しい部分はあまり描かれない傾向にある。記事内容は享楽的なものに偏っているといえる。

以上の二点から、目的は「プロセスを重視すること」「そのプロセスからなるべく多くの楽しさを抽出すること」だと考えられる。

Ⅱ これを傍証するために、《挿話的モチーフ》について、簡単にふれておきたい。例えば、雑誌記事では、恋愛相手に対する最も効果的な「アプローチ」方法は、好意をあからさまに伝えるのではなく「さりげなく」「におわせる」こと、あるいは、相手が「アプローチしやすい状況を作る」といった間接的な行動だとされている。直接告白するより「好意をにおわせる」ような不確定なやり方が読者の支持を得ているならば、彼らはアーヴィング・ゴフマン流の相互行為儀礼に基づき、人間関係を完全に決定づけず曖昧（あいまい）なままに保持することで、傷つけ合わないような距離を作っているといえる。しかし、重要なことは、曖昧な関係を安全地帯として利用する以上に、そのアプローチ自体をゲームとして積極的に楽しみさえしていることである。ゲームの楽しさは偶発性によって左右される。恋愛でも結果がすぐわかってしまうような確定した関係では、駆け引きという楽しみが少ない。恋愛対象と曖昧な関係を続けることで、恋愛のプロセスからなるべく多くの楽しさを引き出すことができるのである。実際に、雑誌記事の他の部分でも「友達以上恋人未満が心地よい」という言説が非常に多く、注目に値する。

あるいは、「魅力」の具体的内容を見てみよう。異性の魅力に関しては、一九七〇年代も九〇年代以降も伝統的性役割に沿った「男らしさ」「女らしさ」があげられている。だが九〇年代以降には新しく加わった傾向が存在する。例えば、話が合う、趣味が合う、ノリが合う、価値観が合うなどが新たな魅力としてあがっているのである。それらは「感覚的なものの類似」とまとめることができよう。この傾向は対外的条件を重視しない。つまり「恋人にするなら同伴して恥ずかしくない人」という条件を重視しないのである。むしろ、感覚という個人的な条件を重要視することで、恋愛当事者と外部世界とのつながりを断ち、恋愛を社会に対して閉ざしたものにしてしまう。また、感覚の類似したパートナーを得れば、恋愛関係内部でも、コミュニケーションが比較的スムーズであることが予測されるので、よけいな軋轢は少ないだろう。すなわち、「魅力」言説から浮かぶ新しい恋愛関係は、外部でも内部でもコミュニケーションの努力が最小限ですむ楽な関係なのである。そこでは恋愛の苦しい側面——嫉妬（しっと）や孤独、コミュニケーションをとる困難さ——を経験しないですむ。新しい「魅力」は、恋愛を楽しいだけの安全な小宇宙に変容させることができるのである。

先のわからない「曖昧な関係」によってなるべく駆け引きを長く楽しみ、「似た者同士」という安全な小宇宙で楽しむことが目指される。つまり、プロセスのなかからできるだけ長く、そして多くの楽しさを抽出することが「目的」だと確認できるだろう。

注

大越愛子…日本の哲学者（一九四六～二〇二一）
山田昌弘…日本の社会学者（一九五七～）
井上俊…日本の社会学者（一九三八～）
柳父章…日本の翻訳語研究者（一九二八～二〇一八）
ロバート・ブレイン…オーストラリア生まれの人類学者（一九三三～）
ポール・リクール…フランスの哲学者（一九一三～二〇〇五）
大橋照枝…日本の社会学者（一九四一～二〇一二）
アーヴィング・ゴフマン…アメリカの社会学者（一九一二～一九八二）

1

問一　空欄 a ・ b に入る語句として最も適切なものを次の中からそれぞれ一つずつ選べ。

イ　性愛と結びつかない結婚を許容する戦略　　ロ　恋愛と結婚の優先順位を変える戦略

ハ　自由な恋愛と性愛を推奨する戦略　　ニ　恋愛と結婚を結びつける戦略

ホ　恋愛と結婚を分離する戦略

問二　空欄 c に入る漢字二字の語を、＊印以下の本文の中から抜き出して、楷書で記せ。

問三　傍線部１、２の片仮名の部分を漢字に直して楷書で記せ。

a	
b	

5点×2

5点

1	
2	

2点×2

問四　空欄 d に入る文として最も適切なものを次の中から一つ選べ。

イ　なんといっても女性の幸福は恋愛にあるのだから、自由な恋愛をした方がよい。
ロ　なんといっても女性の幸福は恋愛にあって、結婚することではない。
ハ　なんといっても女性の幸福は結婚にあるのだから、結婚した方がよい。
ニ　なんといっても女性の幸福は結婚にあるが、恋愛するのは結婚が目的ではない。

6点

問五　傍線部Ⅰに「『恋愛』は死んだことになる」とあるが、その説明として最も適切なものを次の中から一つ選べ。

イ　「結婚」や「性愛」と区別して、「恋愛」自体を本質と考える、近代的な「恋愛」は消失した。
ロ　「結婚」につながる「恋愛」や、失恋や別れを大事なことと捉える、近代的な「恋愛」は消失した。
ハ　かつて分離していた「性愛」を「恋愛」や「結婚」と分かちがたく結びつける、近代的な「恋愛」は消失した。
ニ　家族主義的な「結婚」につながる「恋愛」を否定し、精神的自由を謳歌する、近代的な「恋愛」は消失した。

6点

問六　次の文が入る箇所として最も適切なものを本文中の［イ］～［ヘ］の中から一つ選べ。

つまり、一九七〇年代の恋愛物語は、ロマンティック・ラブ・イデオロギーやリクールの物語論と合致して、結末部分が重要であるのだ。

［　］6点

問七　傍線部Ⅱ「これを傍証するために、《挿話的モチーフ》について、簡単にふれておきたい」とあるが、これ以降の本文で展開される「結末」と「プロセス」の説明として最も適切なものを次の中から一つ選べ。

イ　九〇年代以降の恋愛物語が「結末」より「プロセス」を重視するようになったことを明らかにし、その「結末」の変化について述べている。

ロ　九〇年代以降の恋愛物語が「結末」より「プロセス」を重視するようになったことを明らかにしたが、「結末」がはたしてどのようになったのかは述べていない。

ハ　九〇年代以降の恋愛物語が「結末」より「プロセス」を重視するようになったことを明らかにし、物語が拡散して完結させられなくなったことを述べている。

ニ　九〇年代以降の恋愛物語が「結末」より「プロセス」を重視するようになったことを明らかにしたが、恋愛のゲームとしての楽しさが持つ意味については述べていない。

［　］7点

問八　本文の趣旨と合致する最も適切なものを次の中から一つ選べ。

イ　昔話の『白雪姫』などがそうであるように、「ロマンティック・ラブ・イデオロギー」は、近代以前からの結婚や恋愛に関する中心的な考え方であった。

ロ　物語論から考えると結末は重要視されるものであるが、九〇年代以降でも七〇年代の恋愛物語と同様のことが成立する。

ハ　七〇年代の雑誌記事は物語論でいう「結末」を重要視するが、結婚に至るまでのプロセス、すなわち「中間」の段階の魅力も強調している。

ニ　九〇年代以降、「感覚的なものの類似」が異性の新たな魅力として加わったことは、恋愛のプロセスを重要視するようになったことと結びついている。

6点

［出典：谷本奈穂『恋愛の社会学「遊び」とロマンティック・ラブの変容』（青弓社）］

評論

「『好きなこと』とは何か？」

國分功一郎（こくぶんこういちろう）

同志社大学

目標解答時間 **35分**

本冊（解答・解説） p.26

現代人が「豊かさ」を楽しむことができないのはなぜなのか？ をしっかり理解しよう。

次の文章を読んで、後の問いに答えよ。

人類の歴史のなかにはさまざまな対立があり、それが数えきれぬほどの悲劇を生み出してきた。だが、人類が豊かさを目指して努力してきたことは事実として認めてよいものと思われる。人々は社会のなかにある不正や不便と闘ってきたが、それは社会をよりよいものにしようと、少なくとも建前としてはそう思ってきたからだ。

しかし、ここに不可解な逆説が現れる。人類が目指してきたはずの豊かさ、それが達成されると逆に人が不幸になってしまうという逆説である。（中略）

人類は豊かさを目指してきた。なのになぜその豊かさを喜べないのか？ 以下に続く考察はすべてこの単純な問いを巡って展開されることとなる。

人間が豊かさを喜べないのはなぜなのだろうか？ 豊かさについてごく簡単に考察してみよう。

国や社会が豊かになれば、そこに生きる人たちには余裕がうまれる。その余裕にはすくなくとも二つの意味がある。

一つ目はもちろん金銭的な余裕だ。人は生きていくのに必要な分を超えた量の金銭を手に入れる。稼いだ金銭をすべて生存のために使い切ることはなくなるだろう。

もう一つは時間的な余裕である。社会が富んでいくと、人は生きていくための労働にすべての時間を割く必要がなくなる。そして、何もしなくてもよい時間、[a]暇を得る。

では、続いてこんな風に考えてみよう。富んだ国の人たちはその余裕を何に使ってきたのだろうか？　そして何に使っているのだろうか？

「富むまでは願いつつもかなわなかった自分の好きなことをしている」という答えが返ってきそうである。

[b]そうだ。金銭的・時間的な余裕がない生活というのは、あらゆる活動が生存のために行われる、そういった生活のことだろう。生存に役立つ以外のことはほとんどできない。ならば、余裕のある生活が送れるようになった人たちは、その余裕を使って、それまでは願いつつもかなわなかった何か好きなことをしている、と、そのように考えるのは当然だ。

[c]今度はこんな風に問うてみよう。その「好きなこと」とは何か？　やりたくてもできなかったこととはいったい何だったのか？　いまそれなりに余裕のある国・社会に生きている人たちは、その余裕を使って何をしているのだろうか？

こう問うてみると、これまでのようにはすんなりと答えが出てこなくなる。もちろん、「好きなこと」なのだから個人差があるだろうが、いったいどれだけの人が自分の「好きなこと」を断定できるだろうか？

土曜日にテレビをつけると、次の日の日曜日に時間的・金銭的余裕をつぎ込んでもらうための娯楽の類を宣伝する番組が放送されている。その番組を見て、番組が勧める場所に行って、金銭と時間を消費する。さて、そうする人々は、「好きなこと」をしているのか？　それは「願いつつもかなわなかった」ことなのか？

「好きなこと」という表現から、「趣味」という言葉を思いつく人も多いだろう。趣味とは何だろう？　辞書によれば、趣味はそもそもは「どういうものに美しさやおもしろさを感じるかという、その人の感覚のあり方」（強調は引用者）を意味していた（『大辞泉』）。これが転じて、「個人が楽しみとしている事柄」を指すようになった。

ところがいまでは「趣味」をカタログ化して選ばせ、そのために必要な道具を提供する企業がある。テレビCMでは、子育てを終え、亭主も家にいる、そんな年齢の主婦を演じる女優が、「でも、趣味ってお金がかかるわよね」とつぶやく。すると（　ア　）、「そんなことはありません！」とナレーションが入る。カタログから「趣味」を選んでもらえれば、必要な道具が安くすぐに手に入ると宣伝する。

さて、カタログからそんな「その人の感覚のあり方」を選ぶとはいったいどういうことなのか？

最近他界した経済学者ジョン・ガルブレイス［１９０８―２００６］は、二〇世紀半ば、一九五八年に著した『ゆたかな社会』でこんなことを述べている。

> 現代人は自分が何をしたいのかを自分で意識することができなくなってしまっている。広告やセールスマンの言葉によって組み立てられてはじめて自分の欲望がはっきりするのだ。自分が欲しいものが何であるのかを広告屋に教えてもらうというこのような事態は、一九世紀の初めなら思いもよらぬことであったに違いない。

経済は消費者の需要によって動いているし動くべきであるとする「消費者主権」という考えが長く経済学を支配していたがために、A自分の考えは経済学者たちから強い抵抗にあったとガルブレイスは述べている。つまり、消費者が何かを必要としているという事実（需要）が最初にあり、それを生産者が感知してモノを生産する

（供給）、これこそが経済の基礎であると考えられていたというわけだ。

ガルブレイスによれば、そんなものは経済学者の思い込みにすぎない。だからこう指摘したのである。高度消費社会――彼の言う「ゆたかな社会」――においては、供給が需要に先行している。いや、それどころか、供給側が需要を操作している。つまり、生産者が消費者に「あなたが欲しいのはこれなんですよ」と語りかけ、それを買わせるようにしている、と。

いまとなってはガルブレイスの主張はだれの目にも明らかである。消費者のなかで欲望が自由に決定されるなどとはだれも信じてはいない。欲望は生産に依存する。生産は生産によって満たされるべき欲望を作り出す。

ならば、「好きなこと」が、消費者のなかで自由に決定された欲望にもとづいているなどとは到底言えない。私の「好きなこと」は、生産者が生産者の都合のよいように、広告やその他手段によって作り出されているかもしれない。もしそうでなかったら、どうして日曜日にやることを土曜日にテレビで教えてもらったりするだろうか？　どうして趣味をカタログから選び出したりするだろうか？

こう言ってもいいだろう。「ゆたかな社会」、すなわち、余裕のある社会においては、たしかにその余裕は余裕を獲得した人々の「好きなこと」のために使われている。しかし、その「好きなこと」とは、願いつつもかなわなかったことではない。

問題はこうなる。そもそも私たちは、余裕を得た暁にかなえたい何かなどもっていたのか？

すこし視野を広げてみよう。

二〇世紀の資本主義の特徴の一つは、文化産業と呼ばれる領域の巨大化にある。二〇世紀の資本主義は新しい経済活動の領域として文化を発見した。

もちろん文化や芸術はそれまでも経済と切り離せないものだった。芸術家だって〔 イ 〕生きているわけではないのだから、貴族から依頼を受けて肖像画を描いたり、曲を作ったりしていた。芸術が経済から特別に独立していたということはない。

けれども二〇世紀には、広く文化という領域が大衆に向かって開かれるとともに、大衆向けの作品を操作的に作り出して大量に消費させ利益を得るという手法が確立された。そうした手法にもとづいて利益をあげる産業を文化産業と呼ぶ。

文化産業については厖大な研究があるが、そのなかでも最も有名なものの一つが、マックス・ホルクハイマー［１８９５―１９７３］とテオドール・アドルノ［１９０３―１９６９］が一九四七年に書いた『啓蒙の弁証法』である。

アドルノとホルクハイマーはこんなことを述べている。文化産業が支配的な現代においては、消費者の感性そのものがあらかじめ製作プロダクションのうちに先取りされている。

どういうことだろうか？　彼らは哲学者なので、哲学的な概念を用いてこのことを説明している。すこし噛み砕いて説明してみよう。

彼らが利用するのは、一八世紀ドイツの哲学者カント［１７２４―１８０４］の哲学だ。B カントは人間が行う認識という仕組みがどうして可能であるのかを考えた。どうやって人間は世界を認識しているのか？　人間はあらかじめいくつかの概念をもっている、というのがカントの考えだった。人間は世界をそのまま受け取っているのではなくて、あらかじめもっていた何らかの型（概念）にあてはめてそれを理解しているというわけだ。

たとえば、たき火に近づけば熱いと感じる。このとき人は、「炎は熱いから、それに近づくと熱いのだ」という認識を得るだろう。この「から」にあたるのが、人間があらかじめもっている型（概念）だ。この場合には、原因と結果を結びつける因果関係という概念である。因果関係という型があらかじめ頭のなかにあるからこそ、人は「炎は熱いから、それに近づくと熱いのだ」という認識を得られる。

もしもこの概念がなければ、たき火が燃えているという知覚と、熱いという感覚とを結びつけることができない。単に、「ああ、たき火が燃えているなぁ」という知覚と、「ああ、なんか顔が熱いなぁ」という感覚があるだけだ。人間は世界を受け取るだけでない。それらを自分なりの型にあてはめて、主体的にまとめ上げる。一八世紀の哲学者カントはそのように考えた。そして、人間にはそのような主体性が当然期待できるのだと、カントはそう考えていた。

アドルノとホルクハイマーが言っているのは、カントが当然と思っていたこのことが、いまや当然ではなくなったということだ。人間に期待されていた主体性は、人間によってではなく、産業によってあらかじめ準備されるようになった。産業は主体が何をどう受け取るのかを先取りし、あらかじめ受け取られ方の決められたものを主体に差し出している。

もちろん熱いモノを熱いと感じさせないことはできない。白いモノを黒に見せることもできない。当然だ。だが、それが熱いとか白いとかではなくて、「楽しい」だったらどうだろう？「これが楽しいってことなのですよ」というイメージとともに、「楽しいもの」を提供する。たとえばテレビで、ある娯楽を「楽しむ」タレントの映像を流す。その翌日、視聴者に金銭と時間を使い、その娯楽を「楽しんで」もらう。私たちはそうして自分の「好きなこと」を獲得し、お金と時間を使い、それを提供している産業が利益を得る。

「好きなこと」はもはや願いつつもかなわなかったことではない。それどころか、そんな願いがあったかどうかも疑わしい。願いをかなえる余裕を手にした人々が、今度は文化産業に「好きなこと」を与えてもらっているのだから。

ならば、どうしたらいいのだろうか？

いまアドルノとホルクハイマーを通じて説明した問題というのはけっして目新しいものではない。それどころか、大衆社会を分析した社会学の本には必ず書かれているであろう月並みなテーマだ。

資本主義の全面展開によって、少なくとも先進国の人々は裕福になった。そして暇を得た。だが、暇を得た人々は、その暇をどう使ってよいのか分からない。何が楽しいのか分からない。自分の好きなことが何なのか分からない。

そこに資本主義がつけ込む。文化産業が、既成の楽しみ、産業に都合のよい楽しみを人々に提供する。かつては労働者の労働力が搾取されていると盛んに言われた。いまでは、むしろ労働者の暇が搾取されている。高度情報化社会という言葉が死語となるほどに情報化が進み、インターネットが普及した現在、この暇の搾取は資本主義を牽引(けんいん)する大きな力である。

(一) 空欄 a ～ c に入る語句として適当なものを、次のうちからそれぞれ一つ選び、その番号を記せ。

1 たしかに　2 なのに　3 なぜなら　4 ならば　5 せめて　6 すなわち　7 もし

a	
b	
c	

3点×3

(二) 空欄〔　〕ア・イに入る語句として適当なものを、次のうちからそれぞれ一つ選び、その番号を記せ。

ア 1 清濁を併せ呑んで　2 間髪を容れず　3 破竹の勢いで
4 進退窮まって　5 肝胆相照らして

イ 1 パンのみのために　2 まなじりを決して　3 畳の目を数えて
4 霞を食って　5 手を携えて

ア	
イ	

4点×2

(三) 傍線部Aについて、ガルブレイスの考えが「経済学者たちから強い抵抗にあった」のはなぜか。適当なものを、次のうちから一つ選び、その番号を記せ。

1 資本主義発生以前の一九世紀では、広告やセールスマンの言葉によって組み立てられる欲望は無かったから。
2 一九世紀の初めでは、消費者の個別の注文を受け、生産者がモノを生産する「消費者主権」が、正当性をもっていたから。
3 消費者の需要がまずあって、生産者がそれを感知して供給するという考え方が、経済学を支配していたから。
4 消費者の需要によって経済は動いているとする経済学者に、生産者の都合を優先する考えが受け入れられなかったから。
5 「ゆたかな社会」、すなわち、余裕のある社会の到来は、経済学者ガルブレイスの思い込みにすぎなかったから。

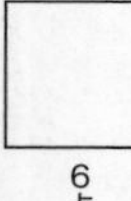

6点

㈣ **傍線部Bについて、カントの考える「認識という仕組み」の説明として、適当なものを、次のうちから一つ選び、その番号を記せ。**

1 人間は、あらかじめもっている世界認識という型を現象にあてはめて、主体性を発揮する。
2 因果関係という概念は、「炎」と「熱」の場合には説明が可能だが、「楽しい」の場合には不可能になる。
3 人間は、原因と結果を結びつける因果関係という概念を働かせて、知覚から感覚を導き出す。
4 因果関係という概念のうち、「から」にあたる型を現象にあてはめることで、世界を受け取る主体性が期待される。
5 人間は、あらかじめもっている概念にあてはめて世界を理解し、主体的にまとめ上げる。

6点

㈤ **本文の内容に合致するものを、次のうちから二つ選び、その番号を記せ。ただし、解答の順序は問わない。**

1 国や社会が豊かになれば、人々に金銭的な余裕と時間的な余裕が生まれる。
2 余裕のある国・社会に生きている人たちは、あらゆる活動が生存のために行われる生活を忘れている。
3 娯楽の類を宣伝する番組は、趣味をカタログから選びやすいように配慮した、企業の好意に基づいている。
4 「趣味」を「その人の感覚のあり方」と説く辞書の定義は、今日では無効になっている。
5 二〇世紀には、文化という領域が大衆に向かって開かれ、文化産業が巨大化した。
6 いつの時代でも、文化や芸術は経済の支配下にある。

6点×2

㈥　傍線部について、「いまでは、むしろ労働者の暇が搾取されている」のはなぜか、説明せよ（句読点とも四十字以内）。

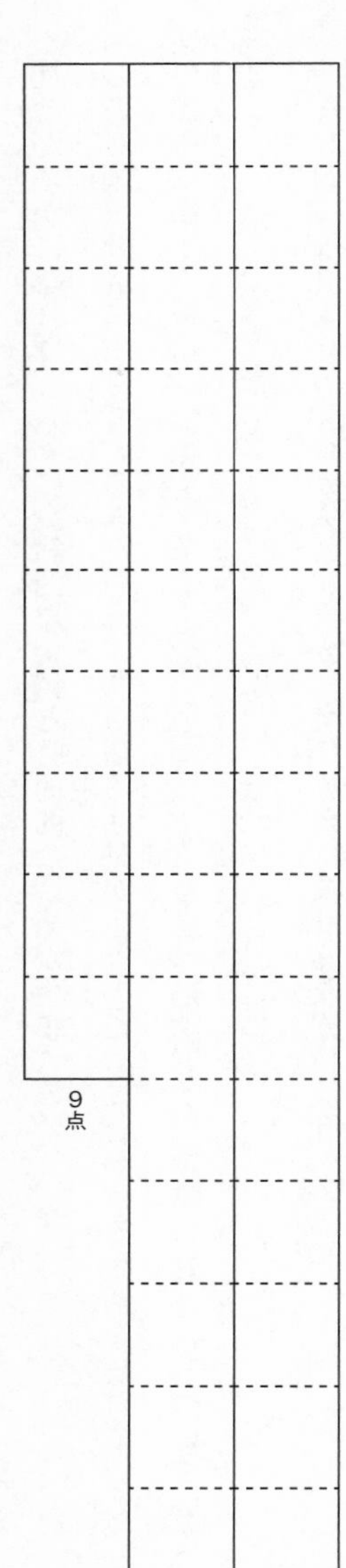

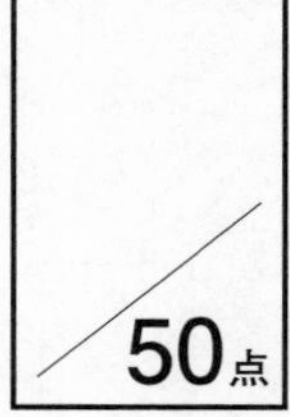

［出典：國分功一郎「『好きなこと』とは何か？」／『暇と退屈の倫理学』（朝日出版社）所収］

評論

『文学問題（F+f）+』

山本貴光（やまもとたかみつ）

上智大学（改）

目標解答時間　20分

本冊（解答・解説）p.37

漱石のいう「F+f」という記号の意味を具体的にイメージして読んでいこう。

次の文章は、山本貴光『文学問題（F+f）+』からの抜粋である。筆者による夏目漱石『文学論』の現代語訳と原文の引用（太字）、および内容の解説をよく読んで、後の問に答えよ。

あらゆる文学作品は、人間が「認識すること（F）」と「認識に伴って生じる情緒（f）」という二つの要素からできている。これを要約して（F+f）と記そう。「認識すること」とは人の注意が向いて焦点が当たっている印象や観念のことだ。

凡（およ）そ文学的内容の形式は（F+f）なることを要す。Fは焦点的印象または観念を意味し、fはこれに附着する情緒を意味す。されば上述の公式は印象または観念の二方面即（すなは）ち認識的要素（F）と情緒的要素（f）との結合を示したるものといひ得べし。

人が日常経験する印象と観念には大きく三種類がある。

①Fだけがあってfがない。（例）三角形の観念
②Fに伴ってfが生じる。（例）花、星などの観念
③fだけがあってFがない。（例）なにもかもが怖いという情緒

このうち文学の内容になるのは②である。つまりFとfが揃っているものだ。

吾人が日常経験する印象及び観念はこれを大別して三種となすべし。
（一）Fありてfなき場合即ち知的要素を存し情的要素を欠くもの、例へば吾人が有する三角形の観念の如く、それに伴ふ情緒さらにあることなきもの。
（二）Fに伴うてfを生ずる場合、例へば花、星等の観念における如きもの。[1]
（三）fのみ存在して、それに相応すべきFを認め得ざる場合、所謂"fear of everything and fear of nothing"《何もかもが怖いとか何も怖くないとかいう感情》の如きもの。〔…〕
以上三種のうち、文学的内容たり得べきは（二）にして、即ち（F＋f）の形式を具ふるものとす。

悪名高い書き出しである。[2] のっけから「F＋f」だなんて数式めいたものが登場する。これはまさに『文学論』全体を一言で要約した核心だ。つまり、漱石は最も重要なことを最初に述べている。受講者や読者の立場からすると、なぜそのような結論になるのか、戸惑ったとしても無理はない（なにしろ冒頭だもの！）。この結論を提示する漱石自身は、たくさんの文学作品やそれに限らないさまざまな分野の学術書を読んでゆくなかで、この見方に至っている。探究の果てにつかみ取った果実を惜しげもなく提示していると受け取りたい。

ここで注意したいのは、漱石が「あらゆる文学作品」についてまとめて述べてしまおうとしているところだ。特定の時代の特定の文化の文学作品ではなく、古今東西の文学作品一般に妥当すると考えられることが主張され

ている。

大前提として、この『文学論』講義が、先に見た『英文学形式論』（文学の一般概念）に続くものだという点を意識する必要がある。つまり、『英文学形式論』では、文学を形式の面から検討した。『文学論』では、それを受けて、文学を内容の面から検討する。

さて、どんな文学作品も「認識すること（F）」とその「認識に伴って生じる情緒（f）」とを内容としている。漱石はそう主張している。ここでアルファベットのFやfが使われているのはどうしてだろう。漱石がいろいろな機会に書き残したメモを見てみると、やはりFという記号を使っているのが見られる（ただし、そうしたメモでは、Fに充てられる意味は必ずしも一通りではない）。単純に考えれば、繰り返し扱う重要な概念なので、記すのにも簡便な一文字で代表してしまうという発想もあるだろう。

しかしそれだけではないと思われる。3 <u>このFやfは、数学で用いられる「変数」と似た役割も果たす。</u>「変数（variable）」とは、中身がいろいろ変化しうるもの。数学なら$x = 3$とか$x = 8$という具合に、必要に応じて変数xになにがしかの数字を代入できる。漱石が『文学論』で使うFとfも、それぞれいろいろな具体物が入りうる、一種の変数として機能する。つまり、Fにはさまざまな認識が、fには多種多様な情緒がありうる。そうした個別具体的な認識や情緒をひっくるめてF、fという文字で代表しているわけである。

また、F＋fというふうに両者が＋で結合されているのはどういう意味か。少なくとも代数の式ではない。というのも3と2を足すようにFとfを足すことはできないからだ。Fとfは［Ⅰ］ではない。例えば、重さと長さを足すことに意味がないように。これは、Fとfが組み合わさった状態を示す記号と読むとよい。Fだけがあってfがない場合、Fがなくてfだけがある場合、Fとfが揃っている場合がある。

Fだけがある文章とは、例えば科学の文章だ。科学論文では通常書き手の感情を直に表現することはない。fだけがある文章とは、誰かの感情の状態だけが書かれている文章だ。そうした文章を考えてみることもできるし、書いてみることもできるが、あまり多く見かけるものではない。**4** 端的に訳が分からないからだ。文学作品では、Fとfが両方揃っている。これが漱石の見立てである。

さきほどFは焦点が当たっている印象または観念のことだと述べた。「焦点」という言葉についてはさらに説明が必要である。そのためには「意識」から話を始めなければならない。

さきに余はFを焦点的印象もしくは観念なりと説きしが、ここに焦点的なる語につき更に数言を重ぬるの必要あるを認む。而して **5** **この説明は遡りて意識なる語より出立せざるべからず。**

前節で述べられたF+fのうち、まだ説明が少なく理解しがたいのはFのほうかもしれない。「焦点が当たっている印象または観念」という場合の「焦点」とはなにか。漱石は、これを説明するために、人間の意識について検討しておこうと提案している。文学の内容について考えるのに、なぜ人間の意識が出てくるのか。文学について考えたいなら、文学作品を読めばよいのであって、それ以外のことは関係ないのではないか。そう考える人もいると思う。

しかし、およそ文学作品と呼ばれるものは、認識と情緒という二つの要素からできている、つまり人間の意識状態が材料であると見る漱石としては、文学の材料となる意識そのものについて検討する必要がある。

ここでもう一つ問題を提起しておこう。私たちは「認識」「思考」「情緒」「感情」といった言葉で精神の働きを説明するのに慣れている。これは一人の人間のなかで生じるさまざまな変化を分類して名づけたものだ。この名づけと分類はどこまで妥当か。普段私たちは、ごく常識的に「感情」という言葉の意味を実感している。悲しかったり、嬉しかったりするとき、それを感情の一種と捉えている。だが例えば、感情研究を見てみると、依然研究者たちのあいだで「感情とはこういうものだ」と合意があるわけではなく、いくつもの分類が試みられている。つまり、人間の心理は今もなお解明の途上にある。

当たり前だと思い込んでいる事柄でも、一皮むいてみると、その下には謎が横たわっている。文学を研究する上で、人間の精神（心理）の働きから考えるということは、私たちが人間や精神をどこまでどのように解明・理解しているかとおおいに関係している。6『文学論』はこのような意味で、心理学や認知科学、神経科学の進展に伴って読み替え、更新される書物でもあるのだ。

注 先に見た『英文学形式論』…筆者は、『文学論』を読み解く作業に先立ち漱石の『英文学形式論』の内容を論じている。

問一　傍線部1はどのような場合を言うか。もっとも適切なものを次の中から一つ選べ。

a　三角形のような抽象的な概念でなく、花や星のような具体物自体から情緒が生じている場合。

b　花、星などの焦点的観念に文化的約束として特定の情緒が付随している場合。

c　三角形のような科学的な観念でなく、花、星などのような文学的観念に情緒が付随している場合。

d　花、星などの焦点的観念において何らかの情緒が生じている場合。

5点

問二　傍線部2のような評価に対して、筆者はどのような立場を取っているか。適切なものを次の中から二つ選べ。

a　文学とは何かという、きわめて一般的な問いに対して、定義を提示することは困難である。

b　文学の定義を数式めいた表現にまで抽象化すると分かりにくいが、それは具体的な作品やこれまでの研究を踏まえたものである。

c　具体的な作品の構造を（F＋f）というような数式めいた表現で記述するのは、避けなければならない。

d　事の経緯に触れることなく、論の冒頭で文学の定義を行えば、読者が戸惑うのはありうることではある。

e　文学作品はどのような言語で書かれているかにより、本質的に異なる性格を持つものであり、あらゆる文学作品に共通する定義を求めるには、無理がある。

4点×2

問三　傍線部3から文学作品の性質を漱石がどのように捉えていると考えられるか、もっとも適切なものを次の中から一つ選べ。

a　文学作品の定義は、具体的認識やそれに伴う情緒の多様性から、作品ごとに変わりうるものである。

b　文学作品のすべてに通用する定義は存在するが、そこで描かれる具体的認識やそこから生じる情緒は様々である。

c　文学作品を構成する認識や情緒は多種多様で、文学作品の一般的定義を行うことには、困難が伴う。

d　文学作品は、互いに独立した認識と情緒によって構成され、両者の相互作用によって全体の意義が定まる。

5点

問四　Ⅰ　に入る語としてもっとも適切なものを次の中から一つ選べ。

a　自明　b　有意　c　同質　d　等値　e　無効

5点

問五　傍線部4のように筆者が述べるのはなぜか。その理由としてもっとも適切なものを次の中から一つ選べ。

a　情緒の生じる対象が示されなければ、それが何に伴った情緒なのか総体として理解することが困難だから。

b　観念の有無を問わず、そもそも他者の情緒を読み手が理解することはむずかしいと考えられるから。

c　観念を伴わない情緒は、それを読み取ったところで文学的価値の低い些末(さまつ)な表現にとどまるから。

d　情緒のみを表現した文章は、それを読む機会があまり多くないため、理解するのに時間がかかるから。

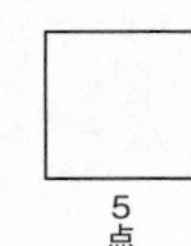
5点

問六　傍線部5について、次のA・Bに答えよ。

A　傍線部5はどのような意味か。もっとも適切なものを次の中から一つ選べ。

a　「焦点的」という言葉を改めて説明するためには、「意識」という概念に焦点を合わせて、語源の考察に至らなければならない。

b　「焦点的」という言葉を改めて説明するためには、「意識」という概念を具体的な単語に置き換えて考えなければならない。

c　「焦点的」という言葉をより詳しく説明する前に、「意識」という語の内実から出発しなければならない。

d　「焦点的」という言葉をより詳しく説明する前に、「意識」という語からいったん離れなければならない。

B　漱石が傍線部**5**のように述べたことを、筆者はどのように考えているか。もっとも適切なものを次の中から一つ選べ。

a　文学作品を成り立たせる認識と情緒を考えるためには、焦点的印象または観念の検討に先んじて、人間の意識から考察すべきである。

b　文学作品は、認識と情緒という二つの要素から出来ているため、両者が作品中でどのように意識されているかについては、当然検討せざるをえない。

c　文学作品を成立させる認識と情緒が人間の意識の中で別々に発生し、統合される様子に注目しながら、文学作品を検討しはじめなければならない。

d　文学作品は、焦点となる認識と焦点となる情緒の両者によって成立するので、ただ文学作品を読むのではなく、表現された一語一語からこの両者を読み取らなければならない。

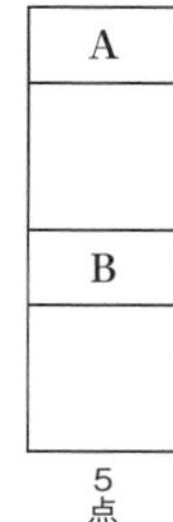

5点×2

問七　傍線部6のように筆者が述べるのはなぜか。その理由としてもっとも適切なものを次の中から一つ選べ。

a　感情の定義について研究者間の合意を得ることはむずかしく、今後研究が進んでも、『文学論』における文学の定義は、たえず読み替えられることになるから。

b　人間の精神には、いまだ未解明の部分があり、今後さらに各分野で人間の精神に関する理解が深まれば、意識の考察が前提条件となっている『文学論』にも、新たな読み方が生まれる可能性があるから。

c　『文学論』の読み方を改めることを通して、人間の心理に関する研究から成果を得るだけでなく、それらの研究に対して貢献する部分も存在すると考えられるから。

d　心理学や認知科学、神経科学などの人間心理の包括的な研究が進展するに従い、『文学論』における文学の定義は、変更せざるをえなくなるから。

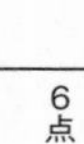

6点

問八　本文の趣旨にもっともよく合致する文章を次の中から一つ選べ。

a　『文学論』は文学的内容の形式を認識と情緒の結合したものと捉えており、この見立ては人間の意識の考察を行わないかぎり有効とならないが、『文学論』においてはそれは不徹底なものとなっている。

b　『文学論』は（F＋f）を文学的内容として捉えるが、実際には、この両者を考えるよりも、人間の精神（心理）を考えることの方が文学研究にとって重要な作業となる。

c　『文学論』は認識と情緒の結合を文学的内容の定義として提案するが、それは文学を一般化して考える場合の分析方法であって、人間の意識に注目すれば、反対に個々の人間の具体的な精神活動を考える必要が出てくる。

d　『文学論』は文学的内容の形式を（F＋f）と定義するが、このFとfの内実を考え、文学とは何かを明らかにするには、意識とは何かということへの理解が要求される。

6点

50点

［出典：山本貴光『文学問題（F＋f）＋』（幻戯書房）］

評論

『つかふ　使用論ノート』

鷲田清一（わしだきよかず）

早稲田大学　法学部（改）

目標解答時間　20分

本冊（解答・解説）p.51

道具の場合の「使える」と、「使える」という「状態」との違いを理解しよう。

次の文章を読んで、あとの問いに答えよ。

1「使える」というのは、役に立つこと、働くことである。【　イ　】しかしそれはモノに備わる機能ではない。工業技術の場合なら、何を作るかという目的がまずはあり、それを実現するための手段として、道具や材料がある。そのときこれらの道具や材料が使えるかどうかは、生産の仕組みが決定する。手段としての適性が、生産のシステム、生産の工程に、適合するかどうかで決まる。これが実用的な道具である。このような道具には、使用目的以外の用途は求められないし、そこから引き出せもしない。それらはシステムの「部品」として「使える」にすぎない。

しかし「使える」には、じつはそれとは別の側面がある。たんに機能主義的ではない道具や材料の使用の仕方である。「部品」としての利用可能性に対する《 2 》とでもいうべきものである。このシステムないしは工程で使えるというだけでなく、このシステムないしは工程以外でも使えるということである。【　ロ　】

「これ、何かに使える」とひとはよく口にする。レヴィ＝ストロースの言っていたあのça peut toujours servir、つまり「まだなにかの役に立つ」である。生産工程のようなテクノロジカルな装置においてではなく、日常生活では、あるいはなんらかの美術制作では、モノは「これ、まだ（あるいはいつか）使えるんじゃないか」といったまなざしで眺められる。とりわけ後者の美術制作では、「これを使うとこんなものも作れるんじゃないか」といったふうに、モノを見つめながら、未知の目的を手さぐりするということが往々にして起こる。「何かに使える」の「何」はいつも未知の地平に開かれているのである。【　ハ　】日本語の「役」には、「全体の中で自分が分担している仕事・労役」とか、「公用のための徴用、あるいはその代わりに貨幣で納める税」といった意味があるが、「使える・役に立つ・有用である」（useful）かどうかを決するのはたしかに「全体」であるにしても、その「全体」はいつもどこかでほつけている[注1]のであって、閉じたもの、つまりは一義的に完結したものではないということである。

いや、そもそも「部品」としては不完全、不都合なところがあっても、まだ別の何かに使えるとして用いるのが、レヴィ＝ストロースのいうあの「器用仕事（ブリコラージュ）」なのであった。ぴったり合うものがなくてもどうにかするのが「器用仕事」というものだ。「器用仕事」の要となるのは転用と借用（見立て）であった。それは、使用の仕方をずらせることで、《目的―手段》の一義的な連鎖をみずから外すということである。別の用途に転用するというのは、つまり、《目的―手段》の関係を複義的にしてゆくということである。さらには目的が手段を規定するだけではなく、意表をつく手段の組み合わせが未知の目的を構築してゆくということである。

「使える」とは、このように、「何かを使うことができる」という意味で「主体の能力」としてあることでもなければ、「部品としてふさわしい」という意味で「客体（モノ）の機能」としてあることでもない。あえて主体と客体という言葉でいえば、主体と環境との関係を首尾よくマネージできるようモノや他者を適切に配置できているということである。【　ニ　】現代人はしばしばみずからの「無能力」を時代の徴候とみなしているが、この「無能力」は「できることが減った」という意味ではなく、「使える」という《状態》をみずからの手で準備し、保持する力量が衰えてきているということではないだろうか。何をするにも生産と流通のシステムに全面的に依存せざるをえず、モノを作るにも部品を「買う」というかたちで調達しないと何も始まらないといった状況、要は、みずからの手で「使える」モノの環境を組み立て、ときに転用や借用でやりくりするという、そういう力量の低下ということではないだろうか。この「使える」という《状態》を確保しておかなければ、「わたし」たちの存在そのものが消費されるだけの痩せ細った姿へといずれ転落するほかないだろう。

とすると、ブリコラージュを「器用仕事」と訳したことには存外深い意味が含まれていたのかもしれない。「器用」というのは、Aリンキ応変、どんな場面でもそれに最適なかたちで対処し、まるで軽業のように、状況を（見た目は）容易（たやす）く切り抜けることができるということであろう。目の前の状況とその変容によく耳を凝らし、それを濃（こま）やかに触診し、さらに微細なところまでよく問診しつつ、それを手厚く看る（ケアする）こと。しかもそれをなんのお膳立てもなく、ただ持ち合わせのものをよく調べ、うまく転用や借用もしながら、なんとか状況が課してくる問題に解決をもたらすこと。「これは使える」「彼／彼女は使える」と言うときには、状況に適切に対処するための準備がほぼできているということ、何かを始める条件がほぼ整っているということ、もうその待機状態にいるということを言外に表しているのではないだろうか。【　ホ　】

古代ギリシャ哲学の碩学（せきがく）、田中美知太郎は、『善と必然との間に』（一九五二年）に収められた論考「技術」のなかでこんなふうに言う。——「 3 」。それは、テクノロジーのように万人共有のマニュアルにしたがって学習できることではなく、「自得」するほかないものだと。

熟練、熟達というふうに、「技」が十分に練れていること、それをひとはよく「腕が上がった」と言う。ここで重要なのは、そういう一事の極めではない。そういう一事への収斂(しゅうれん)ではなくて、むしろブリコラージュ、持ち合わせのものでやる拡散やずらしである。B ユウズウ無碍(むげ)な転用・借用であり、やりくりである。じっさい、田中の言うように、「あまりに身につき過ぎた技能」は「特殊な環境にのみ適当する肉体的特徴」と同様——数千年間の厳しい氷河時代の寒さに耐ええたマンモスが、次の温暖化の時代に死滅したのは、「マンモスが特殊な状態に順応し過ぎて、過度に特殊化されてしまっていたからである」——、「かえって取り返しのつかない弱点となる場合がある」。重要なのはだから、状況へのしなやかな対応であり、そのためのモノの使い方の工夫であろう。その意味で、〝A リンキ応変〟こそ生き延びる技法の肝だと言ってよい。

A リンキ応変、B ユウズウの利く、モノの使用、他者の使用、状況の使用。こういう使用にあっては、使用する者のその存在が、まずはよく使用されねばならない。が、このとき、主体たるわたしにとって身体は道具でも手段でもない。さらに、わたしとわたしが使うモノとの関係は道具的な関係ではない。ここでは、器官と機能との関係を逆転させる必要がある。

4

注

1　ほつけている……「ほどけている」「ほつれている」の意味。

問一　傍線部A（三箇所）・B（二箇所）にあてはまる漢字二字を、それぞれ楷書で記せ。

A
B

3点×2

問二　傍線部1「使える」を文法的に説明した次の文章には二箇所誤りがある。イ～ホの中から二つ選べ。

「使う」と「用いる」は似た意味だが、現代の共通語で考えた場合、文法的には可能の形が違う。「使う」の場合、イ五段活用動詞であるが、その語幹に「～（エ段）る」をつけた形、すなわち「使える」のような形で可能を表す。このような形の動詞は可能動詞と呼ばれロ下一段活用となっているが、ハ仮定形はない。一方、ニ上二段活用の動詞である「用いる」の場合、「用いれる」のような「らぬき」の形で使われることもあるが、本来は、「用いられる」のようにホ未然形に助動詞「られる」をつけて可能を表す。

完答4点

問三　本文中には、次の一文が脱落している。入るべき最も適切な箇所を本文中の【　イ　】～【　ホ　】の中から一つ選べ。

「使える」とは、そういう意味では一つの《状態》をこそ意味する。

8点

問四　空欄 2 に入る語句として最も適切なものを次の中から一つ選べ。

イ　使用の委譲　ロ　使用の過剰　ハ　使用の熟練

ニ　使用の市場　ホ　使用の返上

8点

問五　空欄 3 に入る文として最も適切なものを次の中から一つ選べ。

イ　技術は万人の所有に属すべきものではあるが、しかし実際には、今日ひとりの人間があらゆる部門の技術家であるというようなことは、ほとんど不可能事となっている。

ロ　使用ということにしても、私たちはこれを機械の操作というようなことから、簡単に考えてしまったのであるが、しかしこのような使用が果して使用の全部であろうか。

ハ　物指(ものさし)や秤(はかり)で計ることは誰でもできるけれども、目分量や手加減でちょうどその量を当てることは、そう誰にでもできることではない。

ニ　医者に相談したならば、ちょうど医者が命じてくれたであろうような仕方で、ひとはそれと知らずに健康を恢復(かいふく)することがある。

ホ　熟練や伎倆(ぎりょう)は個人の身についているけれども、技術はむしろ公共的、客観的に、何か個人的なものを越えて存在している。

8点

問六　空欄 4 に入る文章として最も適切なものを次の中から一つ選べ。

イ　何かをするために器官を使うに先だって、何かを使うなかでそれを担う器官がそれとして生成する。

「わたし」は能力のあらかじめの所有者ではなく、使用のくり返しのなかで、使用の「主体」としてたえず自己構成してきたのだ。

ロ　何かをするためにこそ器官は使用されるのであって、何かを使うなかでそれを担う器官が生成するということではない。「わたし」は能力のあらかじめの所有者として、どのように使用されるかにかかわらず、使用の「主体」としてたえず自己構成してきたのだ。

ハ　何かをするために器官を使うのでも、何かを使うなかでそれを担う器官が生成するのでもない。「わたし」は能力の由来に無知な所有者として、ただそれを使用することによってのみ、使用の「主体」としてたえず自己構成してきたのだ。

ニ　何かをするために器官を使うこともあれば、何かを使うなかでそれを担う器官が生成することもある。「わたし」は偶然に与えられた能力のあらかじめの所有者として、それを限られた機会に有効に使用することにより、使用の「主体」としてたえず自己構成してきたのだ。

ホ　何かをするために器官を使うことも、何かを使うなかでそれを担う器官が生成することも、「わたし」を「主体」とした考え方であることに変わりはない。「わたし」は能力の所有者ではなく、器官とその機能そのものに促されて自己構成してきたにすぎないのだ。

8点

問七　本文の内容と合致するものを次の中から一つ選べ。

イ　「使える」というのは、何かの役に立つこと、働くことを意味するが、日常の道具が「部品」として使用目的以外の用途では使われないのに対して、美術や芸術の現場で制作されるモノの用途は、いつも未知の地平に開かれている。

ロ　「器用仕事」というのは、転用と借用によって使用の仕方をずらすことであり、単に目的によって手段が決定されるだけではなくて、さまざまな手段の思いがけない組み合わせから新たな目的が創出されるということもあり得る。

ハ　何かを使うことができるというのは、「主体の能力」でもなければ「客体の機能」でもなく、両者があいまってはじめて可能になるという意味で、主体と客体が融合した状態をつくりだせる環境を準備できるということである。

ニ　現代人の「無能力」とは、生産と流通のシステムに全面的に依存せざるを得なくなった結果、たとえ転用や借用でやりくりして部品を調達できたとしても、以前に比べてモノを造る技術や精度が劣るようになったことである。

ホ　熟練や熟達というのは、しばしば「腕が上がった」というように「技」が十分に練り上げられることを指しているが、今日ではむしろ一つ一つの「技」は多少未熟であっても、多方面に対応できる能力が必要とされている。

［出典：鷲田清一『つかふ　使用論ノート』（小学館）］

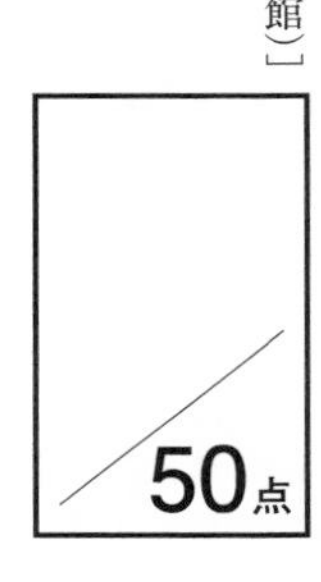

8点

評論

『死を超えるもの』

森一郎

関西学院大学（改）

目標解答時間　20分

本冊（解答・解説）p.62

人間と自然、人間と世界、との関係を読み取ろう。

次の文章を読んで、後の問いに答えよ。

① 人間という存在者のあり方から、「自然」と「世界」はおのずと分節される。

ヒトという複雑な生き物は、まずもって、他の生物と同じく、とにかく生き、生き延びることを定められて、現に生きている。生命という原理が、ここでの人間の条件である。働いて、食って、寝て、起きて、また働いて……という同じことの繰り返しを、ひとは日々生きている。循環し回帰する時間は、生きとし生けるものの刻むリズムである。鼓動、呼吸、栄養の摂取・消化・排泄といったレベルから、四季折々の営み、成長と老化、死と誕生、生殖・世代交代まで、生物としてのヒトのあり方は円環性格を示す。これは、動物にも植物にも、山野にも海洋にも、物性にも気象にも、惑星にも彗星にも恒星にも、等しく見られる。地震や津波もまた然り。十年単位ではありえない大災害でも、百年千年単位では珍しくもないことであり、万年単位で考えれば、ごく頻繁に起こる現象だということになる。短命な生き物にはいかに新奇に見えようと、太古から続く悠久のテンポからすれば、新しくも何ともない。

そのように、同じことを永遠に繰り返す存在者の全体が、「自然」と呼ばれる。人間という存在者も、そのれっきとした一員である。（中略）

しかし他方で、人間は、自然にただおとなしく従属しているのではない。自然に逆らって、人間ならではのものを生み出し、それを保ち続けようとする。雨露をしのぐための住み家を建て、有用なものを作ってはそれを操り、美しいものを創ってはそれをⓐイツクしむ。家や通りや街並み、耕地と器具、記念物や文書類、広場や舞台、神殿や寺院が、人間にふさわしい居住空間を形成する。（中略）そのような人工物は、自然の風化に逆らって存続するという一定の耐久性を示す。死すべき者たちが作り出した産物が、制作者より長生きすることも稀（まれ）ではない。（中略）これは、希少な財宝や美術品だけの話ではない。ありふれた家屋敷や街路の一つ一つ、公共建築からなる都市の全体が、まさにそのような持続性をもつ歴史的存在なのである。

この場合、「世界」とは、人間によって生み出され、それなりに永続する物の総体のことである。自然における生命の循環過程とは異なる恒常性と持続性が、世界の時間的性格をなす。②どっしりと存在し長期間持ちこたえる、という意味での世界性が、人間の条件となる。働いて食って生きつつ、われわれはわれわれの世界を建て、そこに住み、住み続ける。

自然と世界とをこのように区別した場合、その力の差は歴然としている。自然の有無を言わさぬ「必然性（ネセシティー）」は、人間が道具を駆使して行使する「暴力」を圧倒する。たとえば、飢えや渇き、用便や性欲といった「必要（ネセシティーズ）」にひとたび襲われれば、勇者も貴人もお手上げである。自然界の永遠回帰の一環にすぎない地殻変動の引き起こした大浪（おおなみ）が、死すべき者たちの営々と築いてきた町に襲いかかれば、なすすべもないことを、われわれは改めて学び直した。しかも、周期的に学習してもすぐ忘れてしまうこと自体、記憶と忘却という［③］なのである。出自たる自然に対し、人間の勝ち目はない。

人間という存在者は、生物として自然に属して生きており、かつ人工物から成る世界に住んでいる。この二側面は人間にとって等しく根源的だが、どちらが「人間的」かと言えば、世界のほうである。なぜなら、自然にとって人間の存否などどうでもいいが、世界は人間がいなければ意味をなさないからである。自然は世界を圧倒するがゆえに、人間は自分たちの築いた世界を守ろうとする。自然は人間に守られなくてもビクともしないが、世界は人間によって守られなければ滅びる。「自然を守ろう」というスローガンは尊大すぎるが、「世界を守ろう」という勧めならまだしも人間の身の丈に合っている。

「環境」という玉虫色の言葉が流通して混乱の元になっているが、たとえばドイツ語ではUmwelt（ウムヴェルト）と言う。この語をⓑチク語的に訳せば、「環境世界」である。つまりこれは「人間の身の回りの世界」のことを意味する。田畑や街道はもちろん、森林にしろ河川にしろ、海岸や山頂のⓒ景ショウ地にしろ、人間がその内を動くのにふさわしいように美観を顧慮して整備されているのが、「環境」なのである。

それゆえ、④「自然環境を守ろう」ではなく、「環境世界を守ろう」と言うべきなのだ。自然に翻弄されるほかない生き物が、「自然を守る」などと口走るのは、おこがましい。「自然から世界を守る」と言うほうが、正しい人間的用法なのである。（中略）

危機に瀕しているのは、自然ではなく世界である。ここから、「自然破壊」という言い方も身の程をⓧ弁えない言葉の誤用であり、正しくは「世界破壊」と言うべきだということも理解されよう。（中略）

世界を破壊するものとしては、二通りの「主体」がある。一つには、自然が世界を破壊する。（中略）微小なレベルでは、ちりやほこりやさびで世界は日夜自然と汚れる。どんなに家をピカピカに磨いても、翌日にはもう薄汚れている。人間の作ったものはすべて時間が経てば古くなり、年々歳々自然の浸食を受けて崩れていく。(中略)作って使うだけでなく、修理し維持するための労苦が必要となる。自然に抗(あらが)うこの世界保護労働は、その「不毛さ」ゆえに ⓨ疎んじられがちである。だが、そのような抵抗を止めてしまえば、人間はたちまち降参するほかない。つまり、世界は荒れ果ててしまう。(中略)

他方で、世界を破壊するのは、自然だけではない。人間自身が、世界を破壊することがある。(中略)

ⓓケン牢な建物を二、三十年程度で壊しては新しく作ろうとする。それは、家を建てて住み続けることに意味を見出(みいだ)すのでなく、もっぱら ⑤破壊と製造のプロセスの拡大再生産をめざしているからこそである。そのテンポは自然の永遠回帰のリズムに近づく。世界の恒常性は自然の新陳代謝に取って代わられる。衣服や食器が、安価に大量生産されてはたちまち使い捨てられる。耐久消費財という奇妙な呼び名をもつ商品も、長持ちしないようにできており、すぐ壊れて新製品に［甲］替えられ、作られる［乙］からゴミになってゆく。そんな空しいことをなぜするのか。製造する側としては、その循環過程に利潤が発生し、回転を速めるほど増殖するからである。また消費者からすれば、使い捨ての方がラクだからであり、使い続けるより安価だからである。しかも消費者は労働者でもあり、そういう彼らにとって、製造業の景気が良くなり雇用が安定することは望ましいことなのだ。

これは、⑥世界の只中(ただなか)に自然が懐深く入り込み、内側から世界を侵食していることを意味する。もっとも、内なる自然という言い方があるように、人間の世界にはもともと自然が入り込んでいる。ちりやほこり、消耗や磨滅、老朽化といった生成消滅は、生理的欲求や加齢老化と同じく、世界を内側から脅かす自然現象であり、どうにも防ぎようがない。じつにこれこそ生命現象そのものなのだから。こうした「生ける自然」に付き合うすべが開発されることで、世界はなんとか維持され、人間らしい生活が営まれてきたわけである。しかし今日では、かつては存続させ維持することに意味の認められたものまで、一切合財ひっきりなしに捨てては次々に新しくすることが、「社会」の美徳とされるようになった。労働とともに消費が奨励されるのだから、必然的にゴミは増える。しかも厄介なことに、そのゴミは放っておいても一向になくならない。消費されたあとで自然に戻るという循環のプロセスに帰着せず、抜群の反自然的持久性を示すのが、今日の産業廃棄物の特性である。（中略）

アルミ缶やペットボトルは、山野や河川に投げ捨てられても、なかなか腐蝕せず、風雪に耐えて存在し続ける。呆れるほどのしぶとさだが、使い続けられてやがて骨董品となる「物」とは明らかに違って、長持ちするだけ価値が出るわけではない。新品であることが取り柄のはずの消費対象ゆえ、使い終えたあとは消えて無くなってほしいのに、しつこく居座り続ける。へたに処分しようとすれば毒をまき散らすし、再利用するにはいたずらに多くの手間と費用がかかる。そういう邪魔物に世界は覆い尽くされつつある。

世界は、自然によってのみならず、人間によっても破壊される。しかも、人の手や道具、暴力によってだけではなく、人間の生み出した人工物、いや超人工物によって破壊される。つまり、産業ゴミによって世界は人間の住むところではなくなってゆく。ではこれは、世界が世界によって壊されるということなのか。必ずしもそうではない。世界を破壊するゴミとは、世界と自然の区別が取り払われて世界にどっと流れ込んできた「半自然的で半世界的なもの」である。自然的であったはずなのに不自然となったものが、世界の内部で反世界的となり、世界を内側から打ち壊しているのである。

この超ゴミ問題が事柄の核心をなす。原発問題の根もここにある。

問一　傍線部ⓐ〜ⓓの片仮名の部分を漢字で書いたとき、傍線部に同一の漢字を使うものを次のイ〜ホからそれぞれ一つずつ選べ。

ⓐ　イックしむ
イ　ホウ負を述べる
ロ　干天のジ雨
ハ　選手をイ労する
ニ　カイ疑論に陥る
ホ　人間の尊ゲン

ⓑ　チク語的
イ　チク馬の友
ロ　蘊チクを傾ける
ハ　理論を構チクする
ニ　反逆者を放チクする
ホ　人チク無害

ⓒ　景ショウ地
イ　ショウ味期限
ロ　ショウ学金
ハ　映画界の巨ショウ
ニ　博士のショウ号を得る
ホ　殊ショウなことを言う

ⓓ　ケン牢
イ　ケン悪な雰囲気
ロ　ケン謀術数
ハ　期待を双ケンに担う
ニ　当選ケン内に入る
ホ　自説をケン持する

ⓐ	
ⓑ	
ⓒ	
ⓓ	

2点×4

問二　傍線部ⓧ・ⓨの読み方として正しいものを次のイ～ホからそれぞれ一つずつ選べ。

ⓧ　弁えない

イ　カナえない　ロ　カバえない　ハ　カマえない　ニ　ワキマえない

ホ　ツグナえない

ⓨ　疎んじられ

イ　ソんじられ　ロ　ガエんじられ　ハ　カロんじられ　ニ　ソラんじられ

ホ　ウトんじられ

ⓧ	
ⓨ	

2点×2

問三　空欄甲・乙に入る言葉として最も適当なものを次のイ～トからそれぞれ一つずつ選べ（同じ符号を二回用いてもよい）。

イ　まえ　ロ　すげ　ハ　まで　ニ　そば　ホ　にべ　へ　たち　ト　はず

甲	
乙	

2点×2

問四　傍線部①「人間という存在者のあり方から、『自然』と『世界』はおのずと分節される」とはどういうことか。最も適当なものを次のイ～ホから一つ選べ。

イ　人間は、「自然」の動植物や「世界」の人工物とは異なり、自らのあり方を自ら決めることができるという意味で、特別な存在者であるということ

ロ　人間は、自然環境や文化の世界の中で生活を営むが、環境としての「自然」や「世界」と、環境を生きる主体としての人間とは区別されるということ

ハ　人間は、自然を整備することで田畑や河川等の「自然環境」を作り出す一方、それとは別に、人工物からなる居住空間としての「世界」を作り出すということ

ニ　人間がどのように対象を見るかによって、同一の対象が、循環過程に従う「自然」と理解されたり、持続性を有する「世界」と理解されたりするということ

ホ　人間が生命原理に基づいている状態そのものが「自然」である一方、人間が「自然」に対抗する時に作り上げる産物が「世界」だ、と理解されるということ

6点

問五　傍線部②「どっしりと存在し長期間持ちこたえる、という意味での世界性が、人間の条件となる」とはどういうことか。最も適当なものを次のイ～ホから一つ選べ。

イ　人間自身が長く生きることができるような条件が、環境の側に万事整うということ

ロ　人間の生活が、耐久性をもつ人工物に依拠して営まれるようになるということ

ハ　世界が、生命の循環過程から抜け出して、人間の特徴である歴史的持続性を有するようになること

ニ　文化の歴史的意義をグローバルな視野から捉えることが人間に要求されるようになるということ

ホ　耐久性をもつ物体に囲まれ生きることで、人間がその耐久性を自ら帯びるようになるということ

6点

問六　空欄③に入る言葉として最も適当なものを次のイ～ホから一つ選べ。

イ　持続的歴史存在　　ロ　時間的世界理解　　ハ　人間的精神作用

ニ　自然的反復現象　　ホ　暴力的自然破壊

4点

問七　傍線部④「『自然環境を守ろう』ではなく、『環境世界を守ろう』と言うべきなのだ」とあるが、その理由として最も適当なものを次のイ〜ホから一つ選べ。

イ　自然環境を守ることは人間には到達困難な大きな目標に過ぎるので、まずは環境世界を守り、それを通じて自然環境保護を目指すべきだから

ロ　田畑・森林・海岸等の自然環境の美観を守るよりも、家や街並み、あるいは神殿や寺院等の人工物を守るほうが、人間に適しているから

ハ　環境世界と自然環境とは分離できないので、「世界から自然を守る」といった表現は、人間の使用する言葉として、間違った用法でしかないから

ニ　自然はすべて人間によってすでに規整されているので、自然環境を守ると言っても、実質的には人間の環境世界を守ることでしかないから

ホ　人間は自然を統御することはできず、統御不可能な自然から、人間が作り出したものを守ることしかできないから

6点

問八　傍線部⑤「破壊と製造のプロセスの拡大再生産」とはどういうことか。最も適当なものを次のイ～ホから一つ選べ。

イ　自然が世界を破壊することに抗い、人間は持続的な世界を製造し直すが、その世界も自然の循環過程には勝てず破壊され、それに対抗して人間は再び新たな世界を作ろうとしていくこと

ロ　古いものを壊すことによって新しいものを作ろうとする欲求を生み出し、一旦新しいものを作った後は、それをたちまち壊すことで、さらに新しいものを作ろうとする創作意欲を高めるということ

ハ　古いものを壊しつつ新しいものを作って売り、利益を得て、その利益を使ってさらに古いものを壊しつつ新しいものを作って売るというプロセスによって、破壊されるものと製造されるものが増え続けるということ

ニ　人間にとって必要な製品が作られて世界に取り込まれ、不要なものが壊され捨てられるというプロセスを繰り返すことによって、無駄なものが減少して、製品の価格が下がり、雇用が安定するということ

ホ　製造され耐久性をもつ世界の物体は、一旦は自然の新陳代謝という破壊的側面によって浸食されるが、そのことで逆に、自然に戻るという循環プロセスに収まらない「自然環境」が生産されるということ

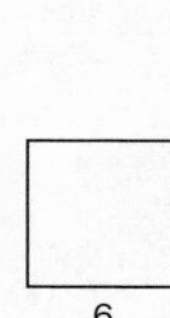

6点

問九　傍線部⑥「世界の只中に自然が懐深く入り込み、内側から世界を侵食している」とはどういうことか。最も適当なものを次のイ～ホから一つ選べ。

イ　人工物も、ちりや消耗や老朽化という自然現象を免れず、この自然現象によって最終的には破壊されるということ

ロ　本来耐久性をもつはずの人工物が、自然の循環過程に似た使い捨てサイクルに乗ることで、耐久性をもつ人工物から成る世界自体を打ち壊すということ

ハ　人工物も、自然現象に立ち向かうために創られたものであるがゆえに、破壊と再生を繰り返す自然界と運命を分かち合うということ

ニ　経済といった人間の創ったシステムの運動が、美徳という自然なものによって飾られて促されることで、世界が危ういものとなっているということ

ホ　人間も自然の一部であり、人間の創った世界もまた自然の一部なので、世界の破壊も結局は自然の内部で起こる現象でしかないということ

［出典：森一郎『死を超えるもの　3・11以後の哲学の可能性』（東京大学出版会）］

6点

50点

5

評論

『日本文化と個人主義』

山崎正和（やまざきまさかず）

早稲田大学　商学部（改）

目標解答時間　30分

本冊（解答・解説）　p.74

大正時代後半のインテリとエリートの対比と、そのエリートと明治時代のエリートとの対比をきちんと読み取ろう。

次の文章を読んで、後の問いに答えよ。

明治から大正の前半にかけて、日本の知的社会の構造は単純であって、ひと握りのエリートと大多数の大衆に二分されるだけであった。もちろん、知的な階層性は経済的な階級性とは異なり、上下の差は漸層的なものであって、かなりの程度に主観的な要素によって作り出される。経済的な力とは違って、知的な優越性は個人の努力によって達成されやすいし、実際、日本の近代化の過程で知的なエリート、あるいはエリートだと自認する人間の数は着実に増えて来た。しかし、この過程を支配していたのはあくまでも二極対立的な価値観であり、一方にエリート、他方に大衆、いいかえれば「学界」と草の根層を対置する単純な社会の構図であった。

これにたいして、大正後期に始まった知識社会の急激な膨張、いいかえれば、知的な階層性の急速な曖昧化は、1皮肉なことに、知識人のあいだにかえって主観的な階層性の意識を増大した。本来、エリートとは定義上、選ばれた少数者のことであるから、その数が膨張することはエリートの存在根拠そのものを危うくする。そのさい、膨張したエリート階層のなかに新たな区別の意識が芽ばえ、純粋なエリートとそれに準ずる人間を階層化しようとするのは、自然な心理の動きであろう。その結果、昭和初年の日本に現れたのは、エリートとそれに準ずる知的な中間階層、ならびに旧来の大衆層からなる、いわば三層構造を持った知的社会であった。

どんな場合にも、社会の階層的な区別は、区別によって下積みに置かれた側によってまず鋭く意識される。新たな階層化の出現を意識したのは、いうまでもなく［　　］であり、それとともに急成長を見せた新聞、出版ジャーナリズムであった。一九一七年、ロシアに起った革命は、そのなかで活躍した反体制的な知識人、いわゆるインテリゲンチャの存在を世界に知らしめた。日本でもこの言葉が輸入され、やがてその短縮型「インテリ」が流行語になるにつれて、これは新しい知的な中間階層がみずからを同定し、呼びならわすための恰好(かっこう)の用語となった。昭和初期の知識社会は、主として学界に生きる専門研究者と、主としてジャーナリズムに拠(よ)るインテリのあいだで、しだいに目に見えるかたちで分裂を深めて行った。新興のインテリの複雑な[2]自恃(じじ)の感情と学界人への反抗心は、昭和二年（一九二七）七月の日付を持つ、「岩波文庫」の発刊の辞にじつにみごとに要約されている。

> 真理は万人によって求められることを自ら欲し、芸術は万人によって愛されることを自ら望む。かつては民を愚昧(ぐまい)ならしめるために学芸が最も狭き堂宇(どうう)に閉鎖されたことがあった。今や知識と美とを特権階級の独占より奪い返すことはつねに進取的なる民衆の切実なる要求である。岩波文庫はこの要求に応じそれに励まされて生まれた。それは生命ある[a]フキュウの書を少数者の書斎と研究室とより解放して街頭にくまなく立たしめ民衆に伍(ご)せしめるであろう。

流行の社会主義用語をちりばめながら、ここで筆者が直接の敵としているのは、「少数者の書斎と研究室」である。はたして、知識と美が特権階級に独占されうるものかどうか疑わしいし、それが物質のように奪い返せるかどうかもっと疑わしいが、ともかく、この筆者の眼にある種の知識人が特権階級のように見えていたことは、確実である。

そして、さらに確実なことは、この特権階級が社会的にどういう地位にあるかは問わず、少なくとも主たる知識の源泉として、岩波文庫を必要としない人間だったということであろう。筆者の眼に映っていた階級対立は、したがって岩波文庫を必要とする人間としない人間、いいかえれば、岩波文庫を読む人間とそれを作る人間の対立であった。主たる知識の源泉を翻訳と校注と解説に求める人間と、逆にその翻訳や解説を自分の知識からあたえる人間の対立であった。もちろん最大の 3 皮肉は、この「発刊の辞」の筆者が表向きは知的な「民衆」の側に身を置きながら、じつは明らかに、岩波文庫を作ってそれを啓蒙(けいもう)する側に属していたという事実であろう。学界人とインテリの相違は、必ずしも客観的な能力や知識の量の違いではなく、知識人とは何かという自己認識の違い、ならびに知識を操作する態度の違いにもとづくものであった。

実際、筆者の反抗心は半ば近く正当だったのであって、この時代、意識のうえで「少数者の書斎と研究室」を守るエリートがいたことは、事実であった。大学や高校に拠る学界人の大部分、少数の b コウトウ的な文学者や芸術家のなかには、4 明治一代目の知識人の伝統に踏みとどまろうとする傾向が見られた。

彼らの心の拠りどころは、西洋の近代文化と東西の古典的教養であり、その誇りの根拠は、それらの文化に原典を通じて触れていることであった。彼らは一、二の外国語か、漢文、あるいは日本の古文に c ツウギョウし、多くの場合、当時はまだ珍しかった外国留学の機会を持っていた。(中略)彼ら自身は他人の翻訳に頼ることを軽蔑した。のみならず、大学の内部には一般にジャーナリズムにたいする軽侮の念が高まり、研究者相互のあいだでも、新聞や商業雑誌に執筆する同僚に微妙な反感が向けられるようになった。彼らの信じるものは時流を越えた真理であり、行動の規範は学問研究の求めるディシプリン（規律）であって、当然、その生活態度は孤高の尊重に傾いた。彼らの大部分は政治に無関心であるか、あるいは現実政治を軽蔑するという意味で、きわめて観念的な反体制主義に与(くみ)していた。

しかし、5皮肉なことに、彼らはまさにこの点において、彼らの憧れる明治一代目のエリートたちと違っていた。陸軍軍医総監の森鷗外、慶応大学塾頭の福沢諭吉、早稲田大学総長の大隈重信、東京美術学校長の岡倉天心など、一代目の知識人は現実の政治に触れることをはばからなかった。また、夏目漱石や内村鑑三や吉野作造のように、むしろジャーナリズムを重要な地盤としたエリートも多かった。そして、そのことと関連して、明治の先覚は多少とも専門を越えた総合的知識をめざしたが、昭和の学界人は、その信条において完全な専門家であった。近代化が学問を複雑化し、個人が総合的知識を持つことが難しくなったのも事実であるが、知識人がその状況を進んで利用したことも疑いない。大学という制度のなかの学者たちは、他人の専門に口を出すことを慇懃(いんぎん)に拒絶し、自分の専門に口を出す「素人」を露骨に軽蔑した。そうすることが、専門を基盤とする大学制度を守る道でもあったし、百科全書的な先輩と同時代の素人知識人にたいして、自己の立場を鮮明にする道でもあったからである。

問一　傍線部a～cの片仮名の部分を漢字に直して楷書で記せ。

a	b	c

2点×3

問二　傍線部１・３・５は、それぞれ何が「皮肉」なのか。最も適当なものを、次の中から選べ。

イ　保守を装った革新　　ロ　進歩と相反する退行　　ハ　目標とくい違う到達

ニ　見かけと矛盾する実質　　ホ　連帯が生み出した孤立　　へ　近代性に同居する前近代性

ト　状況とはうらはらな内面の動き

1	
3	
5	

３点×３

問三　本文の内容と一致しないものを、次の中から二つ選べ。ただし、解答の順序は問わない。

イ　ジャーナリズムの発達は、エリートとインテリとの階層的分化を促進した。

ロ　昭和初期のエリートの排他的態度は、自己の優越性を確保する手段であった。

ハ　日本の「インテリ」は、その発生から見ると、反体制的な態度を本質とする。

ニ　昭和期においても、すぐれた専門家は同時に啓蒙家であることを求められた。

ホ　昭和の学界人は、明治のエリートの広い知識や行動力と結果的には無縁であった。

へ　インテリは、少数者による知識の独占に反対するのが知識人であると認識していた。

５点×２

問四　空欄をうめるのに最も適当な語句を、文中から抜き出して記せ。ただし、十字以内ひと続きのものである。

５点

問五　傍線部２「自恃」の「恃」を他の漢字（常用漢字）一字と置きかえても、同じ意味となる。その漢字は何か、記せ。

3点

問六　傍線部４でいう「伝統」とは何か。筆者の見解に即して、次の中から二つ選べ。ただし、解答の順序は問わない。

イ　孤高の尊重　　ロ　政治への無関心　　ハ　東西の古典的教養

ニ　外国留学の経験　　ホ　観念的な反体制主義　　ヘ　ジャーナリズムへの軽蔑

5点×2

問七　「岩波文庫」は何の象徴であったのか。文中の語を用いて左の空欄を埋めよ。

の　　の象徴

7点

〔出典：山崎正和『日本文化と個人主義』（中央公論社）〕

50点

6

評論

『人と人との間　精神病理学的日本論』

木村敏（きむらびん）
上智大学

目標解答時間　20分

本冊（解答・解説）　p.87

日本語と対比された西洋語の特徴に、どのような意味があるか考えよう。

次の文章を読んで、後の問いに答えよ。

日本語においては、僕、おれ、おのれ、わし、おいら、てまえ、自分、わたし、わたくし、あたし、うち等々、一人称代名詞のかなり使用頻度の高いものだけでも十指に余る。しかも、これらの代名詞は、日常の自然な会話においてはむしろ省略されることの方が多いし、省略された場合にこれに代（かわ）って会話の主体を明示しうるような動詞、助動詞の人称変化も存在しない。1 自己に関することを述べる際に特に用いる動詞、助動詞や助詞というものはあるが、これとても話し手と聞き手の身分の違いや親密度にかかわる相対関係からの影響によって、より多く左右される。Can I help you? に相当する日本語を、思いつくままに羅列してみよう。「(私が) いたしましょうか」、「(私が) やってみましょうか」、「(ぼくが) やってみてあげようか」、「(おれが) やってやろうか」等々である。

二人称代名詞を取ってみても、西洋各国語には原則として二種類（現代英語ではユーの一種類）である。ドイツ語のドゥーとジーおよびフランス語のテュとヴの用法には、互いに微妙な相違があって、必ずしも同じ方式にあてはめられない場合もあるが、一応、自分との心理的距離が減少する方向にある相手に対してはドゥーおよびテュ、心理的距離の減少しない相手に対してはジーおよびヴが用いられる、と解して差支えない。だから、ジーとヴが「あなた」に相当する敬語的代名詞、ドゥーとテュが「お前」に相当する卑語的代名詞とする考え方は間違っているし、ドゥーを「汝（なんじ）」に置きかえて、「イッヒ・ウント・ドゥー」というマルティン・ブーバーの著書を「我と汝」と訳したのは、苦肉の策ではあっても、正しい訳とは言えない。

これに対して、日本語の二人称代名詞は、一人称代名詞と同様に数も多く、また自然な日常会話においては、一人称よりもさらに省略されがちである。そもそも、さきにも述べたように、日本人は一般に二人称代名詞を使いたがらない傾向があり、これは特に目上の相手に対して著しい。妻が夫に対して用いる「あなた」は別として、一般に敬語的に考えられている「あなた」、「貴殿」、「貴下」なども、実際にそれを口に出して用いうるのは、対等以下の相手に対する場合に限られる。もし、父母に対し、恩師に対して「あなた」という代名詞を用いたならば、それは 2 もはやその関係が事実上断絶していることを意味するのである。このようなことは、西洋人にはまったく理解しえないことに違いない。西洋においては、まずもって二人称代名詞で名指されるのは、親であり、兄や姉であるだろうからである。

日本語の二人称代名詞としては、その他、「お前」、「君」、「てまえ」、「貴様」「そこもと」などが挙げられるだろうが、これらもすべて相手を低く見た卑称であることに注意しなくてはならない。二人称代名詞の省略については、もはや例を挙げるまでもないだろう。Do you go? に対して、「いらっしゃいますか」、「行きますか」、「行くかい」、「行くの」、「行くのか」等々、各種の言い廻しがあるが、あとの三つについては、比較的自然に「君」、

「お前」というような卑称の二人称代名詞を付加することができる。

さて、われわれの議論の焦点は、人称代名詞と人格的アイデンティティーの関連という問題であった。西洋各国語においては一人称代名詞はそれぞれ一語しかなく、二人称代名詞は二語あるが、その使いわけはかなり客観的に規定可能である。しかも、それらの人称代名詞は原則的に省略されえないから、西洋人にとっては、人称代名詞を用いることなしに会話をするということは考えられないことである。西洋の幼児は、日本の幼児よりもはるかに早く、一人称代名詞を身につける。それと同時に、二人称代名詞（幼児にとって話し相手はまず第一に家族であるから、ドイツ語の場合はドゥー、フランス語の場合はテュ）も自然に身につくようになっている。ドイツ語のジー、フランス語のヴが、よその大人の人に対して用いられる言葉だということは、小学校に入学するころにはじめて教えられる。しかし、子供にとっては、それまでに身についているドゥーやテュをジーやヴに置きかえるだけのことであるし、それにジーやヴの動詞変化はきわめて簡単なので、子供はこの用法も何の苦もなく身につける。

一人称代名詞が例えばアイの一語だけであるということは、3 自分というものが、いついかなる事情においても、不変の一者としての自我でありつづけるということを意味している。自己が自己であるということは、いわば既定の事実なのであって、いっさいの言語的表現に先立って決定している。4 思想というものが、言語を（たとえ内的言語の形ではあれ）予想せずには不可能である以上、このことはまた、自己が不変の自己同一的な自己であるということが、いっさいの思考に先立って既定の事実として前提されていることを意味する。

デカルトは、コギト・エルゴ・スム（われ思う、故にわれあり）と言ったが、実はこのコギト（われ思う）が一人称の動詞で言われている点に注意しなくてはならない。「われあり」の根底として求められたはずのコギトが、すでに「われ思う」として、われの存在を前提としているのである。西洋人にとって、「われ」の問題にならぬような思考などは、想像することすらできぬことである。デカルトがコギトから導き出したスムは、あくまでも反省され、客観視された「われあり」であって、反省以前の主体的な「われあり」はすでにコギトの前に前提されている。そして、私たちがここで人称代名詞との関連において問題にしている自己の主体性（アイデンティティー）とは、実はこのような反省以前の、5コギトをコギトたらしめているところの「われあり」なのである。

二人称代名詞がユーの一語だけ、あるいはかなり客観的に使い分けられる二語だけであるということは、自己の前に現われる他者が、それが誰であるか、自己といかなる関係に立っている人物であるかを問わず、すべて一様に「汝」として扱われることを意味する。親であろうと友人であろうと恋人であろうと、また師であろうと弟子であろうと、あかの他人であろうと、それがすべて単一の代名詞でまとめられる「相手」である点に変（かわ）りはない。つまりここでは、その相手が自己の当面の相手であることのみが問題になっているのであって、その相手が誰であるかということは、まったく無視されている。二人称代名詞で呼ばれる相手は、6自己にとっての相手なのであって、相手に即した相手その人ではない。

これは、実に徹底した自己中心主義である。自分の前に現われる他者から、そのいっさいの個別性を奪って、それが自己に対立する相手であるという、自己本位の契機だけを抽象したものが、西洋の二人称代名詞である。自己の前に現われる他者は、生身の具体的人格としての他者であるよりも前に、すでにいっさいの反省思考に先立って、一律にユーという抽象的概念によって物体化されてしまっている。ブーバーが「イッヒ・ウント・ドゥー」というようなことによって、物体的な「それ」とは違った「ドゥー」という呼びかけをもって、根源的に人格的な出会いを表現しようとしても、これは7西洋語のくびきの中では所詮無理なことである。ユーとかドゥーとかいわれているものは、自己が自己であることの一つの反映にすぎない。だれか或(あ)る他人に向(むか)って、「お前は私の相手なのであって私自身ではない」ということを言っているだけのことにすぎない。

問一 傍線部1は、具体的にはどのような語を指すか。次の中からもっとも適切なものを一つ選べ。

a する　b やる　c なさる　d いたす

4点

問二 傍線部2はどのような状況を意味するか。次の中からもっとも適切なものを一つ選べ。

a 親や恩師の言動に、関心が持てない状況になってしまっている。
b 親や恩師に対して、議論をいどまざるをえない状況になってしまっている。
c 親や恩師と会話する際に、本音を語りたくないような状況になってしまっている。
d 親や恩師とのつながりが、いつ切れてもよいような状況になってしまっている。

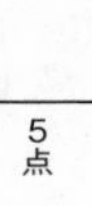

5点

問三 傍線部3は、どのようなことを意味するか。次の中からもっとも適切なものを一つ選べ。

a 自分を、「アイ」という言語表現を用いるまえに、既に主体性を持った存在としてとらえている。
b 自分の思考の独自性を、不変の人称代名詞を想定することによって保っている。
c 自分を、場面や相手に応じて変わることなど無い、常に他から独立した存在としてとらえている。

d　自分の言語表現の主体性を、唯一「アイ」一語だけを人称代名詞として用いることによって保っている。

6点

問四　傍線部4は、どのようなことを意味するか。次の中からもっとも適切なものを一つ選べ。

a　思想というものは、それぞれの国民の心理を投影したものとして、語られるべきものである。

b　思想というものは、考える際に一々音声化することはないにしても、言語無しには構築できないものである。

c　思想というものは、個人的な見解という形ではあれ、つねに言語論の形をとらざるをえないものである。

d　思想というものは、それが社会に流布しないにしても、必ず言語を用いて発表されるものである。

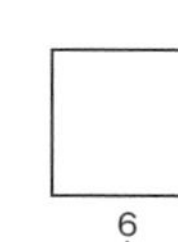

6点

問五　傍線部5は、どのようなことを意味するか。次の中からもっとも適切なものを一つ選べ。

a　「コギト（われ思う）」という反省以前の問いを有効にする、主体的な「われ」の存在。

b　「コギト（われ思う）」という表現の内部に、最初から不可分に含まれてしまっているような「われ」の存在。

c　「コギト（われ思う）」という前提を支える、デカルトが導き出した「われ」の存在。

d　「コギト（われ思う）」という西洋的な思考法を、言語表現の根元から支える客観視された「われ」の存在。

（解答欄は次ページ）

問六　傍線部6は、どのようなことを意味するか。次の中からもっとも適切なものを一つ選べ。

a　二人称代名詞で呼ばれる相手は、自己に対立するという点において相手であり、いかなる人物かは一切捨象される。

b　二人称代名詞で呼ばれる相手は、あくまでも自分と相手との相対的な関係から規定される。

c　二人称代名詞で呼ばれる相手は、当面の相手である限りにおいて一個の人格としてとらえられる。

d　二人称代名詞で呼ばれる相手は、自分が主体的に認識した相手であり、相手の主体性はまったく無視される。

6点

問七　傍線部7は、どのようなことを意味するか。次の中からもっとも適切なものを一つ選べ。

a　西洋語においては、二人称代名詞を物体化したものとして扱ってきた歴史が重視されるということ。

b　西洋語においては、二人称代名詞を常に使用しなければならないので状況に応じた他者のとらえ方ができないこと。

c　西洋語においては、二人称代名詞は根元的に人格的な出会いを表現できない不完全な機能しか持っていないこと。

d　西洋語においては、二人称代名詞は他者を抽象化したものとして存在し、他者の個別性を表現しえないこと。

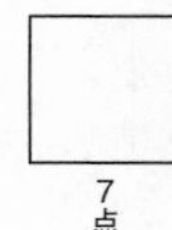
7点

問八　次の文章の中から、本文の趣旨に合致すると思われるものを三つ選べ。ただし、解答の順序は問わない。

a　日本語には、敬意の対象となる人物に対して使用できる二人称代名詞がほとんど無い。

b　人称代名詞と人格的アイデンティティーとの関連は、西洋と日本の子供における言語発達の問題として考えられるべきである。

c　西洋における二人称代名詞の用法は、相手の立場を顧慮しない徹底的な自己中心主義の原理に基づいていると言える。

d　日本語の言語表現においては、相手との親密度や距離感による使い分けは存在しない。

e　西洋語における一人称は、それを示す代名詞が原則として省略できない、あるいは動詞の人称変化にあらかじめ含まれているなどの点からも分かるように、西洋人にとって初めからごく自然に身につく概念である。

f　日本語の表現において人称代名詞が省略されやすいのは、「わたし」や「あなた」のような概念が西洋から輸入された概念であることに起因する。

7点

〔出典：木村敏『人と人との間　精神病理学的日本論』（弘文堂）〕

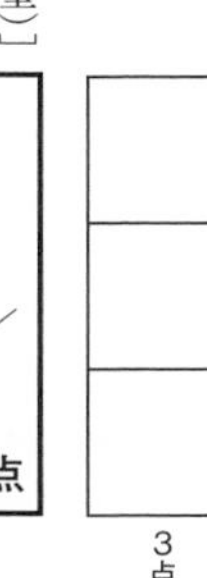

3点×3

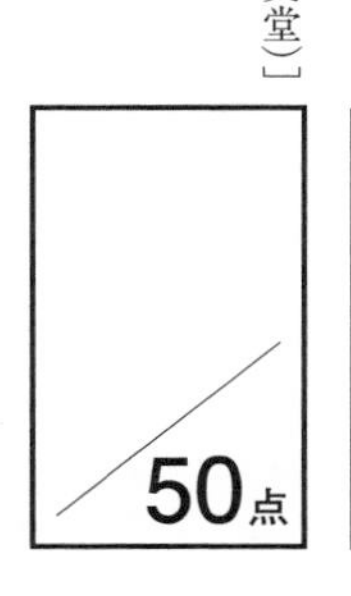

7

評論

「デッサンという旅」

港千尋（みなと ちひろ）

同志社大学（改）

目標解答時間　40分

本冊（解答・解説）　p.96

人間の視覚に付随する二つの信号、そして人間の視覚とカメラとの対比を読み取ろう。

次の文章を読んで、後の問いに答えよ。

画家のピエール・アレシンスキーが、七〇歳を過ぎて初めて開いた回顧展に際して、印象に残る言葉を残している。一九二七年ベルギーに生まれ、COBRA（コブラ）と命名された芸術運動に参加したことで知られるアレシンスキーの自由闊達（かったつ）な描線は、ヨーロッパを遠く離れて、イスラムの細密画や日本の書に近いものを持っているが、それについて、彼は「最初の線は、常に、わたしから逃げる」と言う。白いカンバスに最初に触れる絵筆は、もちろん画家の意のままであるはずなのに、一瞬後に残される最初の線は、すでに画家の意志から逸脱し、別の世界へ逃げ出しているというのだ。線はアレシンスキーの手から生まれるには違いないが、それが目に見えるようになったときには、すでに線は独自の生命をもった生き物のように、彼が思い描いていた世界とは別の方向へ逃げ出して、別の何かに変わってしまう。絵画だけでなく、すべての創造活動に通じる作品誕生の謎を語ろうとしているのだろうが、わたしはこの言葉のなかに、あるかたちが生まれることや、そのかたちを認識することについて考えるためのヒントがあるような気がする。

マックス・エルンストが木目やボタンを紙の上から木炭でこすり作り出した「フロッタージュ」と呼ばれる技法では、木目が変質して昆虫になったり、異様な線の集積のなかからエロティックな形態が生まれる。アレシンスキーのデッサンと似たようなプロセスを感じるのは、点が線になり、線が面になってゆく過程で、次々に形態が変化してゆくような表象の構築があるからだろう。ここには、新しく起きること＝ノベルティに対する、新しい認識のカテゴリーの創出があることに注意したい。過去に経験したことが、現在の新しい状況に照らし合わされて、新たな結合を作り出すのである。また化学物質を使って神経系に直接影響を与えてデッサンを行なったフランスの詩人アンリ・ミショーの作品も、認識という角度から見ることが可能だろう。かの有名なメスカリン・デッサンは、薬物によって引き起こされる幻覚の記録であるが、震えながら結合と分離を繰り返す無数の描線は、表象の構築を実験的に観察する方法と言ってもよさそうである。その意味ではすべてのデッサンは、形態創出とその認識の現場を記録しているとも言える。ふたたびアレシンスキーの言葉に戻れば、彼のデッサンとは目的地のはっきりしない旅のようなものである。あらかじめ書かれた設計図にしたがって作られる建築ではなく、速度や地形によって絶えず変化する、旅人の軌跡のようなものなのだ。それを画家は次のように語っている。

「最初の線は、常に君から逃げてしまう。最初の線は、しばしば不快で、君に向かって〝いったい今日はどうしたって言うんだい、何にも描けないじゃないか〟と言っているようなのだ。でもその不快な線は、同時に君の前にある水の広がりを越えてゆくための線でもあるのだ。すると線は君の伴侶となって、君は旅を始める。線とともに、君と君の手は旅を始める。画面が形成される最初期には、いくつかの染みや『ロールシャッハテスト』のようなかたちが、何かのイメージを夢みさせるだけだ。でも見る人が違えば、かたちも違って見える。もしそのイメージを解読できるようにするには、それを闇のなかから取り出して、はっきりさせなくてはならない。Aもし一本の線が木になるなら、わたしはその木のほうへ赴いてゆく。でももし突然、その木が変容(transform)するとしたら、さらに面白い。なぜなら木の陰には、ちょうど子供の本にあるように、いつも何かが隠れているからだ。もしその何かを木の陰に発見できたら、それはきっと木の葉よりもずっと面白いのだ。」

アレシンスキーは、「変容」や「旅」という言葉によって、ある形態が生まれる様子を語っている。創造とは旅の一種であり、旅とはおそらく生命現象の一種なのだ。目の前に広がる風景のなかに、隠されている何かを見つけてゆくことが旅であり、そして創造であるなら、わたしたちの神経システムは永遠の旅人であると言えるかもしれない。

いま目の前にワイングラスがひとつあるとしよう。グラスには半分ほどワインが入っており、白熱灯の光が赤い液体を通して、テーブルクロスの上にきれいな影を作っている。わたしたちはふだんこのような光景を見ることに、疑問は抱かないし、それがなぜそのように見えているか、自明のこととして受け取っている。グラスはグラスとしてそこにあり、液体は液体として見えており、その光景の完全さに疑いはない。それでは、いま一枚の紙と鉛筆とを渡されて、そのワイングラスのデッサンを描けと言われたらどうだろうか。素描の経験がない限り、誰もがたちまち、モノを「見る」ということの不完全さを発見することになる。その不完全さは、三次元のモノを二次表面上に再現するための技術的な不完全さとにわかには区別しがたく、いったい自分はグラスの形状を正確に把握できていないのか、それともその形状を紙の上に正確に描くことができないのか、悩むだろう。いま輪郭として自分が引いた描線は、現実に存在しているのか、液体の影の濃淡は黒鉛の濃度へと正確に翻訳されているのかどうか……いったい見えるモノを再現するというのはどういうことなのか、疑問は次から次に湧いてくる。そこでわたしたちはモノを描かないで見るのと、デッサンしながら見るのとでは大きな違いがあると言った、ポール・ヴァレリーの言葉を思い出す。

B 視覚的な認識の複雑さを知るのに、デッサンほど身近で、しかも深遠な活動はない。対象がグラスでさえそうであるから、たとえば自分自身の手を描けということにでもなったら、数時間でも足りないくらいだろう。その意味で、どんなデッサンであっても、たとえそれが子どもの手によるものであろうとも、そこには認識の深遠な謎が含まれていると言っていい。

言葉を換えれば、デッサンを通して、わたしたちは見るという活動の能動性を思い知らされ、さらには観察という行為の身体性を知ることになる。瞼（まぶた）を開けばある光景が入ってくることから、わたしたちは「ものが見える」ことを自動的で受動的な現象と考えがちだ。だがひとたびその光景を再現しようとすれば、わたしたちはカメラが記録するように外界を認識しているわけではないことに気がつくだろう。観察は能動的である。観察とは、身体を通して行われ、知覚、判断、経験が含まれる総合的な行為である。

見るという行為は、眼という器官に信号が入り、脳内における信号の処理を経て行なわれる。これを信号という点に注意して、もう少し詳しく見ると、見る行為には、二種類の信号が介在していることが分かる。ひとつは、外界から網膜を刺激する光の周波数で表わされる信号である。通常、視覚刺激を引き起こす信号と言えば、この外界からの信号のことになる。これを主役とすれば、その陰に隠れて目立たない、もうひとつの信号がある。それは、外部から来る信号ではなく、眼という特殊な器官で「（　a　）」ために起こる、わたしたちの身体から生まれる信号である。わたしたちは見ているとき、自動的に「見えている」だけでなく、自分の眼という特殊な器官を使いながら「（　b　）」ことができる。聴覚においても同じことが言える。そこでも第二の、身体に由来する信号はあまり意識されていない。しかし瞼を閉じたとき、「見ていると感じられない」ことを経験できるように、「（ c ）」という行為には、常にふたつの信号が関与している。その意味で、自分の眼で見るという行為と、カメラが外界を捉えるということは、根本的に異なっている。

科学的な器具を使いながら、対象を観察する場合にも、これは当てはまる。観察やデッサンの重要性を十分に知りながら、それを神経細胞の研究に活用した科学者に、サンチアゴ・ラモン・イ・カハールという神経解剖学者がいる。スペインの神経解剖学者で、そのニューロン学説によって一九〇六年にノーベル医学・生理学賞を受けている。この時の受賞は、銀塩を使った神経細胞の染色法を開発し、ゴルジ体を発見したイタリアの解剖学者カミロ・ゴルジと同時だった。ラモン・イ・カハールは、厳密な科学的態度と美学的感性を合わせ持っていた科学者として知られている。フロイトと同時代に独自の神経解剖学の研究を推し進めたラモン・イ・カハールのニューロン学説の特徴は、個々の神経細胞の末端が樹状の不連続構造をなしており、インパルスは樹状突起の接触点を介して伝播するという点にある。当時それまで連続体として考えられていた神経細胞に、今日受け入れられているような正確なモデルを与えることができたのは、ラモン・イ・カハールの観察と分析の能力に負うところが大きい。そしてその類い稀な観察力は、対象に対する審美的な態度と深く関係していたと言われている。

C マドリッドにあったカハール研究所で、彼は神経細胞を観察する学生たち全員に、水彩画の授業を受けさせていた。その理由について、ラモン・イ・カハールは一九三七年の回想録で次のような言葉を残している。

「われわれの研究が解剖学や博物学のような対象とかかわっているなら、観察はスケッチをすることで完成されるだろうし、他のメリットはさておき、何かを描写する行為は、集中力を鍛え、強化しながら現象の全貌を知らしめるから、ふつうの観察で見過ごしてしまうような細部を、見逃さないようにさせるはずである。自然科学においては、われわれが容易かつ詳細に輪郭を描けてはじめて、形と構造が理解できていると、満足することができるのである。」

「われわれの研究が微視的あるいは巨視的形態学に関連するならば、正確に詳細を写した図によって記述を表現することが必須である。言語による記述がいかに正確かつ細密であろうと、よい図が示す明確さには常に劣るであろう。」

写真技術が遅れていたから、デッサンしかなかったというわけではないことに注意したい。一九世紀末の当時、すでに自然科学において写真は広範に用いられていたし、顕微鏡写真も実用化されていたのである。ちなみに最初の顕微鏡写真は早くも一八五〇年代にダゲレオタイプによって撮影されている。したがって、ラモン・イ・カハールは写真の受動性よりも、デッサンの能動的な表現に重要性を見出していたというわけである。学生たちにデッサンと水彩画の技術を学ばせていたのもそのためであり、写真よりも選択的かつ分析的な観察の技術が、彼の発見を可能にしたと言っていいだろう。

ラモン・イ・カハールは同時代人であるフロイトと面白い対照を見せていることでも知られている。フロイトが当初神経生理学に興味を持ち、後に心理学から精神分析へと移行していったのと反対に、ラモン・イ・カハールははじめに心理学の研究から後に神経生理学へと対象を変えていった。両者に共通しているのは、ともに催眠術の研究を行なっていたことだが、そこからふたりの興味はそれぞれ神経学と精神医学へと分かれていった。

よく知られるように、フロイトにとってその分岐点は、一八九五年に書かれながら断念された『科学的心理学草稿』だった。そこで若きフロイトは、「心理学を自然科学として提示すること」を目指したが、当時得られていた観察の精度と脳に関する知見では到底不十分であったことも原因して、これを断念し、研究を公にすることすら拒否していた。しかしそこでフロイトが模索していたニューロンのモデルを見るとラモン・イ・カハールと対照的な点があることに気づく。

ラモン・イ・カハールが神経細胞の構造を「描くこと」に没頭していたのと対照的に、フロイトは記憶が神経細胞上にどのように「描かれるか」を図式化するのに苦労していた。両者はともに神経細胞の仕組みが、人間の意識や記憶の謎を解く鍵であることに気がついていたが、フロイトは人間の記憶が変化しつつも、それ以前の記憶をとどめているという、変化と固定の仕組みを定量的に示そうとして、「備給」や「通道」といった概念を考え出したのである。記憶のほとんど無限とも思える受容能力、それがある部分は変化し、他の部分は変化せずに保持されるという、一見して相矛盾する現象をどう説明したらよいか。フロイトがほぼ生涯にわたって、記憶を一種のデッサンや記述の装置として考案していたことは、デッサンという観点からみても興味深い。そのひとつは今日「マジック・メモ」として知られている、おおよそ次のようなモデルである。

「マジック・メモは蠟（ろう）か樹脂で出来た褐色の小さな板で、紙製の枠がついている。板の上には透明セルロイドと蠟で出来た薄い二重膜が重ねられていて、これを使用するときは、この膜の上から鋭い鉄筆のようなもので表面を引っ掻いてやればよい。すると、膜の引っ掻かれた部分が、下の蠟板に接触して、その部分が黒い字となって浮きあがる。字が可視化したのは、膜と蠟板が密着したからであり、これを消すには、膜面を捲りあげて、板から引き剥がしてやればよい。こうしてマジック・メモは、以前に書かれた字をとどめずに、新たな記載を受け入れることができる。」

要約しただけでは分かりにくいが、半透明のシートと密着性の板を重ね合わせた小さな黒板である。商品名こそ分からないが、これは今でも文房具店で見かけることができる。ちなみにフランスでは現在もポピュラーで、その名も「アルドワーズ・マジック」（魔法の黒板）の名で市販されている。

D フロイトはこの装置で、わたしたちの記憶のメカニズムを部分的に説明できるものとして考えていた。
「蠟板を覆っている薄膜を引き剝がせば、書かれたものは消え去り、二度と再生されることはない。でも蠟板の上には、書かれたものの痕跡が、適当な光線を当てれば読み取れる程度に残っている。」

刺激を受容する層と、それが保持される層とが別になっている、二層からなるものとして記憶と知覚のモデルを考えれば、記憶が無限に受容されると同時に、不変のまま保持されうることも説明がつくだろう。モデルの不完全さを認めつつも、フロイトは記憶のメカニズムがこの「マジック・メモ」のような層状をなしていると考えたのである。ここで興味深いのは、子どもの玩具のメカニズムそのものよりも、もしそのようなものがわたしたちの脳のなかにあるとするならば、この板に線を引いているのはいったい誰なのかという問題である。複雑で多様な知覚データを一元的に描くことのできる誰かがいるとすると、その誰かの頭のなかには同じような作業を行なう誰かを仮定しなければならない。つまり外界を知覚して、それを一義的に記述するような主体を考えると、その主体のなかに、同じ知覚を行なうひと回り小さな主体を想定しなければならず、認識する主体の入れ子構造が無限に必要になってしまう。

フロイトの間違いは、記憶を「マジック・メモ」という装置そのものと考えたところから発している。これは脳をコンピューターという演算装置そのものと考えることに似ている。だが記憶とは、蠟板や配線ではない。それは次々に変化しながら、全体としてひとつの形態を保っている、ダイナミックなシステムのことである。心とは、蠟や配線や化学物質ではなく、形態のダイナミズムである。それはデッサンの結果ではなく、むしろデッサンの過程なのだ。心理学者ウィリアム・ジェームズが明言したように、意識とは物質ではなく「過程」なのである。

注

ロールシャッハテスト…左右対称の図形を見せて、何に見えるかを答えさせる心理テスト。

素描…デッサン。

インパルス…刺激によって神経に伝わる興奮や衝撃。

ダゲレオタイプ…銅板などを感光材料として使う、世界初の実用的写真撮影法。

備給…神経内部で一定のエネルギー量が移動・分配されること。

通道…神経内部で興奮が伝わるときに、以前の経験で通った通路が選ばれること。

(一) 空欄( )a〜cを補うには次のうちどの組み合わせが適当か、一つ選べ。

1 a 見ていると感じる b 見ていると感じる c 見ている
2 a ものを見る b ものを見る c 見ていると感じる
3 a 見ている b 見ていると感じる c ものを見る
4 a 見ていると感じる b ものを見る c 見ている
5 a 見ている b 見ている c ものを見る

4点

(二) 傍線——Aの「でももし突然、その木が変容(transform)するとしたら、さらに面白い」の理由として適当なものを次のうちから一つ選べ。

1 最初の線が画家の意志から逸脱し別の世界へ逃げるように、デッサンに描かれた線がいつまでも画家を避けるかのように動きつづけるから。

2 最初の線が自分の思惑と違って画家から逃げていくため、何も描けないように思われたが、画家の技術によって線は画家と一体となり、思い通りに変化するから。

3 はじめこそ不快な線であったものが、やがては画家の思いのままに描かれる線となり、イメージ通りの作品として実現していくから。

4 最初は画家から逃げていた線が、次第にあるかたちをとってきて、そこから画家のねらいを越えた新しいイメージが次々に生まれ、創造的な作品となるから。

5 子供の絵本でよくあるように、木の陰に何かを設定し、木の葉だけではなくその木の背後に動く事物までを立体的に描いたりできるから。

6点

㈢ **傍線――B「視覚的な認識の複雑さを知るのに、デッサンほど身近で、しかも深遠な活動はない」とはどういうことか、次のうちから適当なものを一つ選べ。**

1 デッサンは手軽な行為ではあるが、正確な観察と高い技術が必要とされ、モノを見る行為が受動的現象ではなく、能動性や身体性を持つことに気づかされること。

2 入れ物によって形の変わるワインのような不安定なものを、デッサンを通して見ると、己の技術の不完全さが思い知らされること。

3 輪郭として描いた線が現実に存在しているかということや、液体の影の濃淡が黒鉛の濃淡に正しく反映されているかということなど、デッサンによる認識自体が不確実なこと。

4　デッサンをするときに、モノを見ないで描くよりモノを見て描く方が、それを再現する技術においてはるかに高度な技術を要求されること。

5　モノを見て描くデッサンは、カメラのような受動的な記録方法と違って、身体を使う積極的な行為であるため、画家の描写の能力によって対象への認識の度合いも大きく違うこと。

□ 6点

(四)　傍線――C「マドリッドにあったカハール研究所で、彼は神経細胞を観察する学生たち全員に、水彩画の授業を受けさせていた」のはなぜか、その理由として適当なものを次のうちから一つ選べ。

1　科学的態度のみならず美学的態度を持つことによって、神経細胞のような微細な世界を正確なモデルとして捉え、一般に理解しやすくできるから。

2　自然科学の目的は、対象を詳細に図によって描くことであり、形や構造が理解できれば、言語による記述などは不要であるから。

3　顕微鏡写真の技術に頼るよりも、水彩画による描写の方が、描くべき対象を選択し、研究対象を決定しやすくなるから。

4　水彩画で描写する行為によって、対象を見る集中力を高めるとともに、研究そのものを完成させた満足感を得ることができるから。

5　水彩画は、学生の集中力を鍛えるとともに、細部を主体的に描くことによって、自然科学の研究方法を身につけさせることができるから。

6点

㈤ **傍線――D「記憶のメカニズム」について、フロイトはどのようなモデルを考えていたか、次のうちから適当なものを一つ選べ。**

1 記憶を、「マジック・メモ」のような蠟板とそれを覆っている薄膜のような二重の構造と考え、刺激を受容する層と刺激が保持される層とを神経細胞が繋いでいると考えた。

2 記憶を、デッサンや記述を行なう装置そのものと考え、「マジック・メモ」の蠟板の上に書かれた痕跡と同じように、無限に受容されると同時に不変のまま保持されると考えた。

3 記憶を、「マジック・メモ」の蠟板の上に痕跡として残る黒い字と同じであると考え、過去に受け入れた記憶は新しく受け入れた記憶によって打ち消されると考えた。

4 記憶を、脳の中において複雑で多様なデータを一元的に記述する主体による作業であると考え、さらにその主体の中に無限に別の主体が宿る入れ子構造をなすと考えた。

5 記憶を、変化しながらも全体としてひとつの形態を保つデッサンの過程そのものと捉え、無限に受容されると同時に、不変のまま保持されるものと考えた。

6点

8

(六) 本文の内容に合致するものを、次のうちから二つ選べ。

1 マックス・エルンストは、ピエール・アレシンスキーの言葉に刺激を受けて、フロッタージュと呼ばれる技法を編み出し、次々に新しい作品を生み出した。

2 アンリ・ミショーの行ったメスカリン・デッサンは、幻覚によって線が作品になるまでの観察であり、形態の変化に伴い新たな認識が生まれることを示している。

3 ポール・ヴァレリーが、デッサンをしながらモノを見ることはモノを描かないで見ることと違うと言ったのは、ワイングラスのデッサンの難しさを踏まえた言葉である。

4 ラモン・イ・カハールが、神経細胞の末端が樹状の不連続体であり、樹状突起の接触点を介して伝播することを発見したのは、カミロ・ゴルジによるゴルジ体の発見と同じ頃である。

5 フロイトは、ラモン・イ・カハールが示した神経細胞の構造の誤りを正すために、記憶が神経細胞の上にいかに描かれるかを考えようとした。

6 フロイトは、記憶が「マジック・メモ」のような装置そのものであると考えたが、そのような考えは、ウィリアム・ジェームズによって証明され、多くの人に信じられた。

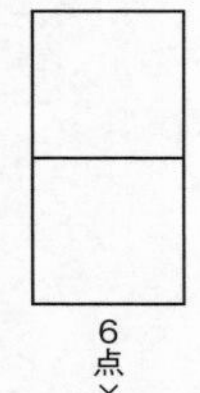

6点×2

㈦ 傍線――について、筆者はアレシンスキーの言葉を使ってデッサンを「目的地のはっきりしない旅のようなものである」といっているが、どういうことか、説明せよ（句読点とも四十字以内）。

10点

50点

［出典：港千尋「デッサンという旅」／『第三の眼 デジタル時代の想像力』（廣済堂出版）所収］

8

評論

『死産される日本語・日本人』

酒井直樹（さかいなおき）

早稲田大学　法学部（改）

目標解答時間　25分

本冊（解答・解説）p.110

抽象的な用語を自分なりにかみ砕き、具体的なイメージを思い浮かべながら問題文を読んでいこう。それが記述問題の解法にもつながっていきます。

次の文章を読んで、後の問いに答えよ。

すでに多くの人びとによって指摘されているように、憲法は一見、実現不可能な理念を掲げることによって人びとの間に議論を引き起こす。現存する社会問題を円滑に解決するというよりも、憲法の存在によって、社会的な矛盾が顕在化され、公開の議論の場へともたらされるのである。憲法の役割のひとつは、社会紛争の効率的な解決ということよりも、**社会問題の創出**にあるようにみえるのである。問題がなければよいという考えとは違って、憲法は、社会問題をつくり出す。だから国民としての同一性は、自らも、社会問題をつくることに参加する決意として表現されることが多い。憲法に宣誓をすることは、憲法に忠実であることを越えて、自分も憲法に基づいて社会問題をつくることに参加する、という意味合いがあると私は思う。

その意味で、憲法は、たとえば国民の基本的人権を保障する。つまり、基本的人権に関する規定を用いて、社会的な不正、抑圧を問題化することができるようになるのである。そこでは、社会的な不正義を集団間の対立として表現し、論争として定式化する。つまり不正義を分節化するのである。論争として定式化されれば、論争の制度的枠組みと論争が用いる言語の限界も明確化される。したがって、憲法の条文は、社会的に不利な地位に置かれた者、もっと正確にいえば、社会的に不利な地位に置かれていると感じている者に問題提起をする機会を与えるといえる。ただし、問題提起は、問題の解決あるいは解消を意味しない。ほとんどの場合、現存の法律体系では、不利な立場に置かれた者はその要求を認められることはないだろう。また、不利な立場に置かれることが、法律的に正当な場合もあるだろう。にもかかわらず、憲法の条文は、問題提起の機会を与え続けるのである。

憲法に則って問題提起をすることによって遂行されるのは、不利な立場に置かれていると感じている者が、その感じを公的な場で分節化することである。ここで避けなければならないのは、社会的に有利な立場と不利な立場が、あらかじめ客観的に定式化されて存在しているという考え方である。何が不利で何をもって特権とするかは、歴史的に一定しない。ただし、正義観の歴史性は、どのような価値であれ、時が経つにつれて変わってゆくといった相対主義的な認識を表わすのではなくて、何が不利か何が特権かは、誰かが努力して、実践を通じて分節化しなければならないという、ごく当り前の事実がここでは示されている点は強調しておく必要がある。分節化は、古典的な意味での「虚偽意識」を暴露して、客観的存在を意識化することではないからである。私たちが現在差別とか特権として否定するもろもろの社会的立場も、過去のある時点で不正義として分節化されなければならなかったのである。分節化するためには、不利な立場に置かれていると感じている者が、その感じを定式化するために、それまでの常識に反して新しい言語をつくらなければならないのである。社会的に不利な立場に置かれていることを言うためには、ひとはC「仕事」をしなければならない。量的に計ることができ、その報酬も量的に計測可能、かつ保証された労働とは区別された意味での「仕事」を通じてしか、社会的に不利であるという感じは分節化できない。つまり、人は、投機＝投企的な「仕事」を通じてしか、不正義を分節化することができない。それは、歴史において「つくる」仕事であり、報酬を期待できない「仕事」でもある。多くの場合、新しい言語の創出に失敗し、そのような社会的に不利な立場に置かれているという感じはたんなる感じにすぎないとされ、社会的正義の常識のなかに登録されることがないままで終わってしまうだろう。しかし、これらの歴史的「仕事」がなされる前には、不正義はたんなる感じであって、不正義を語る言説が存在しなかったのである。もちろん、不正義を定式化する言説が生まれたからといって、これらの差別によって不利な地位に置かれた人びとが救済されたわけではない。差別は相変わらず残存しているだろう。

Dこれは、現在進行中の自民族中心主義の批判、そして、西洋中心主義の批判についても言える。文明と野蛮といった、それまでは中性的と思われていた価値基準が、その基準からみれば劣位に置かれた者の視点から問題化されてきた。しかし、西洋中心主義的な合理性のなかにいる者にとって、そうした自民族中心的合理性は、ただちに普遍的妥当性として理解されている。非西洋世界に広くばらまかれた宣教師の意識に最もみごとに現われているように、自民族中心の立場を保持することは、野蛮に対して文明の恩恵をもたらし、野蛮人を人間らしくしてやることだという、帝国主義的温情主義として現象するのである。また、戦前の皇民化教育はその典型だが、戦後、植民地を失った後も、こうした温情主義は日本でも存続している。自民族中心主義的な言説は、そのなかに生き、特権を享受しつつある者にとって、透明な、どこにでも通用する常識として与えられている。だから、こうした言説がどこかおかしいという感じはもてても、それを分節化し、帝国主義的温情主義の抑圧的な性格を定式化するためには、そういった心性を内面化している者たちから多くの抵抗を予想しなければならなくなるのである。それは、たとえば、性的嫌がらせ sexual harassment を、性差に基づく男性の特権の乱用であると気づいていない男性に、女性差別の現実を公的な場で突きつける場合を考えてみるといい。あるいは、自分たちが人種主義者だとは夢にも思っていない日本のひとに、日本の社会的現実が、人種主義的なものであることを提示するさいの抵抗を考えてみればわかるだろう。西洋中心主義を分節化する「仕事」は性的嫌がらせの場合と同様に、それまで当り前のこととして問題視せず、不利な立場に女性や非日本人を置くことによって自己の立場を享受してきた者たちに、それまで普遍視してきた彼らの常識とその合理性を懐疑することを迫るために、しばしば、男性主義回帰や日本回帰を引き起こし、既存の合理性に関する問掛けへの拒否を招くことになる。合州国の場合、ここ数年の、歴史的に不利な立場にあった黒人、女性、その他のマイノリティを擁護する政策に対する反発と、「西洋文明への愛」を訴えつつ、合州国の西洋中心的伝統に帰ろうという E「西洋への回帰」の動きは、西洋中心主義を分節化する「仕事」に対する、ある意味で、予想しうる反発であろう。

［Y］憲法のひとつの役割は、このように、既存の合理性からいえば不可能性としか言いようのないような「仕事」を国家の規模で肯定することであると、私は考えている。それは現存する合理性に基づいて社会構成員間の相互交換性と伝達の効率を高めてゆき、間主観的な共約性を増加させることで、国民としての文化的一体感を強めてゆくことではない。憲法は、むしろ、社会編制に不可能性を導入する。均質志向社会性に従って自己充足して閉じた合理性に支配され、均質化された社会の像に人びとがとらわれることを防ぐために、F憲法は、社会問題を製造する装置であり、社会問題の創出を通じて人びとが共存共生することを可能にする制度である。あえて、逆説的な表現を用いれば、「社会が不可能性である」ことに、憲法の可能性が見出（みいだ）されると言ってよい。

問一　傍線部A「不正義を分節化する」とはどのようなことか。最も適切な説明を次の中から一つ選べ。

1　社会的な問題を分析し、不利な立場に置かれた者の権利を保障するために、社会の構成員全員に分かりやすいかたちでその問題を説明すること。

2　社会的不正を、既存の社会体系の全体性から導き出される価値に照らして判断せず、論争の言語を通して提示すること。

3　現存の法律体系においては改善されない社会的不公正について、基本的人権に関する規定を用いつつ、それを解決するために別の正義を作り出すこと。

4　憲法の条文に照らして社会的な不正のありかを指摘し、不利な立場に置かれた者に代わって問題提起をし、論争を促すこと。

5　社会をさまざまな集団間の論争の場とみなし、社会的な不正や抑圧を、基本的人権に基づいて告発すること。

□ 8点

問二　傍線部B「にもかかわらず、憲法の条文は、問題提起の機会を与え続けるのである」とはどのようなことか。その説明として最も適切なものを次の中から一つ選べ。

1　憲法の条文によって社会的な不正義や抑圧がただちに解決されることはなく、現状が法律的に正当な場合すらありうるが、社会的な不正や抑圧を定式化するために憲法改正が実現されることも考えられるから、そのために憲法は問題提起の機会を与え続けるということ。

2 憲法の条文は、社会的な不正義や抑圧を明確化するための手段となっても、その具体的解決策そのものを提示してはくれず、多くの場合、解決の実現には多大な困難を伴うが、定式化された論争の継続を可能とし、事柄を可視的にするために、憲法は問題提起の機会を与え続けるということ。

3 憲法があるだけでは社会的な不正義や抑圧が論争として定式化されたり解決されたりすることはなく、実際の問題解決は個々の領域における法律の運用にゆだねられているが、憲法の条文を通してこそ社会的な不正義や抑圧を感じ取れるのだから、憲法は問題提起の機会を与え続けているということ。

4 社会的に不利な立場に置かれた者の要求は容易に認められることはなく、法律的にも現状が正当である場合もあるが、これを不当として異議を申し立てる権利は国民の基本的人権として認められており、基本的人権を定める憲法の条文は問題提起の機会を与え続けているということ。

5 社会的に不利な立場に置かれているという感覚を問題とすることは、明確さに欠けており、法律に照らして正当でないかぎりその要求を認めるべきではないが、このような問題も憲法を根拠にして提起されれば容易には斥(しりぞ)けられないから、憲法は問題提起の機会を与え続けているということ。

□ 8点

問三 傍線部Cで著者が言う「仕事」とは何か。最も適切な説明を次の中から一つ選べ。

1 感覚によって捉えられた社会的不公正を、新しい言語の創出を通して表現し、不利な地位に置かれた人びとの救済の可能性を願うこと。

2 社会的に不利な立場に置かれていることを表現するために、言説によって不正義の存在を指摘し、社会の再構成を試みること。

3 社会的に不利な立場に置かれている感じを言語化し、客観的に検証可能な事実として意識化すること。

4 社会的正義の常識を回復することによって、社会的不公正を誰もが実感できるものにし、差別の解消を企てること。

5 感性的現実にすぎない不公正感を、新しい言語の創出を通して定式化し、社会的正義の常識にそれが書き込まれることに賭けること。

□ 8点

問四 **傍線部Dで著者が「これは、現在進行中の自民族中心主義の批判、そして、西洋中心主義の批判についても言える」としているのは、どのような意味においてか。その説明として最も適切なものを次の中から一つ選べ。**

1 自民族中心主義・西洋中心主義は、野蛮に対して文明の恩恵をもたらし、野蛮人を人間らしくしてやるという温情主義的なものとして現れるが、これは普遍的妥当性を有する合理性に基づくものであり、たとえ抑圧的性質が内在しているとしても、それがすぐに問題視されるとは考えられないという意味において。

2 自民族中心主義・西洋中心主義は、その価値基準に照らして劣位に置かれ同化を強いられる者からすれば不正義ではあるが、今日ではすでに普遍的妥当性を有するものとして一般に受け容れられているため、これに対する抵抗が不成功に終わることは容易に想像されるという意味において。

3　自民族中心主義・西洋中心主義は世界へ広がった宣教師の意識に見られるように、本来、温情主義的なものであり、それを内面化する者には誰にでも特権を与える合理的なものであって、多くの人びとがその歴史的妥当性を認めている現在、これ以外の普遍性を主張することは強い抵抗を招くという意味において。

4　自民族中心主義・西洋中心主義は、その内部に生きている者にとっては中性的で普遍的妥当性を有する価値と認識されており、これを問題視して異議を唱えようとする企ては、常識として確立した意識に対する抵抗として困難にぶつかることが予想されるという意味において。

5　自民族中心主義・西洋中心主義は、帝国主義以降も存続する透明な抑圧ではあるが、一般には妥当性を有するものとして認識されており、その外に出ようとすることは直ちに特権の喪失につながるため、西洋化に不満を感じつつも多くの者がその心性を内面化し続けるという意味において。

□ 8点

問五　傍線部E「『西洋への回帰』の動き」がなぜ起きると著者は考えているか。最も適切な説明を次の中から一つ選べ。

1　西洋中心主義を分節化する「仕事」によって、その合理性の問い直しを迫られた合州国のマジョリティが、マイノリティからの権利要求を前にしてみずからが普遍的であると信じてきたものを回復しようとするため。

2　西洋中心主義を分節化する「仕事」によって、合州国のマジョリティがみずからの合理性に問掛け、その同一性を確固たるものにするために、「西洋文明への愛」に訴えてマイノリティを擁護しようとするため。

3　西洋中心主義を分節化する「仕事」を通して、みずからの限界を感じた合州国のマジョリティが、にもかかわらずマイノリティからの権利要求を前にして「西洋文明への愛」によってその限界を打破しようとするため。

4　西洋中心主義を分節化する「仕事」を通して、みずからの優位性の無根拠さを知った結果、マイノリティを擁護することが自分たちの立場を危うくするという不安を合州国のマジョリティが抱いたため。

5　西洋中心主義を分節化する「仕事」を通して、その地域性を自覚せざるを得なくなった合州国のマジョリティが、マイノリティを差別することによる特権の享受を続けるために、新たな排除と抑圧の原理としての西洋を再構築しようとするため。

□
8点

問六　最終段落［Y］において著者は、憲法の役割として、「社会構成員間」の「伝達の効率」や「共約性」を「増加」させることに否定的な価値を置き、「社会編制」に「不可能性を導入する」ことに肯定的な価値を見出している。このことを踏まえ、本文中の具体例に即して傍線部F「憲法は［…］社会問題の創出を通じて人びとが共存共生することを可能にする」とはどのようなことかを一二〇字以上一八〇字以内で記述せよ（解答は楷書で記述すること。その際、句読点、括弧記号などもそれぞれ一字分に数え、必ず一マス用いること）。

［出典：酒井直樹『死産される日本語・日本人「日本」の歴史―地政的配置』（新曜社）］

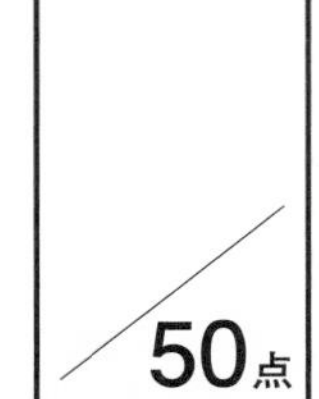

10点

現古融合

『龍蛇と菩薩（ぼさつ） 伝承文学論』 森正人（もりまさと）

早稲田大学 文化構想学部（改）

目標解答時間 30分

本冊（解答・解説） p.125

現代文・古文・漢文の共通点や同じ話題を述べているところに着目しよう。

次の甲・乙・丙の文章を読んで、あとの問いに答えよ。

甲 ［次の文章は、森正人著『龍蛇と菩薩　伝承文学論』（二〇一九年）の一節である。］

竜宮は異境の一つである。したがって、竜宮に関する伝承はほとんど例外なく異境訪問譚（たん）として語られることになる。異境は人間界とは異なり、その世界独特の秩序によって支配され、この世と正反対の、あるいは一見この世に似ていても何か重大な相違のある空間として形象される。特に竜宮は豪華絢爛（けんらん）たる宮殿をそなえ、人間界にない貴重な宝物に満たされた世界であった。

たとえば、『今昔物語集』巻十六第十五「観音に仕る人、竜宮に行きて富を得る語（こと）」は竜宮という空間の景観を具体的に描写する日本の文献としては古いものの一つであろう。

微妙（めでた）く荘（かざ）り造れる門に至れり。（中略）重々に微妙の宮殿共（ども）有て、皆七宝（しっぽう）を以て造れり。光り耀（かかや）く事無限（かぎりな）し。既に行畢（ゆきはて）て、中殿と思しき所を見れば、色々の玉を以て荘りて、微妙の帳（とばり）・床を立てて耀き合へり。

この描写は、『太平記』巻十五、藤原秀郷が訪れたという琵琶湖底の竜宮もほぼ同趣である。このように類型性が見られる背景には、『海竜王経』などの仏典の表現の影響があろう。

異境を訪れる人間は、偶然そこに足を踏み入れるのではなくて、特別の資質を具(そな)えて、[I]存在であった。『太平記』巻十五によれば、俵藤太こと藤原秀郷が竜宮に招かれたのは、人に抜きんでた剛胆ゆえであったと語られる。藤太は、勢多の橋の上に横たわる大蛇の背を怖れることなく踏んで通った。その後、怪しげな小男が現れて、年来の自分の敵を討って欲しいと助力を乞う。秀郷は、琵琶湖の中の竜宮城に案内され、そこに攻め寄せてきた百足(むかで)を弓矢で倒し、後に三井寺に施入されることになる鐘、武具など多くの宝物を与えられて帰還する。

無限の富を蔵する世界、それが竜宮であった。そのような竜宮は、『法華経』提婆達多品(だいばだったほん)十二、娑竭羅(しゃから)竜王の娘が三千大千世界にも値するという如意法珠を釈迦に捧げることからも知られるように、比類のない宝物があると考えられていた。したがって、秀郷が、その呼称「田原」ともかかわるところの、中に納めた物の尽きることのない「俵」を竜から得たと語られているのも自然のことといえよう。

類話のいま一つは、『今昔物語集』巻二十六第九「加賀国の蛇と蜈(むかで)と諍(あらそ)ふ島に行きたる人、蛇を助けて島に住む語」で、英雄が竜宮に赴き異類を助ける説話の古いかたちを示すもののようである。霊蛇に助力するのは加賀国の漁師たちで、不思議な風に引き寄せられて上陸した島で、沖の島から攻め寄せて来る百足を退治するのである。その島は無人であって、蛇の勧めにより漁師たちは家族を引き連れて島に渡り、そこに住みついたという。島の主の本体は蛇とされているが、霊力をそなえた存在であることは、人の姿になることができ、風を支配する力を持つところに明らかである。ではこの大蛇の霊力の中核となっているものは何であろうか。それは、人間に富をもたらすところにあろう。その島には滝があり、大蛇は「田可作(つくるべき)所多かり」と言って、漁師たちに、後に猫ノ島と呼ばれることになるその島への移住を勧める。この言葉から推し量れるように、この蛇は［ア］であったとみてよい。［ア］とはつまり竜神ということになるが、中国的な竜の観念あるいは「竜」という文字やその観念が日本に持ち込まれる以前の　1　古い農耕神の姿を留めているのではなかろうか。それは、秀郷が竜宮から持ち帰った俵とも通う。俵は通常稲藁(わら)で編まれ、またその中に入れるものといえば、一般的には［Ⅱ］であろう。御伽草子の『俵藤太物語』には、その俵から「よねを取りいだすに、是(これ)もつひにつきせず」と明瞭に記す。加賀の島に住みついた者たちも、秀郷も等しく［ア］（竜神）の霊力を分かち与えられ、その保護を受け続けることになったとみてよい。

竜の危難を救ってやり竜宮に招かれ、宝物を得て帰る説話といえば、前に挙げた『今昔物語集』「観音に仕る人、竜宮に行きて富を得る語」もそうであった。この説話の主人公は、小蛇実は竜王の姫を助けるという慈悲の行いによって竜宮に招かれ歓待され、打ち欠いても打ち欠いても減ることのない金の塊を得て帰ってきた。これに酷似する説話が、『諸経要集』巻六および『法苑珠林(ほうおんじゅりん)』巻九十一に載る。『今昔物語集』は、これを源流とし日本に舞台を移して翻案した伝承を拾い上げたとみてよい。

宿敵と争う竜に助力し、その恩に報いられる説話は中国にもあった。『捜神後記』巻十に載るもので、山中の小屋に猟師が泊まっているところへ、黄衣白帯を着けた長身の人が訪れる。それは実は白蛇で、明日黄蛇と戦うことになっていると告げ、助けを求める。翌日大蛇同士が激しく争うのを見て、猟師は黄蛇の方を弓矢で倒した。白蛇は一年間多くの獲物を約束し、その通りとなって、猟師は［Ⅲ］ために命を落とすこととなった。類話が『今昔物語集』巻十第三十八「海の中にして二つの竜戦ひ、猟師一つの竜を射殺して玉を得る語」として載る。相争うのは青と赤の竜であって、猟師は青竜に味方して、赤竜を弓で射る。猟師は青竜から玉を得て、大いに富み栄えたとされる。『今昔物語集』の説話が右の『捜神後記』に淵源することは疑いないが、直接依拠したとは認められない。この事例が単純に中国の文献から日本の文献への引用、あるいは机上の翻案という関係とも見なしがたいことは、日本における類話が多種にわたることから推し量ることができよう。

注　施入…寄進する。

乙　［次の文章は、甲に引用される『太平記』巻十五の一節である。］

湖水の浪を分けて水中に入る事五十余町、ここに一つの楼門あり。開いて内へ入るに、瑠璃の沙（いさご）厚く、玉の甃（いしだたみ）暖かにして、落花自（おの）づから繽紛（ひんぷん）たり。朱楼・紫殿、玉の欄干、金を鐺（こじり）にし、銀を柱とせり。その壮観、奇麗、いまだ曽（か）つて目にも見ず、耳にもきかざりし所なり。この怪しげなる男、まづ内へ入つて須臾（しゅゆ）の間に衣冠正しくして、秀郷を客位に請ず。左右の侍衛の官、前後繁花の粧ひ、善を尽くし美を尽くす。酒宴数尅（すこく）に及んで、夜すでに深ければ、敵の寄すべき程になりぬと周章（あわて）騒ぐ。秀郷は、一生涯が間、身を放たで持ちたりける弓は、五人張に関弦（せきづる）かけてくひしめし、矢は十五束三伏に拵（こしら）へて、鏃（やじり）の中子（なかご）を筈本（はずもと）まで打透（うちとほし）にしたる箭（や）、ただ三筋をたばさうで、今や今やとぞ待つたりける。夜半過ぐる程に、雨風一通り過ぎて、電（いなびかり）の激する事ひまなし。しばらくあつて、比良（ひら）の高峰の方より、続松（たいまつ）二、三千が程二行にとぼして、中に島の如くなる物、竜宮城をさしてぞ近付きける。事の体をよくよく見るに、二行にとぼしたる続松は、皆己が左右の手にとぼしたりと覚えたり。あつぱれこれは蚣の化けたる物よと心得て、矢比（やごろ）近くなりければ、件（くだん）の五人張に十五束三伏の矢を打ち番（つが）ひて引きしぼり、忘るるばかり堅めて、眉間（みけん）の真只中（まただなか）をぞ射たりける。その手答（てごたへ）鉄（くろがね）を射る様に聞えて、筈を返してぞ立たざりける。秀郷（ひでさと）一の矢を射損（いそん）じて安からず思ひければ、二の矢を番ひて一分も違へず、わざと前の矢所をぞ射たりける。この矢も先の如く跳(をど)り返りて、少しも身には立たざりけり。秀郷二つの矢をも皆射損じて、憑(たの)むところは矢一筋なり。何(いか)がはせんと思ひけるが、きつと案じ出だしたる事あつて、この度射んとしける矢さきに、玉沫(つばき)を吐き懸けて、また同じ矢所をぞ射たりける。この矢に毒を塗りたる故にやよりけん、また同じ矢坪を三度まで射たる故にやよりけん、この矢眉間の只中を通りて、喉の中まで羽ぶくら責めてぞ立つたりける。二、三千見えつる続松も光忽(たちま)ちに消えて、島の如くに見えつる物の、倒るる音大地を響かせり。立ち寄りてこれを見るに、果して百足(ひやくそく)の蚣なりけり。竜神はこれを悦(よろこ)んで、秀郷を様々にもてなしけるに、巻絹一疋・鎧一領・頸結(くびゆひ)俵一つ・赤銅の撞鐘(つきがね)一つとを与へて、「2御辺(ごへん)の門葉に必ず将軍になる人多かるべし」とぞ示しける。秀郷都に帰つて後、この絹を切つて使ふに、尽くる事なく、俵は中なる納物(いれもの)を、取れども取れども尽きざりける間、財宝も倉に満ちて、衣裳身に余れり。故にその名を俵藤太とはいひけるなり。

注
繽紛…みだれ散る。
五人張…四人で弓を曲げ、残る一人が弦をかけた弓。強弓。
関弦…漆を塗るなどして強固にした弓弦。
十五束三伏…拳十五個と指三本分の長さ。遠距離を射るための大矢。
中子…鏃(やじり)の根もと。篦(の)（矢の竹の部分。矢柄）の中に入る部分。
筈本…矢筈（矢の末端の、弦を受ける部分）の根もと。
羽ぶくら責めて…矢羽のつけぎわまで入るほど、矢を射込んで。

丙 ［次の文章は、甲に引用される『捜神後記』巻十の一節である。文中には、返り点・送り仮名を省いた箇所がある。］

呉末、臨海人入山射猟、為舎住。夜中、有一人、長一丈、著黄衣・白帯。径来謂射人曰、我有讐、剋明日当戦。君可見助、当厚相報。射人曰、自可助君耳。何用謝為。答曰、明日食時、君可出渓辺。敵従北来、我南往応。白帯者我、黄帯者彼。射人許之。明出、果聞岸北有声。状如風雨、草木四靡。視南亦爾。惟見二大蛇。長十余丈、於渓中相遇、便相盤繞。白蛇勢弱、射人因引弩射之。黄蛇即死。日将暮、復見昨人来。辞謝云、住此一年猟、明年以去、慎勿復来。来必為禍。射人曰、善。遂停一年猟、所獲甚多、家至巨富。

数年後、忽憶先所獲多、乃忘前言、復更往猟。見先白帯人、告曰、3我語君勿復更来、不能見用。4讐子已大、今必報君。非我所知。射人聞之、甚怖、便欲走。乃見三烏衣人、皆長八尺、倶張口向之。射人即死。

注　臨海…中国浙江省の地名。　剋…きめる。
　　弩…ばね仕掛けで射る弓。　辞謝…感謝を述べる。

問一　甲の文章における空欄 I にあてはまるものを次の中から一つ選べ。

イ　秩序に支配される　　ロ　武力に優れている　　ハ　魚類と交信できる

ニ　異境から選ばれた　　ホ　慈悲に溢れている　　ヘ　類型性が見られる

5点

問二　甲の文章における空欄 ア には漢字二字の同じ語が入るが、筆者はこれを傍線部１「古い農耕神」ではないかと考えている。その説明として、最も適切なものを次の中から一つ選べ。

イ　生命力の強い蛇に象徴される、傷病を治療する「医神」
ロ　警戒心の強い猫に象徴される、孤島を守護する「福神」
ハ　足の多い百足に象徴される、戦闘能力に優れた「雷神」
ニ　儒教伝来以前からあった、子孫繁栄をもたらす「女神」
ホ　仏教伝来以前からあった、豊年満作をもたらす「水神」
ヘ　道教伝来以前からあった、不老長寿をもたらす「火神」

5点

問三　甲の文章における空欄 Ⅱ に入る漢字二字の語を、記せ（楷書で丁寧に書くこと）。

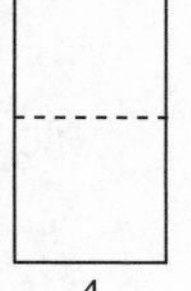
4点

問四　甲の文章における空欄 Ⅲ に入る最も適切なものを次の中から一つ選べ。

イ　富を得るが、明年以降はここに来てはいけないという戒めを破った
ロ　弓矢に唾を吐きかけたが、その毒によって自ら病となってしまった

ハ　家に巨富を得るに至ったが、それにより驕(おご)り高ぶる気持ちが昂(こう)じた
ニ　白蛇の精と結婚したものの、他の魅力的な女性と交わった裏切りの
ホ　もともと敵であった黄蛇の子孫と組んで、白蛇を殺害しようとした
ヘ　数年間山中の小屋に留まり獲物を捕ったが、八尺の大男に襲われた

5点

問五　**甲の文章に引用される『今昔物語集』以前に成立したと考えられる作品の説明として、最も適切なものを次の中から一つ選べ。**

イ　日常的な話題や瘤(こぶ)取りじいさん・舌切り雀など著名な話を収める説話集。
ロ　慶滋保胤『池亭記』の影響を受け、和漢混淆文で書かれた鴨長明の著作。
ハ　後一条天皇から高倉天皇にいたるまでの歴史を紀伝体で記した歴史物語。
ニ　神武天皇から平安時代の仁明天皇までの歴史を編年体で記した歴史物語。
ホ　藤原定家が、奈良時代から鎌倉時代初期の歌人の歌を百首撰んだ秀歌撰。
ヘ　承平・天慶の乱における平将門の乱の有様を変体漢文で描いた軍記物語。

4点

問六　乙の文章における傍線部２「御辺の門葉に必ず将軍になる人多かるべし」とあるが、竜神はどうしてこのようなことを言ったのか、最も適切なものを次の中から一つ選べ。

イ　秀郷の怪力により考えられないほど強い矢を放ったために、将軍が子孫に代々の警護を命じたから。

ロ　秀郷は人間界とは異なる世界である竜宮を訪れ活躍したことによって、超人的能力を獲得したから。

ハ　秀郷の智略と勇気によって百足を退治したため、竜神が感謝して子孫を守護することを誓ったから。

ニ　秀郷は物が尽きることのない俵を竜から得たため、次々と将軍を輩出する家柄なのだと考えたから。

ホ　秀郷の武人としての資質を竜神は看破し、この能力は子孫にも受け継がれるだろうと見抜いたから。

ヘ　秀郷は白蛇の化身を助けたため、竜神はその報償として代々将軍となることを約束させられたから。

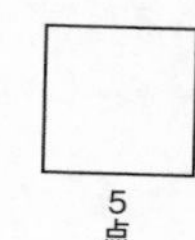

問七　丙の文章における傍線部３「我語君勿復更来、不能見用。」の返り点として、最も適切なものを次の中から一つ選べ。

イ　我語君勿㆓復更来㆒、不㆑能見㆑用。

ロ　我語㆘君勿㆓復更来㆒、不㆖㆑能㆓見用㆒。

ハ　我語㆔君勿㆓復更来㆒、不㆑能㆑見㆑用。

ニ　我語㆑君勿㆘復㆓更来㆒、不㆓能見㆒用㆖。

ホ　我語君勿㆓復更来㆒、不㆓能見㆑用。

ヘ　我語レ君勿二復更来一、不レ能二見用一。

問八　丙の文章における傍線部４「讐子」とは、どのような者のことをいうのか、最も適切なものを次の中から一つ選べ。

イ　秀郷の子　ロ　射人の子　ハ　百足の子　ニ　竜神の子　ホ　白蛇の子　ヘ　黄蛇の子

5点

問九　甲・乙・丙のいずれかの文章の趣旨と合致するものを、次の中から二つ選べ。

イ　仏教の世界観では、竜宮に無限の宝物があると考えられ、七宝で光り輝く宮殿や宝石によって飾り立てられた室内調度品があると考えられていた。

ロ　異郷とは、この世界と似て非なる空間であるが、迷い込んで食事したり結婚したりすると、もとの世界に戻ったとしても、悲劇的な結末に終わる。

ハ　秀郷が琵琶湖水中の楼門に入ったところ、怪しげな男は宮殿内に入り、瞬時のうちに正装姿となり、夜半まで秀郷を酒宴の賓客としてもてなした。

5点

ニ　比良山の上から、明かりが二列になって二三千ほど降りてくるのが見えたが、よく見ると左右の手に松明(たいまつ)を持ち整然と隊列を組んだ軍勢であった。

ホ　臨海の山中に、黄色の衣に白の帯を着けた男が現れ、北と南の両方向からやってくる者の敵味方の区別が付きにくいので、気をつけるよう伝えた。

ヘ　射人に迫る三人の黒衣の巨人は、狩り場を荒らす者を警告する役割であったが、射人が恐れて逃げたため、大きな口に飲み込んで殺してしまった。

［出典：森正人『龍蛇と菩薩 伝承文学論』（和泉書院）］

6点×2

50点

随筆

『加賀金沢・故郷を辞す』

室生犀星（むろうさいせい）

南山大学

目標解答時間　20分

本冊（解答・解説）p.136

筆者の、自分に対する意識の変化を読み取ろう。

次の文章を読んで、後の問いに答えよ。

　家のものが留守なんで一人で風呂の水汲（みずくみ）をして、火を焚（た）きつけいい塩梅（あんばい）にからだに温かさを感じた。そして座敷に坐（すわ）り込んで熱い茶を一杯飲んだが、庭さきの空を染める赤蜻蛉（とんぼ）の群をながめながら常にない静かさを感じた。空気がよいので日あたりでも埃（ほこり）が見えないくらいである。となりの家の塀ごしに柘榴（ざくろ）が色づいている。まだ口を開けていない。この間まで花が着いていたのにと物珍らしげな眼をあげていると、灰ばんだいろをした小鳥が一羽、その茂りの枝を移りながら動いている。わたしは茫然（ぼうぜん）とそれをながめているうちに、穏やかな日ざしがだんだんとなり家のひさしへ移ってゆくのに気づいた。

　門前の川べりへ出て見ても、毎日眺めている山々の景色にも痩せた皺（しわ）や襞（ひだ）をもの佗（わ）びしく眺めた。［Ⅰ］が山肌に見え、とげとげしさが沈んで見えた。川の瀬も澄んで鮎（あゆ）屋が昨日もって来ての話では、もう下流でないといないと言い、このあたりにいるのは若々しく寂びていないから旨さは旨いが、かぞえる程しかいないと言った。九月の終りころから鮎は寂びたが、十月になってから一そうさびしく寂びてしまった。この夏は門の前の瀬に網を打つ漁師を呼んで、毎日のように鮎を食膳に上したものであった。春浅いころまだ一寸くらいの鮎をながめていたわたしは夏深くなるごとにかれらの育って行くのが眼に見えた。［Ⅱ］をしていたかれらが、もう卵を胎んで尾の方から黄いろくなりかけてゆくのや、荒い瀬なみを抜けきることのできなくなっているのや、流れを下るだけで上ることのないのを、何かやはり①人情の中のものにくらべながら思い出したのであった。

季節はもう二度の秋をわたしに送らせている。わたしは田舎にあいてしまったが、さて此の田舎を後にして東京へ行っても、又田舎を慕うようになるだろうと先き先きのことを考え、やはりもうしばらくいようと思っている。田舎では古い旧友がたずねて来たり、その②旧友が昔と変って人なつこそうに話しこんでいるありさまをみると、わたしの方が余程 a レイタンになっていることに気づいた。旧友はそのころの友だちのだれかれの暮しや、その立身出世のことを話しながら幼時の忘れがたい昔語りに熱心ではあるが、わたしは自分のことも人事のようにきき流す張り合いのない聞手になるくらいであった。そしてしまいにはそんなむかしの事などはどうでもよいという気になり、黙って返事もいいかげんにして了うのであった。旧友はそんなことに気づかない。たまに訪れた故郷の有様や移変や人情について縷々として尽きるところがなかった。わたしはそういう人情に一と月に一ぺんくらい出合っては、しまいには煩さく物悲しくなるのだった。そればかりではなく、そういう人々と一しょに食事なぞしなければならない破目になると、わたしはやはりめぐり合うた旧友のために、不幸な半夜を送らねばならない自身のことを、頼りなく又限りなく厭わしく感じた。

故郷というものは一人でやって来て、こっそりと夜の間か昼の間にぬけ出てかえるところであった。そして訪ねたいとか逢いたいとか考えている人に、ふいに会えばともかく、そうでなかったら実にさりげなく見過すべきであったろう。わたしのこれまでの経験ではいつも二日か三日くらい逗留していて、そしてぬけて出るのであったが、こうして落ちついているうちに、古い人情のこだわりが何の刺戟や新しみなくくされかかって、妙に Ⅲ のようにわたしの心を染めてくるのに、物憂いながらわたしは気づいていた。しかしわたしはそれさえ面白いこととして暮してきたのであるが、このごろではその柿のしぶがつやをふくんで、消すこともできずにくすんでしまったことが、何やら気がかりになるのだった。むかし対手にしてくれなかった人々までが、いくらか表面だけらくに見えるわたしの暮しを訪ねてくるのにも、b ケイハクな人の世のことが窺われその気もちは解りながらも、そういう人心には悒せくも物悲しさをあじわわずにはいられなかった。わたしならそんなことはしなかったろうと思われるほど、そういう人はわたしの向うに坐ってさまざまな物語りをしながらそれにも拘らずわたしを悲しくさせた。かれらの情熱は凡て一しょに手を拍たねばならぬ強いた情熱の種類で、事古りたさもしいむかしがたりである。わたしはそれに聞きあきた。そのためにもどれだけわたしが一人で思いふけろうとしている昔の景色や人情を、その故にめんどうくさくなって思いふけることができなかったかも知れないのである。

「むかしの友だちなんてものは停車場で会ってすぐ別れた程度のものがいいんではないんですか。つまりはっとしているうちにすぐにわかれてしまうのが本統らしくていいですね。」

わたしは何時かこう言ってみたが、対手の人はそれでは呆気ない、人間はそんな風な考えをもつようになってはならぬというふうに、自らをいましめるように旧友は言った。だから、わたしはしかたなしに話の通じないのを幸いにして黙ってしまった。

このごろ殊に国へかえってから、わたしにはわたし自身の好みというものに或る偏屈を感じ出して、偏屈な人間はその偏屈であるためになおかつ偏屈にならなければならないことに、その意識を強めることが③少し美しくない気がし出した。自分は孤独だからと言ってその説の中におさまりかえっているのは、ざくろが熟さず割れないで腐ってしまうようなものだと思えた。わたしもその中の一人で、文壇人とは交渉をもたずそれに自らも遠ざかり、そして少々偏屈であったが、そんなことの下らなさがつくづく思われ出した。他人とつきあうこと、それが同じい仕事をしている人々の場合では、あんなに退屈な、むかしばなしの友だちよりどれだけ増しだろうと思えた。すこしの心のこだわりなしに平気で同じい仕事をしている人々と話しをするのは、へんくつ故に無理に孤独の型にはまり込んでいるよりどれだけいいか分らなかった。へんくつそのものもそれが余り永い間持ち合(あわ)していたら、しまいにはそのまま［Ⅳ］のように曲りなりに固まり、何のおもしろみも無くなるだろうと思えた。と言ってわたしが田舎にいて文壇のことを思慕するのではない、これまで余りしばしば意識しすぎて孤独と偏屈だったことに気づき、そしてそういう考えには自分乍(なが)ら賛成できないものがある、きまりわるい感じさえするとそう考えたからであった。人間の中で一番わるいみにくいものがあったら、それは「見え透いた」ことを平気で遣(や)ったり故意に遣ったりする感情の人々のことだろう。ほんの少々でも「見え透いた」感じのするのはまだぬかった一点をみるようでいいものだが、c一瞥の後にすぐくる「見え透いた」ものは一番わたしにはきらいでもあり不愉快でもあった。その見え透いた「孤独」や「へんくつ」がやっとわたしには忌々しい古い日記をひっぺかすように［Ⅴ］の中に見えてきて、その根ざすところに［Ⅵ］をしたのだった。

A1　Ⅰ　に入れるものとして最も適当と思われるものを次の中から一つ選びなさい。ただし設問A1〜A5を通して、同じ選択肢を重ねて選んではいけません。

ア　過去の雲や霧　　イ　くろずんだ柿のしぶ　　ウ　美しい柔らかい肌

エ　枯木の蔓（つる）　　オ　怒ったあとのような疲れ

（4点）

A2　Ⅱ　A3　Ⅲ　A4　Ⅳ　A5　Ⅴ　に入れるものとして最も適当と思われるものを設問A1の選択肢の中から一つ選びなさい。

A2	
A3	
A4	
A5	

（4点×4）

A6　——線部①「人情の中のもの」とはどういうことか、最も適当と思われるものを次の中から一つ選びなさい。

ア　人を思いやる心　　イ　人からかけられた情（なさけ）　　ウ　人の感情の起伏

エ　人の人生の心のありよう　　オ　人の絆（きずな）のありよう

（6点）

Ａ7 ――線部②「旧友が昔と変って人なつこそうに話しこんでいる」とあるが、なぜそのように表現しているのか、最も適当と思われるものを次の中から一つ選びなさい。

ア　昔仲良くしていた友が、昔以上に親しそうに話し込んでいたから。

イ　昔けんかした相手が、もともと仲が良かったように話しかけてきたから。

ウ　昔さほど親しくなかった人たちが親しげに作者に近づいてきたから。

エ　昔無口だった友が、饒舌（じょうぜつ）に話し込んできたから。

オ　昔の友が、私が話を聞きたくないと思っていることがわかっているのに、それを無視して話しかけているから。

6点

Ａ8 ――線部③「少し美しくない気がし出した」とあるがどういうことか、最も適当と思われるものを次の中から一つ選びなさい。

ア　自分が偏屈な人間だと感じて孤独にしているのはあまりよくないと思い始めた

イ　自分が偏屈だと考えるのは間違っていたと思い始めた

ウ　自分は偏屈でもよいが、孤独はいやだと思い始めた

エ　偏屈で孤独というのは美しくないが、そこから抜け出せないと思い始めた

7点

A9 Ⅵ に入れるものとして最も適当と思われるものを次の中から一つ選びなさい。

ア 賛成　イ 不賛成　ウ 同感　エ 危惧　オ 追従

5点

B1 ══線部a「レイタン」・b「ケイハク」の片仮名を漢字に改めなさい。楷書で丁寧に書くこと。

a

b

2点×2

B2 ══線部c「一瞥」の読みを平仮名で書きなさい。

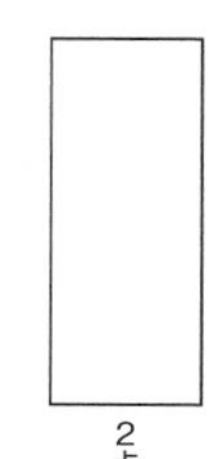

2点

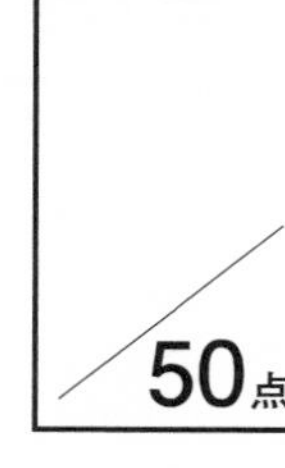

［出典：室生犀星『加賀金沢・故郷を辞す』（講談社）］

随筆

『「あはれ」から「もののあはれ」へ』竹西寛子(たけにしひろこ)

早稲田大学　教育学部（改）

目標解答時間　20分

本冊（解答・解説）p.143

「抽象」と「具体」の、この問題文での意味をよく考えて読もう。

次の文章を読んで、後の問いに答えよ。

小説への衝動がはじめて自分に抑え難いものとなった時、というのは、評論では折り合いのつかない何かに表現を迫られた時のことなのだが、その時分を振り返ってみると、私自身、それまで書き継いでいた評論という形式に失望していたのではなかった。小説よりも先に評論を発表していたのは私の自然で、評論と小説は血縁であってもやはり別のものとしか思われなかった。従って、あなたは評論家になるつもりなのか、それとも小説家になるつもりなのかという少々意地の悪い当時の質問にも深くは考え込まず、自分の自然が解決するだろうと思っていた。

しかし、実際に小説を書き始めてまず突き当(あた)った壁は、評論という形式に馴染(なじ)んだための、事物の抽象的な処理、非具体的な処理であった。心を動かされた作品と対(むか)い合い、なぜ感動したのかを問うてみる。事を分析帰納しながら一般化できる共通項を抽(ひ)き出し、敷衍(ふえん)してゆく作業は、当然のこととして、言葉による明確な結論を自分に要求する。時によっては、結論としての言葉あるいは文章が先に立ち、それを客観的に証明しようとして論理的な作業をひたすら重ねてゆく。

感動の拠り所を分析帰納して、少しでも論理的に把握したい評論への欲望と、感動の拠り所を分散拡大して、更に強調したい小説への欲望、この二種類の欲望は、どうやら自分の中には矛盾なく生きているらしい。今更言い立てるのも気がひけるようなことながら、小説で必要なのは事物の具体的な表現であって、抽象的な論評でもなければ概念的な記述でもない。なぜこの作品を書いたかという、作者の直接の言葉は不要であり、結論は、作者が提示した具体的な事物を通じて読者にゆだねればよい。しかし習慣は恐ろしい。1結論めいた文章を書かない不安と私は長く争うことになる。

小説を書こうとしながら、評論では許される抽象的、概念的な物言いに無意識のうちに逃れている自分に気づくと、一時的にもせよ筆は止ってしまう。分散拡大のために必要な事物の具体的な表現といっても、背後で統一するのは理性なので、感受性の単なる羅列というわけにはゆかず、具体的な事物の小さな一つ一つといえども理性の関る秩序の外には放り出せないが、自然の勢いで書き進めるものが具体的にならないうちは、作品に弾力は伴わない。

もともと、抽象は具象に始まっているはずで、具象はなおざりにした抽象に説得力を望んでもそれは無理である。具象といい加減に馴れ合った抽象に胡坐をかいているととんだところで仕返しをされる。抽象に逃げるな、と自分を叱り続けて小説を書いていると、日頃いかに物の見方が杜撰であるかがよく分る。見ているつもり、聞いているつもりでは小説は一行も進まない。小説を書く基礎になるのは、日常、事物を杜撰にではなく「見る」習慣、「見る」力だと知らされる。そこから事物の選択と再構成が始まる。

評論では抽象的、概念的な物言いが許されると言ったが、事物を杜撰にではなく「見る」習慣、「見る」力の必要については、小説の場合と全く同じだと考えている。個々の作品も山川草木と対等な事実であって、具象としての文章をいい加減にではなく「見る」力の必要は、読みの誤りから遠ざかる条件でもある。

評論への衝動にも小説への衝動にも、私の場合、その根には必ず感動がある。心の揺れがある。それがない所ではどちらも成り立ちが難しい。ただ、小説を書き出してから、評論を書いていた自分がそれ以前よりもいくらかはっきり見えてきた。勿論(もちろん)その欠点を含めて。と同時に、テキストの読みの粗雑な評論、あるいは研究の類に、強い疑問を抱くようになった。

読みには段階がある。そのほどにはほとんど限りがない。それは、日常、自分の環境の事物を見る、その見方のほどに限りがないのと本質的には違っていないと思う。自分のかつてのいくつかの評論がそうであったように、読みの粗雑な評論には説得力が伴わず、とかく声が高い。小説を書くことを知った私が自分の評論に求めるようになったのは、出来るだけ具体的な平明な言葉で、事物としての文章の分析帰納を行うこと。事物としてのテキストの読みが、文章に即して謙虚であり、杜撰でさえなければ、具体的かつ平明な言葉での客観化は不可能ではないであろうし、説得の力、普遍の力をもつ論述は可能のはずだということである。

テキストをよく見ていない抽象的な物言いを恐れること。テキストの分析帰納では、事物としての言葉遣いに対する認識のしかたそのものが問われるが、そこで大切なのは、繰り返せば、文章に対応する謙虚さと、もう一つ、[A]かもしれない。この二つは矛盾するようで実はそうではないのを私はようやく感じ始めている。

文章に対して、そこから何かを得ようとして読む場合と、さし当って小さな目的を持たず、文章から聞(きこ)えてくるものだけに聞き入ろうとする場合とを較(くら)べてみると、小さくても発見に類するようなことは、無目的の場合のほうに起り易い。聞き入ろうとする自分の受け入れ態勢の如何によって、仕込みの粗密によって、聞えてくるものの種類、程度はおのずから異るので、ただただ消極的に文章に対していればよいということではない。2ほどに応じた土壌の耕しを怠らず、それでいて無目的の状態で文章に集中すれば、時折ひらめきのように頭を過ぎる何かに出会う。そうした現象はまさにaトウ来としか言いようがないけれども、書き手にそういう時が実際に経験されているかどうかは、評論の文章そのものの弾みの違いになって表われると思う。（中略）

一人の自分の中に背き合うものがある。何とか折り合いをつけたいのにどうしていいかが分らない。人には年齢に応じた悩みがいろいろあると思うけれども、小さい頃の私の真面目な悩みのうちにはそういうこともあった。通った小学校は校則が厳しかった。と言ってもそれは後になって分ったことで、当時は比較できる他の小学校を知らないのだから、そういうものとして従うほかはなかったが、沢山の規則を守るために、子供なりに緊張を促される時間は多かった。欲望と自制。自然と不自然。自由と不自由。背き合うものを扱いかねながら、校則を守る快さだけでなく守らない快さも確かに感じ始めていた。病気で学校をよく休んだ。病気はいちどきに沢山の制限を運んでくる。世の中を暗く見せたり明るく見せたりする。

そんなことが次々に重なって、これも後になって知った言葉で言えば、自分の中に理性と感性という相容れないもののあることを次第に強く意識するようになり、気味悪く思うようにもなっていった。私は読み書きは嫌いなほうではなかったがいわゆる文学少女ではなかった。書くのは文章よりも絵のほうに快さを感じていた。背き合うものを意識する機会は、成長するにつれて増える一方になった。気味悪さは不安になって沈んでゆく。この背き合いに折り合いをつけるのは、この不安を無くするのは人間の賢さではないだろうか。もっともっと賢くならなければ。

超える、のではなく、消えるはずと考えた浅はかさをそうとも知らず、ろくに見えてもいない世の中の端で呼吸しながら藻掻き続け、縋りつく思いで辿り着いたのが 3＊波多野精一著『西洋哲学史要』。世界の「本源」「原質」に目を瞠った私は女学生だった。不安の解消を求めて辿り着いた場所は、しかし人智の頼もしさではなく、叡智の限りを思い知らせる場所でもあった。すぐれた宇宙解釈、根源についての分析帰納は次々に否定され、説ごとの命は常に否定されるまでのものでしかない。不動のもの、不変のもの、絶対のものを求めて縋りついた書物に、不動、不変、絶対の叡智は無いと知らされた人生初期の衝撃は、以後長く尾を曳くことになる。

今から思えば、安直に解決法を求めた当然の結果であるが、自分の内部での折り合いを求める心が、世界との折り合いを探る方向に延びてゆき、やがてその過程で、言葉で生きる人間のよろこびを知ることになる。人間、世界のすべてを受け容れる文学という b ウツワの大きさ。私自身のいかにも遅い文学への目覚めを、私はこの一冊の哲学史の恩恵なしでは語れない。時空をあのように見た叡智の歴史は、人間の目の歴史でもあろう。目に見えるものを見るだけでなく、目には見えないものを見るのも人間の大きな仕事である。目の怠慢がもたらす表現のなおざりは、結局、この世界の部分として生きる人間の、生き方そのもののあらわれになる。

注 ＊波多野精一…一八七七〜一九五〇。宗教哲学者。『西洋哲学史要』は一九〇一年に刊行された。

問一　傍線部a・bのカタカナを漢字で表現したとき、同じ漢字をカタカナの部分に用いるものを、次の中からそれぞれ一つ選べ。

a　トウ来

ア　昏トウ　イ　桜トウ　ウ　周トウ　エ　トウ徹　オ　薫トウ

b　ウツワ

ア　キ色　イ　キ矩　ウ　継キ　エ　利キ　オ　キ損

a
b

2点×2

問二　傍線部1「結論めいた文章を書かない不安と私は長く争うことになる」とあるが、それはなぜか。その理由として最も適切なものを、次のア～オの中から一つ選べ。

ア　小説も評論もともに感動の拠り所を明確にしたうえで、背後で統一する理性の存在を結論に明示することが求められたから。

イ　評論への欲望と小説への欲望がともに矛盾することなく共存していることから、どちらかの方向性を明確にすることが困難になってしまったから。

ウ　評論に対する考え方と小説に対する考え方とが融合してしまったため、具体的な事物を通して結論を読者にゆだねることがうまくできなかったから。

12

エ　小説を書き始めたときに評論と類似した方法によって事物の抽象的な処理を試みていたために、論理的な分析帰納を効果的に進めることができなかったから。

オ　言葉によって明確な結論を出すという評論の手法に慣れていたことから、それが特に必要とされていない小説の手法になかなか馴染むことができなかったから。

□
8点

問三　空欄 A に入る語句として最も適切なものを、次のア～オの中から一つ選べ。

ア　具体的で平明な言葉
イ　文章そのものの抽象性
ウ　ひらめきのような直観
エ　聞き入ろうとする受け入れ態勢
オ　具象に戻る作業を繰り返す辿々しさ

□
7点

問四　傍線部２「ほどに応じた土壌の耕しを怠らず、それでいて無目的の状態で文章に集中すれば」とあるが、これはどのような意味か。その説明として最も適切なものを、次のア～オの中から一つ選べ。

ア　自身の事物の見方に限りがないことをわきまえつつ、成果を期待せずひたむきに文章に親しめば、という意味。

イ　自身の問題意識に応じた多様な内容を取り入れつつ、特に実利的な目的を意識しないで文章を読めば、という意味。
ウ　自身の能力に応じて教養をつちかうように努力を重ねつつ、虚心にかつ積極的に文章を読むように心がければ、という意味。
エ　自身の関心に対応した多くの疑問を抱きつつ、文章のメッセージを批判的に把握しようとして文章を読み解けば、という意味。
オ　自身の謙虚な側面を尊重しつつ、事物としてのテキストの読みを確かなものに構築しようとして文章に向き合えば、という意味。

8点

問五　傍線部3「波多野精一著『西洋哲学史要』」は、筆者にとってどのような書物であったのか。その説明として最も適切なものを、次のア～オの中から一つ選べ。

ア　人間の叡智には限界があって、世界の根源についての解釈がいかに困難なものかを物語ってくれた書物。
イ　文学が懐の深いものであることへの開眼をもたらし、評論よりも小説を書くという方向を積極的に拓いてくれた書物。
ウ　小学校の校則に象徴されるような多くの規則を守るための緊張を解消して、大人への成長の基盤を形成してくれた書物。

エ　時空の解釈というスケールの大きな方向に視野を開き、絶対的なものへの憧憬を具現するための歴史を学ばせてくれた書物。

オ　自らの中に潜在する理性と感性の問題に折り合いをつけつつ、本質的な不安を解消するために様々な知見を増やしてくれた書物。

□ 8点

問六　この文章全体を通して、筆者が特に主張したいのはどのようなことか。その説明として最も適切なものを、次のア～オの中から一つ選べ。

ア　自らの内部に潜む背き合うものの存在を強く意識したときに、何とか折り合いをつけるために文学を志すようになっていった。

イ　読むことは謙虚な行為でありかつ杜撰な態度は避けることに直結するから、他者と交渉しつつ人間的な成長を遂げる必要がある。

ウ　評論や小説を書いてきて思うのは日々ものを見るという行為の重さであり、すべては見るに始まると言えるほど、「書く」は「見る」に支えられている。

エ　根源的な不安を解消するために人間の叡智が必要となるが、それを獲得するためにも積極的な態勢を常に維持しつつ常に文学から何かを得ようとしなければならない。

オ　小説よりも評論を先に発表していたのは自然の成りゆきとも言えることだが、評論と小説との接点を特に意識したのは小説の根底に存在する感動に気づいたときのことである。

9点

問七　筆者の竹西寛子は広島県出身の小説家・文芸評論家で、早稲田大学に学び、原爆を題材とした『管絃祭』などの小説を執筆している。次の１・２の問いに答えよ。

１　同じ広島県出身で早稲田大学に学び、原爆を題材にした小説を執筆した作家を、次のア～オの中から一人選べ。

ア　村上春樹　イ　林京子　ウ　野坂昭如　エ　寺山修司　オ　井伏鱒二

２　１で選んだ作家の原爆を題材にした長編小説を、次のア～オの中から一つ選べ。

ア　祭りの場　イ　黒い雨　ウ　風の歌を聴け　エ　火垂るの墓　オ　田園に死す

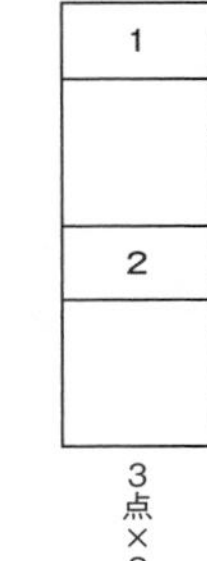

3点×2

学ぶ人は、
変えてゆく人だ。

目の前にある問題はもちろん、
人生の問いや、
社会の課題を自ら見つけ、
挑み続けるために、人は学ぶ。
「学び」で、
少しずつ世界は変えてゆける。
いつでも、どこでも、誰でも、
学ぶことができる世の中へ。

旺文社

大学入試 全レベル問題集

現代文

河合塾講師 梅澤眞由起 著

5 私大最難関レベル

改訂版

はじめに

現代文――なんとも曖昧な名前のとおり、その姿も霧におおわれているような感覚が君たちに染みついているかもしれない。

北海道根釧原野の北端に位置する摩周湖――ほとんど一年中霧に包まれ、その姿を人に見せない神秘の湖――その湖が偶然か必然かその姿をあらわにするときが、一年に数度あるという。

その湖のように、僕らの目の前に〝現代文〟がその姿を現すときがあるだろうか。それは誰にも断言はできない。摩周湖がその姿を現すときが、現代気象学をもってしてもわからないように。〝現代文〟もまた、知識や法則を拒む側面を持っているからだ。

しかしもし〝摩周湖〟の姿を見る者がいたとするならば――かつてその原野に土着する民らは、深い霧に包まれた森の中で、秘かに神への祈りを捧げながら、霧が晴れ湖が姿を現すその一瞬を見たという。彼らにならうならば、僕らもまた〝現代文〟という湖の前に、霧にまぎれながら立ち尽くし、〝現代文〟の現れを待つしかないだろう。ただ、かつての民たちがそうだったように、僕らにも待つ方途がある。本書はその方途を示すものだ。

よく考えれば、僕らの世界そのものが曖昧なのだ。だがその曖昧さにいらだち不安を抱え、確かで強いものに身をすり寄せるよりも、その曖昧さ、中途半端さをこそ身にかぶり、その曖昧さを引き受けて世界を飼い馴らす方法を身につけることこそが、この世界に生きる僕らの、悲惨と栄光なのではないだろうか。そのようにして世界との出会いを待つこと、しかも、〝現代文〟との、めくるめく困惑の中に身を浸し、なおかつそれを楽しむための道しるべを手にすること、そして、この〝現代文〟という霧の向こうへ突き抜けること――おそらくそのさなかで、僕らは文章や筆者という不思議な他者と出会うだろう。それは幸福な出会いでもありうるし、嫌悪といらだちでしかないかもしれない。しかし、それを楽しむことのできる者だけが、湖の姿に出会う。

僕らは、湖の姿を見る者である。したたかな出会いの流儀を身につけて、〝霧を突き抜ける〟者であるはずだ。ならばもう、ためらいはいらない。
今、いっきに言葉の湖へ。

梅澤真由起

目次

この問題集の構成と使いかた

まずは別冊の入試問題を解きましょう。目標解答時間が示されているので、時間をはかることも忘れずに。問題を解き終えたら、いよいよ解説に進みます。各講の解説は、大きく分けて、つぎの二つに構成されています。

問題文ナビ…出題された文章、つまり問題文そのものを細かく読み解きます。

読解のポイント **ひとこと要約** などで、頭の中をしっかり整理してください。

設問ナビ…出題された設問を解説していきます。自分自身がひっかかってしまった点をここでしっかり解決しましょう。

本冊で使用する記号について

ムズ…間違えても仕方のない、ややむずかしい設問に示してあります。

大ムズ…むずかしくて、かなり正答率の低い設問に示してあります。

合格点30点…〈予想される平均点＋1問分〉として示してあります。

語句ごくごっくん…問題文に登場した重要語句を解説しています。言葉を飲み込んで、みんなの血や肉になることを意識したネーミングです。しっかり飲み込んでください。

L42・L42・(L42)…問題文での行番号を示しています。

梅POINT…現代文の大事なポイントをひとことでビシッと示しています。同じ種の設問などにも共通するポイントなので、頭のひきだしに入れておきましょう。

テーマ 言語1…各講の問題文で扱われたテーマについて、もう一歩踏み込んで解説しています。

チョイマヨ…間違えやすい、〈チョイと迷う〉選択肢を示しています。

「全レベル問題集　現代文」シリーズのレベル対応表

＊掲載の大学名は購入していただく際の目安です。
また、大学名は刊行時のものです。

シリーズラインナップ	各レベルの該当大学
① 基礎レベル	高校基礎～大学受験準備
② 共通テストレベル	共通テストレベル
③ 私大標準レベル	日本大学・東洋大学・駒澤大学・専修大学・京都産業大学・近畿大学・甲南大学・龍谷大学・東北学院大学・成蹊大学・成城大学・明治学院大学・國學院大學・亜細亜大学・聖心女子大学・日本女子大学・中京大学・名城大学・京都女子大学・広島修道大学　他
④ 私大上位レベル	明治大学・青山学院大学・立教大学・中央大学・法政大学・学習院大学・東京女子大学・津田塾大学・立命館大学・関西大学・福岡大学・西南学院大学　他
⑤ 私大最難関レベル	早稲田大学・上智大学・南山大学・同志社大学・関西学院大学　他
⑥ 国公立大レベル	東京大学・京都大学・北海道大学・東北大学・信州大学・筑波大学・千葉大学・東京都立大学・一橋大学・名古屋大学・大阪大学・神戸大学・広島大学・九州大学　他

「全レベル問題集　現代文」WEB 特典

共通テスト／志望大学別　出題分析と学習アドバイス

共通テストや各レベルの主要大学の出題傾向分析と学習アドバイスを紹介しています。

今後実施される共通テストについては、こちらのサイトに解説を掲載します（2023 年 12 月時点）。

以下のURLか右の二次元コードから、公式サイトにアクセスしてください。

https://service.obunsha.co.jp/tokuten/zenlevelgendaibun/

※本サービスは予告なく終了することがあります。

執筆者　**梅澤眞由起**（うめざわ まさゆき）

河合塾講師。北海道札幌市出身。著書に『入試精選問題集　現代文』『得点奪取　現代文』（ともに河合出版：共著）、『私大過去問題集』（桐原書店）、『基礎からのジャンプアップノート　現代文重要キーワード・書き込みドリル』『〃現代文読解・書き込みドリル』（旺文社）など。文章を丁寧に読み解く授業には定評がある。

編集協力：豆原美希
校正：広瀬菜桜子／渡邉智子／加藤陽子
装丁デザイン：（株）ライトパブリシティ
本文デザイン：イイタカデザイン

現代文について

現代文の原点 ① 根拠をつかもう！

「客観的」という言葉があります。「客観的」とはほかの人の立場に立つ、という意味です。では、この「ほかの人」とは誰でしょう？　受験の現代文では、「ほかの人」とは〈**筆者**〉です。では〈筆者の立場に立って読み、解答する〉には、具体的にはどういうことをすればよいのでしょうか？

それは自分の考えや常識を交えずに、**筆者の記した言葉とそこに現れた筆者の意識だけを**、**読解の**、**そして解法の手がかりとする**、ということです。〈ここにこう書かれているから、こういうことだ。ここにこう書かれているから、解答はこうなる〉というふうに、**つねに読解の根拠を問題文に求める**ということ。つまり、与えられた文章で筆者はなにを述べていたかを答えることが、「客観的」＝筆者の立場に立つ、ということです。現代文では、みんなは筆者の考えを忠実に大学へ伝える筆者の分身なのです。

僕は河合塾のオンライン授業で、自分の講座に「イタコ修行編」という名前をつけたことがあります。「イタコ」って青森県の恐山とかにいる霊媒師です。「イタコ」は〈死んだジイジの声を聴きたい〉ってやってきた家族の願いを聞き、自分を捨ててジイジを自分に乗り移らせ、〈く・る・し・い……〉とかジイジの声を家族に届けます。

そう、みんなは「イタコ」なんです。「イタコ」として筆者（＝ジイジ）を背負って、その声を大学（＝家族）に届けなければなりません。その筆者の声を忠実に届けられれば◯。〈今日は霊（＝ジイジ＝筆者）のノリがちょっと悪いな〉とかいって〈お金たくさん置いてけぇ〜〉とか嘘のジイジの声を届けたら、「イタコ」失格！→大学は去っていく……。

もちろんレベルが上がれば、問題文に書かれていない内容を推論しなければならない場合も出てきます。です

がその場合でも、〈問題文にこう書かれているから、こう推測できるのではないか?〉というふうに、あくまで筆者の書いた言葉に即した根拠を求めて読解していかなければなりません。

そして「根拠」とは〈問題文に書かれていて、読解や解法を支える証(あかし)〉のこと。みんなはつねにこの「根拠」を問題文に探してください。根拠をもとに答えること――これが「客観的に解く」ということの意味です。

現代文の原点 ② 論理的になろう!

「**客観的**」な読解ということともうひとつ、現代文の学習でよくいわれることが「**論理的**」に読み解く、ということです。「論理」ってむずかしそうだけど、ある論理学の先生は〈論理は思いやりだ〉っていってます。つまり文章を書いている人は、自分のいっていることを読んでいる人にわかってもらいたいんだ。だからどうやったらわかりやすくなるか、そのことを考えて、〈ふつうなら言葉や話題はこうつながるよね、こうつながったほうがわかりやすいよね〉って考えて文章を書く。なので文章の中には、**言葉のつながり**や**内容のつながり**、つまり**論理**が生まれる。文章のことをテキストと呼びますね。織物のことはテキスタイル、語源は同じです。織物は縦糸と横糸で成り立つ。テキストの縦糸は書かれた日本語、そして横糸は眼には見えませんが、そのつながりが**論理**です。その見えない横のつながりを追いかけてたどっていくことが筆者の思いやりを受けとめて、文章を読み文章を理解するということです。

そのつながり(=論理)は、一番小さい単位でいえば語句と語句とのつながりから始まり、文と文、段落と段落、そして複数の段落のつながりが生み出す意味のブロックとほかの意味のブロックとのつながり、そして文章全体のつながりへと広がっていきます。その全体像を意識できるようになることが、〈**論理的に読む**〉ということです。

現代文の解き方について

問題を解く前に、みんなに、どうやって問題を解くかという自分なりのスタイルを考えてほしいと思います。たとえば読みながら解くのか、一度最後まで読んでから解くのか？　まあ絶対ではないですが、僕は一度最後まで読んでから解くことを勧(すす)めます。そのほうが文章全体が視野に入るからです。読みながら解くと、問題文の読解が中断されるし、またたとえば、まだ読んでないところに解答の根拠があるのに、それを見ないで、ただたんに今まで読んできたところに書いてあったことが書いてある選択肢を○にしてしまう、なんてリスクがあります。

ただし時間が足りない人は意味のブロックごとに問題を解く（あるいは、つぎの傍線部のところまで読んで、前の傍線部の問題を解くとか）、というのも仕方がないと思います。そのときはまだ読んでないところに根拠があるかもしれないと思うことと、全体の流れを意識すること、そして、下の梅POINTを忘れないでください。

POINT 梅

選択肢問題は、すぐに選択肢を見ないで、問題文からヒントや正解の要素をつかみ、それを含んでいる選択肢はどれか……という積極的な方法で選ぶべし。それでも手がかりがつかめない場合は消去法*に転換すべし。

POINT 梅

消去法*で傍線部問題を解くときにも、たんに問題文に書いてある・書いていない、という理由だけで○にするのではなく、傍線部や設問の問いかけとマッチしていることを正解の基準にすべし。

＊消去法……間違いや問題文に書いていないことを含む選択肢を消していって、正解を選び出す方法。

では、一応僕が勧める、「一度最後まで読む」というスタイルで、つぎのページに「現代文のお約束」を書いておきます。

「現代文のお約束」

学習する上でのこころがまえ

◆時間配分に注意

どんなにむずかしい文章でも、問題文の読解に時間をかけすぎてはいけない。もち時間の60％は設問を解く時間に使おう。

◆二段階のチャレンジ

❶時間を決めて〈問題冒頭の〈目標解答時間〉参照〉、アラームが鳴るとか、ホントのテストのつもりで解く。

❷その2、3日あとに、他人の立場に立ち徹底的に自分の解答にツッコミを入れて、なぜこの解答にしたのか、他人に説明できるようなチェックを行う。最初のテスト時間内にできなかった部分や、あとで書き換えた答えは青などで書く。もとの答えは残しておく。

解法の手順

1 設問をチラ見する

①傍線のない設問（内容合致（趣旨判定）以外）は**問題文全体を意識しよう**。相違点説明・分類分け・違うもの探しなどの設問は**対比を意識しよう**。

②脱落文補充・整序問題・正誤修正問題があるか、を確認しよう。時間がかかるので時間配分に注意！

③記述問題・抜き出し問題があれば、該当する傍線部の表現を覚えておこう。

2〈大きな（＝マクロな）つながり〉をつかむ

テーマを読み取り、文章の大きな（＝マクロな）つながりと意味のブロックをつかもう。初読は最大でも10分で済ませる。わからないところは読み飛ばす。細かく読みすぎない！　可能ならば、頭の中でもよいから、テーマを20字程度でまとめる。

文構造の種類

イイカエ

Aに傍線を引いて、Aと同じ内容の部分（A´）を手がかりにしてAを説明させたりする設問などが作られる。

A´＝A

A：言葉には複数の意味がある
＝
A´：言葉は多義的だ

例（具体）とまとめ（抽象）

イイカエの〈つながり〉の変形バージョン。具体例（A）の部分に傍線を引き、Aを抽象化させたり、イコール関係にあるまとめ（A´）の部分の内容を答えさせたりする設問が作られる。

A（例）
＝
A´（まとめ）

A（例）：父は今日も残業だ
＝
A´（まとめ）：日本人は勤勉だ

対比

二つの対照的なことがらを比べ合うのが対比。二つの違いを問う相違点説明や、同じグループにある語句の組み合わせを問う設問などが作られる。Aに関することが離れたところにもう一か所あれば、それをつなぐとイイカエの〈つながり〉が作られることにもなる。

〈B〉↔A

A：文学は主観を大切にする
↔
〈B〉：科学は客観性を重んじる

因果関係

論理〈つながり〉のメイン。問題提起をした文章や「どうしてか」ということを追究した文章では、結果や事象（A）に傍線を引き、その理由（B）を問うという設問などが作られる。理由説明問題がある場合は、展開のある文章であることが多く、視野を大きくもち、論理的に整理していくことが求められる。

A（結果）
↑
B（理由・原因）

A（結果）：科学の発展
↑
B（原因）：産業革命

初読の際の具体的な作業

① 段落冒頭の接続語・指示語や段落間の共通語句をチェックし、段落同士の話題のつながり、境界・区分け（意味のブロック）をつかむ。

② **対比（二項対立・日欧比較文化論・近代とほかの時代・筆者の意見とほかの意見や一般論との対立）**をつかむ。できたら、対比関係にあることがらのどちらか片方を〈 〉で囲む。

③ 具体例は軽く読む。「このように・要するに・つまり」などではじまる〈まとめ〉の部分に傍線を引く。

④ 引用、比喩もイイカエ関係なので、具体例と同じように扱う。

⑤ 問題提起とそれに対する筆者の結論に傍線を引く。

⑥ 筆者の考えが強調されているつぎのような箇所や、繰り返されている内容をチェックする。

「もっとも大事なことは～」

「～こそ必要である」

「～しなければならない」

「このように（して）～」　＊まとめの表現

「～ではない（だろう）か」　＊打ち消しを伴う問い

⑦ 定義の部分「○○とは～である」に傍線を引く。（行の冒頭にチェックマークをつけるだけでもよい）

注意点

・傍線は引きすぎないように。自分が大事だと思う箇所に傍線を引くのではなくて、筆者が大事だということを示している右のような箇所にだけ傍線を引く。

・漢字と分類問題・違うもの探しなどは初読のときに解いてもよい。

3〈小さな（＝ミクロな）つながり〉をつかむ

設問ごとに、改めて問題文をチェック。

① 傍線部が、傍線部を含む文の中でどんな位置にあるか確認する（傍線部の主語は？　述語は？）。

② 解法の手がかりを得るために、傍線部前後の**接続語**と**指示語**を意識する。

③ 傍線部の近く、あるいは遠くの**イイカエ関係**に注目する。

●傍線部問題の注目点

① 傍線部自体の意味・難解語の解読には語い力が必要（内容説明問題ならその語句のイイカエを考える）。

② 傍線部やその前後の表現と同じか類似の表現をチェックして、それらと同じ表現のある箇所をつなぐ（内容説明問題ならイイカエ部分を考える。理由説明問題ならイイカエのある部分の前後に手がかりを探す）。

●空欄補充問題の注目点

① 空欄が、空欄を含む文の中で主語・目的語・修飾語・述語のどれに当たるか判断しよう。

②空欄と前後の語との〈つながり〉を確認しよう。
③空欄の前後の文との小さな〈つながり〉を指示語・接続語で確認しよう。
④空欄前後の表現と同じか類似の表現をチェックして、それらと同じ表現のある箇所をつなごう。
⑤問題文全体や段落のテーマや筆者の立場、言葉づかいと合致するものを空欄に入れよう。

4 内容合致（趣旨判定）問題などを解く

内容合致（趣旨判定）問題は、間違いを見つけたり、問題文に書いてあるかないかを吟味したりする消去法でいいが、ほかの問題は自分でヒントや正解の要素をつかみ、それを含んでいる選択肢はどれか、という積極的な方法で正解を選ぶ。問題文に書いてあるから、という理由で単純に○にしてはいけない。

復習しよう

①解説を読もう。
②まっさらな問題文をコピーしておいて、文章の全体の流れ（大きなつながり）を意識し、自分の言葉でかみ砕いて読もう。
③声に出して誰かに説明するように、それぞれの設問の解きかたをもう一度確認しよう。
④語句を確認しよう。
⑤200字程度の要約を行う。各講に載っている「200字要約」と照らし合わせてみる。できれば誰かにチェックしてもらおう。
⑥数学と同じで、同じ公式を違う問題で使えることがポイント。今まで書いてきたようなルールを確認し、すぐに新しい問題にチャレンジしよう。

1 評論

『恋愛の社会学』

早稲田大学　文学部（改）

別冊（問題）　p.2

解答

問一	問二	問三	問四	問五	問六	問七	問八
a ホ　b ニ	目的	1 崩壊（崩潰）　2 焦	ハ	ロ	イ	ロ	ニ
5点×2	5点	2点×2	6点	6点	6点	7点	6点

ムズ　問七

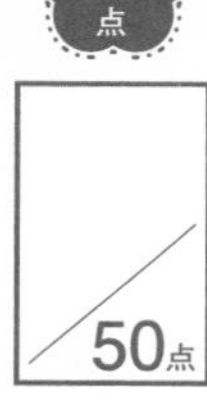

問題文ナビ

語句ごくごっくん

- L7 **階統**…上下関係に序列づけられたピラミッド型の組織・構造。ヒエラルキー
- L16 **イデオロギー**…主義主張。人間や社会を支配している価値観
- L24 **規範**…きまり。手本
- L39 **伏線**…あとに書かれることや起こることに関係する情報をあらかじめほのめかすもの
- L42 **収束**…おさまりがつくこと
- L63 **言説**…書かれたり話されたりしたこと。その言葉
- L77 **収斂**（しゅうれん）…多くのことがらを一つに集約すること
- L80 **軋轢**（あつれき）…仲が悪くなること。いざこざ
- L82 **享楽**…思いきり、楽しむこと
- L85 **傍証**…ある事柄が真実であることを補足的に証明する証拠。そのような事柄によって証明すること
- L85 **挿話**…文章などの本筋には重要でない短い話
- L85 **モチーフ**…芸術などにおける中心的な題材。主題

1

読解のポイント

・恋愛と結婚の矛盾を解消するための三つの戦略
↓
○その中でも、恋愛の目的を結婚とするロマンティック・ラブ・イデオロギーが日本でも高度経済成長期以降普及した
↓
・物語においても、結婚（あるいは別れ）が結末となっていく
↓
○だが一九九〇年代以降は、結婚や結末ではなく、プロセスを楽しむ関係が目指されるようになる

問題文は一九九〇年代を境にして、男女の関係が変化したことを**対比**的に述べていますが、長いので、前半を現実の社会のありかたと物語に関することに区分けし、三つに分けて見ていきましょう。

I 矛盾する恋愛と結婚（冒頭〜L27）

近代以降を生きる私たちには、恋愛の目的が結婚だという意識があるともいえます。ですが近代以前の社会では、恋愛と結婚は別物であったといわれています。そもそも恋愛と結婚は矛盾しているという考えかたがあるのです。恋愛相手が結婚にふさわしい人間だとはかぎらないからです。江戸時代などでは、もし結婚相手にふさわしくない身分の人間を好きになれば、身分の序列＝「階統的秩序」（L7）を乱すことにもなりかねません。自由な恋愛は社会を不安定にする可能性があるのです。そこで、「三つの戦略」（L11）が考えられました。一つ目は結婚と恋愛を分け、家庭の外に愛人を作るという戦略です。二つ目は恋愛を宗教的な罪などとして抑え込むという戦略です。この二つは、恋愛と結婚が矛盾するなら、恋愛と結婚を分けてしまえ、という戦略だといえるでしょう。そして三つ目が、「ロマンティック・ラブ・イデオロギー」（L16）と呼ばれるものです。これは恋愛と結婚を結びつける考えかたであり、結婚相手としてふさわしい相手に抱く感情だけを「恋愛感情」（L18）として認めるという考えかたです。当然結婚相手としてふさわし

くない相手との恋愛は認められないことになります。すると、このイデオロギー（＝社会の価値観）は、恋愛を結婚とつなぎ合わせることで、自由なはずの恋愛を「統制」（L23）する働きをするようになりますが、社会自体は安定することになるのです。そしてこうしたイデオロギーが広まったことで、恋愛の結末としての結婚が重視されるようになります。

日本では「高度経済成長期（一九五五年頃〜）以降に普及した」と問題文に書かれていますが、「近代の日本では、恋愛の目的は結末である『結婚』にあった」（L26）とあるので、明治以降すでに日本に入り込んでおり、高度経済成長期にいっそう一般化した、と考えればよいでしょう。

Ⅱ 恋愛物語の結末＝結婚（L28〜L55）

こうしたイデオロギーは「恋愛物語」にも影響を与えます。多くの物語の結末が結婚あるいは別れという結末になるのです。シンデレラや『人魚姫』はその典型です。「リクール」（L36）という人の物語理論では、物語はさまざまなことがらがつながり合いながら結末へと到達するために進むものだと考えられています。

言い換えれば、結末に至るまでの「初め・中間」のエピソードはすべて結末へと至るために用意されたことがら＝「伏線」（L39）ということになります。一九七〇年代の恋愛物語ではやはり結末が重視されており、雑誌でも結婚記事が三〇％近くを占めていたといいます。

Ⅲ 一九九〇年代以降の恋愛（L57〜ラスト）

ところが雑誌記事を調べてみると、一九九〇年代を境にして、「結婚、別れ」に関する記事が約三％という事態が起こります。これは雑誌などの「言説（＝書かれた言葉）」（L63）だけではなく、女性たちへの調査でも同じような結果が出ています。「ロマンティック・ラブ・イデオロギー」が結婚と恋愛を結びつけるものだとしたら、結婚を望まない人たちがふえているということは、恋愛もまた魅力のあるものではなくなったということになります。筆者はそれを「恋愛は死んだ」（傍線部Ⅰ）と表現しています。

つまり恋愛をしたとしても、結婚という結末が目的ではないということになるわけですが、では九〇年代以降

の恋愛物語の目的はどこにあるのでしょうか？　それを現代の雑誌記事で調べてみると、恋愛の目的は「中間」つまり男女関係の「プロセス」（L75）にあるといえると筆者は書いています。雑誌には、恋愛の記事があっても、「魅力」、相手への「アプローチ」というような記事が半分を占めており、結末である「結婚」にはつながっていかない（＝「収斂していかない」（L77））というのです。物語でいうなら、物語は結びのない「拡散」したものになってしまったのです。

そして雑誌記事のもう一つの特徴は、男女関係のいざこざ＝「軋轢」（L80）や「別れ・失恋」という暗い記事が少ないことです。つまり恋愛の楽しい部分だけが強調されていて、記事の内容は「享楽的」（L82）なのです。これらをまとめると、恋愛の目的はプロセスを楽しむこと、ということになります。

また、恋愛をする九〇年代以降の若者たちは、「傷つけ合わないような距離を作っている」と筆者はいいます。そして大事なことは、そうしたことを「ゲーム」として楽しんでいることだと筆者は書いています。結果がすぐわかるような関係では「駆け引きという楽しみが少ない」（L92）、友達でも恋人でもない曖昧な関係を続ければ、できるだけ楽しむことができるということです。

相手の魅力も、「話が合う、趣味が合う」という「感覚的なものの類似」（L99）を求めると筆者はいいます。誰かに会わせても恥ずかしくない人、というようなことは「魅力」にはならない。恋愛ゲームをしている二人は、外の世界とのつながりを切っています。そして感覚が似ているという「魅力」のあるパートナーとなら、相手との関係でも、自分の心においても、楽な「楽しいだけの安全な小宇宙」（L106）に、恋愛を変えることができます。九〇年代の恋愛の「目的」は、「プロセス」からできるだけ長く多くの楽しさを引き出すことです。そしてそれは近代の「ロマンティック・ラブ・イデオロギー」が終わりを告げたことを示しています。

テーマ　恋愛

日本では恋愛を性愛と考える傾向がありました。

それに対して、恋愛をプラトニックな（＝精神的な）ものだと唱えたのが、明治の詩人・思想家である北村透谷（とうこく）でした。彼は『厭世（えんせい）詩家と女性』という本の中で、「恋愛は人世の秘鑰（ひやく）

（＝秘密を解く鍵のこと）なり、恋愛ありて後人世あり」と述べ、「恋愛至上主義者（＝恋愛をすべての中で最も価値のあるものだと考える人）」と呼ばれました。問題文にもあるような、近代の恋愛イデオロギーに通じるものがあります。

ひとこと要約

九〇年代以降、恋愛と結婚を結びつける考えかたは終わりを告げた。

200字要約

満点30点

恋愛と結婚の矛盾を解消するために近代に設定された「ロマンティック・ラブ・イデオロギー」は、結婚すべき相手との恋愛のみを支持し、恋愛の結末としての結婚を重視し、結末を重視する多くの物語を生んだ。しかし九〇年代以降は、結婚という結末に恋愛を収斂させることなく、恋愛のプロセスを楽しむことが恋愛の目的となっており、これは結婚を目的とする恋愛物語が終わったことを意味している。（184字）

＊b…「近代」がないものは1点減。

＊f…「恋愛／結婚（という結果）が消失した」という内容があれば可。

a・b…3点／c〜h…4点

設問ナビ

問一 空欄補充問題

空欄補充問題では、空欄の前後の文脈を確認することから始めましょう。

まず空欄aです。aの前からは、aが恋愛と結婚の矛盾を解消する「三つの戦略」のうちの「一つ」だということがわかります。その「例」としてaのあとに、「結婚は結婚として維持しながら」、「愛人」を作る、ということがあげられています。結婚と恋愛は、家庭の内・外に分けられたといえます。よって**正解はホ**です。

ハ チョイマヨ 「推奨（＝人にすすめること）」という表現が、aのあとの「現在では……認められにくく……かつてはかなり許容されていた」という内容と合致しません。

つぎに空欄b。b直前の「最後に」というのは、「三つの戦略」の最後、三番目の戦略、ということですね。それが「ロマンティック・ラブ・イデオロギー」です。

これは「矛盾する恋愛と結婚を結びつけて」（L18）とあるので、これと同じ内容の**ニが正解**だとわかります。

解答 **a ホ　b ニ**

問二　空欄補充問題＆抜き出し問題

この設問でもやはり空欄[C]の前後の文脈が大切です。[C]は、「ロマンティック・ラブ・イデオロギー」が文学的な物語に結びつけられている文脈の中にあります。そして物語の「終わり」「結末」は「物語上の[C]」だというのが、[C]の直前の部分です。つまり物語の中で、「終わり」「結末」がどういうものかを示す語句が[C]に入ればよいとわかります。また、

空欄補充問題では、空欄の前後にある言葉のある他のところとつなぐべし。

このことは空欄補充問題だけではなく、すべての傍線部問題に共通することで、**傍線部中や傍線部の前後の表現と同じか類似の表現をチェックして、それらと同じ表現のある箇所をつなぐ**、という手順を身につけてください。

この設問の場合でいえば、「終わり」「結末」「物語」という三つの言葉に注目して、同じ言葉のあるところを探していくのです。もちろん形だけではなく、内容も同じでなければなりません。つまり「ロマンティック・ラブ・イデオロギー」を前提にした「物語」における「終わり」「結末」がどのようなものであるかが書かれているところに着目するために、同じ言葉のあるほかの部分と空欄部をつないで手がかりを得るのです。

するとL71に「ロマンティック・ラブ・イデオロギーが目指すところに合致して、結末は恋愛物語の目的だった」と書かれています。この「目的」という言葉が[C]に入れば、[C]とL71がイコールになり、大きな論理のつながりが形作られます。なので**正解は「目的」**です。「恋愛の目的は結末」（L26）も手がかりになります。

解答 **目的**

問三　漢字の書き取り問題

2のような訓読みの漢字は、意外とすぐに思いつかないときがあります。漢字の問題があったら、音読みと訓読みを一緒に覚えるように習慣づけましょう。

解答 1崩壊（崩潰）　2集

問四 空欄補充問題

これも空欄補充問題です。空欄[d]のある段落冒頭に今まで物語論や「ロマンティック・ラブ・イデオロギー」から見れば大切だった「結末（＝結婚など）」がそこ（＝一九九〇・二〇〇〇年代の雑誌記事）には描かれていない、とあります。これはもう一つ前の段落（L57）にある「恋愛物語での結末部分——結婚、別れ・失恋——は弱体化している」という内容ともつながっています。

そして女性への調査でも同じ結果が出ていると書かれ、その調査の内容が[d]を含む一文です。よって[d]を含む一文は、一九九〇年代などの雑誌記事などと同じように、〈「結婚」などの「結末」が大事だという人が減った〉という内容になればよいのです。ただし[d]自体は〈「結婚」などの「結末」が大事だ〉という部分だけに対応する内容です。だから、[d]にはハを入れて、ハと考える人々が減ったという内容にすれば、[d]の前やその前の段落の内容ともつながる文脈が作れます。**正解はハ**。[d]の前後は、「結末」＝「結婚」などのことをいっているので、「恋愛」に限定した内容であるイは文脈に合いません。**ロやニを**[d]に入れると、〈恋愛するのは結婚（＝幸福）するためではないと考える人が減った〉というふうになります。すると〈恋愛して結婚しようという人が多くなった〉ともいえます。これは[d]前後の内容と食い違ってしまい、適切なつながり＝文脈や論理、が作れません。**迷ったときは空欄にその選択肢を実際に入れてみてきちんと文脈がつながるかを確認**しましょう。

解答 ハ

問五 傍線部の内容説明問題

「〜」とはどういうことか、あるいは「〜」の意味を説明せよ、などという問いかけの問題を、傍線部内容説明問題といいます。これはたとえば古文の口語訳の問題と同じだと考えてもらえればいいかもしれません。

傍線部内容説明問題は、傍線部のイイカエ・説明をするものと心得よ。

とにかく傍線部の中で、説明しなければいけないポイ

ントを決める。そのために、

傍線部内容説明問題では、傍線部を意味のブロックに分けて、それぞれをイイカエ・説明すべし。

この設問でいうと、「『恋愛』」と「死んだ」という比喩を、**イイカエ**・説明できればいいでしょう。

とくに「『恋愛』」は、筆者がわざわざカギカッコをつけているのですから、何か特別な意味が込められていると考えるべきでしょう。それはどんな意味か？

傍線部の直前に［したがって］という言葉があることに着目してください。［したがって］は順接の接続語ですから、前の部分の内容を受けてそのあとの内容へとつながる文脈を作ります。すると［したがって］の前の部分の内容は、**問四**でも確認したように、**結婚という結末が重要だとは考えられなくなった**ということでした。そして九〇年代以前において力をもっていた「ロマンティック・ラブ・イデオロギー」は**問一 b**でニを答えにしたように、恋愛と結婚を結びつける戦略でした。とすれば恋愛とペアだった結婚が大事と思われなくなれば、恋愛もまた力を失います。つまりカギカッコつきの「『恋愛』」は、結婚と対となっていた近代的な「ロマンティック・ラブ・イデオロギー」をもとにした「『恋愛』」のことだと考えられます。この「『恋愛』」は「かつて『恋愛』という言葉」が「意味していたもの」だと書かれていることからも、こうした読み取りが正しいことを裏づけてくれます。

傍線部内容説明問題では接続語を意識し、傍線部の手がかりやイイカエを探すべし

すると〈近代的なロマンティック・ラブ・イデオロギーに支えられた結婚という結末が重要だと考えられなくなった〉［したがって］〈**a　結婚と結びついていた恋愛もあまり価値のある重要なことではなくなっていった**〉ということだと思います。傍線部は［したがって］のあとの部分ですから**a**が傍線部の内容です。

傍線部内容説明問題では、傍線部と内容はもちろん表現も対応する選択肢を選ぶべし。

この点からいっても、「『恋愛』」を「『結婚』」につながる」「近代的」なものと説明し、その「『恋愛』」が「消失した」という形で「死んだ」という表現を**イイカエ**ているロ**が正解**になることがわかりますね。さっきいったように、傍線部内容説明問題では、傍線部の内容を**イイカエ**ている部分を問題文にできるだけ探すべきですが、**問題文にイイカエがないときは自分の言葉で考える**ことになるし、**選択肢でも問題文にない言葉が使われ**ます。そうした**イイカエが自分でできたり、選択肢のイイカエに気づけたりする**ように、頑張ってください。

ロの「失恋」や「別れ」を「大事なことと捉える」ことが「消失した」ということは、「結婚、別れ・失恋――は弱体化している」（L57）という記述と対応しています。イは、「結婚」と「区別して」「『恋愛』自体を本質と考える」という説明が、恋愛と結婚は結びついていたという内容と食い違うので×。ハの「性愛」が、「ロマンティック・ラブ・イデオロギー」において、恋愛や結婚とどのような関係になったのかは問題文に書かれていないので、ハは正解にはなりません。ニは、「ロマンティック・ラブ・イデオロギー」にもとづく恋愛が「家族主義的な『結婚』につながる」という内容も、「精神的自由を謳歌（おうか）する（＝十分に楽しむ）」という記述も問題文に書かれていません。

ロ

問六　脱落文補充問題

p.10からの「現代文のお約束」にあるように、まず設問を見て、こういう時間のかかる問題があるかどうか、チェックする習慣をつけましょう。その上でこうした問題について以下の解きかたを身につけてください。

〈脱落文補充問題の解きかた〉

(1) 脱落文冒頭の指示語、接続語がうまく働くところを考える

(2) 脱落文と問題文とに、共通語句、類似表現があれば、話題が同じだと考えて近くに入れる

(3) もともと、逆接・並列の接続語、指示語や話題のつながりなどで強い結びつきをもつ部分の間には入れない

(4) 迷ったら入れてみて、あとの文脈とのつながり

をチェックする

ではこのことをふまえて問題を解きましょう。脱落文の冒頭に、「つまり」という**イイカエ**やまとめの働きをする接続語があります。ということは、脱落文の前にも脱落文と同じ内容が書かれているということです。脱落文の内容は、〈一九七〇年代の恋愛物語〉の話であり、〈その物語では結末部分が重要だ〉ということです。ではそうした七〇年代の話をしているところはどこでしょう? イの前では、七〇年代の雑誌記事が引用され、そこには〈結婚して本当によかった〉という内容が書かれています。結婚は「結末」ですから、脱落文の内容と合致します。ただ、雑誌記事だから「物語」とはいえないのではないかと迷った人もいるかもしれません。ですがこの文章の中での「物語」というのは、文学的な物語だけでなく雑誌なども含んでいます。イの直後には、九〇年代以降における「恋愛物語での結末部分」は「弱体化している」と述べられ、「雑誌記事」を調べた内容が示されています。このことからも、恋愛「物語」として「雑誌記事」を扱っていることがわかります。またイの直後には［しかし］という逆接の接続語がありす。イに脱落文を入れると〈七〇年代の「恋愛物語」は結末部分が重要である。［しかし］九〇年代以降の恋愛物語での結末部分は弱体化している〉となります。つまり七〇年代の「恋愛物語」と九〇年代以降の「恋愛物語」を**対比**するという役割を［しかし］が果たしているのです。ですからやはりイに脱落文を入れて、「恋愛物語」同士の**対比**になるようにするのが、文章をなめらかにするうえでも必要です。

空欄ニの直前がかつての「恋愛」という言葉の話をしています。だからニに脱落文を入れたという人もいるかもしれません。でもニの前は恋愛という言葉の話だけをしていて、脱落文のような、〈恋愛物語の結末部分が重要だ〉という内容は書かれていません。すると「つまり」という**イイカエ**・まとめの言葉が働きません。直前に同じ内容がないからです。それにニに脱落文を入れると、ニのあとの文と脱落文の内容がダブります。やはり**イに入れたほうがいい**ですね。ほかの部分はみな九〇年代の話をしていて脱落文の内容と食い違い

ます。

イ

問七　傍線部に関する内容説明問題

傍線部の《挿話的モチーフ》＝〈ちょっとした題材〉は、傍線部以降で触れられる内容全体を指しています。そのすべてが傍線部の前にある「プロセスを重視すること」、「プロセスからなるべく多くの楽しさを抽出すること」と関連しています。なぜなら傍線部冒頭の「これ」がこの二つの「こと」を受けているからです。そして九〇年代以降の若者は、「プロセス」を大事にすることが**ホ**のあとの段落から読み取れます。このことは、どの選択肢も前半に書いていることです。だから選択肢の後半だけを比較すればいい。

で、「結末」という言葉は「結末に収斂していかない」(L77) という説明を最後に、そのあとには出てきません。そういう意味では「『結末』がはたしてどのようになったのかは述べていない」と説明している**ロ**は正しいです。**イ**の「変化」は問題文に書かれていません。また**ハ**の「物語が拡散して完結させられなくなった」ということは、傍線部よりも前に書かれていることです。設問は、〈これ以降の（傍線部以降の）本文の説明として最適なものを選べ〉というのですから、**ハ**の後半は設問の条件に反します。**ニ** チョイマヨ の「恋愛のゲームとしての楽しさが持つ意味」については、お互いの「感覚」が「類似」していることで楽しみながら、「楽」で「安全な小宇宙」(L106) が作られることを「楽しさが持つ意味」だと考えれば、「意味」について述べているといえます。やはり**ロが正解**です。

ムズ　解答 **ロ**

問八　内容合致問題（趣旨判定問題）

内容合致問題はまずは大まかに、問題文と食い違ったり、問題文に書いていないことを見つける消去法で見ていきます。**読点で区切られたブロックごとに、問題文と照らし合わせてください。**そして迷ったときに細かいところをチェック。難関大のレベルでは、正解が問題文の表現どおりではなく、かなり**イイカエ**られているので、はじめから細かく選択肢を見すぎると混乱します。

また、つぎのことを頭に入れておいてください。

- **一番悪い（ワースト1）の選択肢は、問題文の内容や**

筆者の立場と矛盾するもの、対比が混乱しているもの
・二番目に悪い（ワースト2）のは、問題文にナシ、つまり問題文に書かれていないことが書いてあるもの
・問題文の因果関係と違う、問題文にないつながりがついている…右の二つほどじゃないけどかなり悪い

「因果関係がおかしいというのは、問題文と×だからワースト1じゃないの」と思う人もいると思います。でもここでいっているのは、たとえばAという内容、Bという内容は問題文と一致している、だけどAとBの〈つなげかた〉がおかしい、という〈つなぎ〉の部分だけにキズがある、という選択肢のことです。だからワースト1とは区別しワースト3にしてください。そして**選択肢をランキングしてキズの少ないものを選ぶ**ということを身につけてください。選択肢問題はあくまでも相互の比較なので、ほかのがまったくダメな場合に、たとえば因果関係だけがおかしいという選択肢を正解にしなければならないこともありえます。そうした柔軟な対応が現代文では大事です。そして内容合致問題だけではなく、選択肢問題はみな、**選択肢をランキングして、一番マシなもの、一番ダメなもの、を選んでください**。では消去法で見ていきましょう。

イ…「近代以前から」が不適当。「ロマンティック・ラブ・イデオロギー」は「十八世紀から十九世紀」に「誕生し」（L16）、「近代の日本」（L26）に広まったもの。本文とバッティングするのでワースト1。

ロ…「七〇年代」と「九〇年代以降」の「恋愛物語」は「同様」ではなく、違うものです。これもワースト1。

ハ…「七〇年代」に「プロセス」の「魅力」を「強調」したとは問題文に書かれていません。ナシでワースト2。

ニ…「プロセスを重要視すること」（＝傍線部Ⅱ冒頭の「これ」）を説明するのが最後三つの段落です。すると、そこで述べられている「感覚的なものの類似」（L99）も最終段落の「〈プロセスの重要視〉」とつながっています。つまり「結びついている」といえます。よって**ニが正解**。

解答　ニ

2 評論

「『好きなこと』とは何か？」

同志社大学

別冊（問題） p.13

解答

(一)	(二)	(三)	(四)	(五)	(六)
a 6 b 1 c 4	ア 2 イ 4	3	5	1 5	時間的余裕を活用できない人々に文化産業が楽しみを提供し、利益を得ようとするから。
3点×3	4点×2	6点	6点	（順不同）6点×2	9点

ムズ (二)ア、(六)

大ムズ (二)イ

合格点 37点

/50点

問題文ナビ

語句ごくごっくん

L4 **逆説**…①一見常識に反する考え ②相反することがらが同次元に同時に存在すること

L42 **主権**…①ほかに支配されない国家統治の力 ②国家の政治のありかたなどを決める権利。この場合は②の意味

L70 **啓蒙**（けいもう）…人々に知識を与え、教え導くこと

L70 **弁証法**…相反するものが、一段高い次元で統合されること

L74 **概念**…物事についての一般的な考えを言葉で表したもの

L86 **主体的**…自分の意志にもとづいて考えたり、働きかけたりするさま

L108 **搾取**…階級社会で、資本家などが、労働者の作り出したものなどを取り上げること

読解のポイント

・豊かになった人間が、その豊かさを喜べないのはどうしてか？
↓
・金銭と時間によって何をしたいのか分からない
↓
・好きなこと、楽しいことが分からない
↓
・楽しいことを文化産業から与えられる現代人

問題文は問題提起を重ねながら、論を展開していきます。その問題提起に従って、問題文を四つに分けて見ていきましょう。

Ⅰ 豊かさを喜べない・豊かさとは？（冒頭～L20）

人類は豊かさを目指して努力してきました。そして一部の世界では「豊かさ」を手にしているように見えます。なのに実は豊かさが「達成されると逆に人が不幸になってしまうという逆説」（L4）が登場してくるのです。

ではなぜ「その豊かさを喜べないのか？」（L6）。これが問題文の最初の問題提起であり、なおかつ問題文全体を貫くテーマです。そして筆者はまず「豊かさ」ってなんだろう？ ということを考えます。豊かさは二つ、

①金銭的余裕
②時間的余裕

です。この「余裕」＝「豊かさ」をゲットした人たちは、それを使って「自分の好きなことをしている」（L16）と答えそうです。

Ⅱ 「好きなこと」って何？（L21～L58）

二つ目の問題提起、じゃ「『好きなこと』とは何か？」がL21で出されます。それは「豊かさ」をゲットできていなかったときには「やりたくてもできなかったこと」、「趣味」＝「その人の感覚のあり方」だというのですが、では具体的にみんながしていることはどんなことなんでしょう？ 筆者は、人々はテレビの宣伝から教えてもらっている、と語ります。「好きなこと」＝自分の「感覚のあり方」を教えてもらう？

「好きなこと」という言葉には、自分から能動的に選んだ、というニュアンスがありますが、それを教えてもらっているということは、もはやそれは本当に「好きなこと」ではない。

「ガルブレイス」という経済学者は、「現代人は自分が何をしたいのかを自分で意識することができなくなってしまっている」（L39）と述べています。広告などの言葉によって、〈ああこういうのが欲しいのかも〉と自分の「欲望」を明確にしていくのです。「宣伝」ですから、それをきっかけにものの売買がされる。つまり「消費」が始まる。現代を「高度消費社会」と呼ぶことがあります。この言葉は、「消費者」がメイン、というイメージを振りまきますが、その消費者に、「供給側」＝「生産者」が「『あなたが欲しいのはこれなんですよ』と語りかけ、それを買わせる」（L48）のです。だから「消費者」がメインではなく、「供給側」がメインです。

だとすれば、やはり「好きなこと」は、人々＝「消費者」が「自由に決定」した「欲望」なんかではない。自分が「自由に決定」した「欲望」でないとしたら、「願いつつもかなわなかったこと」でもないでしょう。

Ⅲ そもそも〈したい何か〉なんかあったのか？（L59〜L100）

二〇世紀の資本主義は「文化や芸術」を商品として大衆にアピールします。音楽を聴くなど、それが「好きなこと」として「産業」側から、私たちに手渡されるのです。

こうした「文化産業」についての研究者に、「ホルクハイマー」「アドルノ」という二人がいます。彼らもガルブレイスと同じようなことを、「文化産業」に即して述べています。「文化産業」は私たちが「何をどう受け取るのかを先取りし、あらかじめ受け取られ方の決められたもの」を「差し出している」（L92）というのです。

たとえば「楽しい」という人々の受け取り方は、たぶんこうだろう、という想定のもと、「楽しい」ことを提供するのです。

こうした考え方は哲学者「カント」の考え方と対立します。カントは、人間には世界を認識する「型」が備わっていて、たとえばたき火が燃えているということと、炎が熱いという感覚との間を「から」という因果関係（＝「型」）で結びつける「主体性」（L87）があると考え

ました。これに従えば、何かを与えられたら、〈これは楽しいから受け取ろう（楽しくないから受け取らない）〉という主体的な判断が成り立つはずです。

でもアドルノたちの考え方からすれば、そうした判断は現代人にはできない、ということになります。だって私たちは、「これが楽しいってことですよ」というふうに、「これ」と「楽しい」という感覚との結びつけ方＝「型」、まで文化産業に先取りされ、「あらかじめ受け取られ方の決められたもの」（L91）を与えられているのですから。近代的な「主体」という考え方がそこでは成り立たなくなってしまっている、ということです。

Ⅳ ならばどうする？（L101～ラスト）

現代人は何が楽しいか自分でも分からない。そしていつの間にか金銭だけではなく、「時間的余裕」も文化産業に「搾取」されています。そして私たちに「楽しい」ことを教える「情報」を仲立ちにして、私たちから「時間」を取りあげ、お金を使わせることが資本主義を推し進める原動力になっている。「ならば、どうしたらいいのだろうか？」（L101）という最後の問題提起に対し、どうやら〈こうすればよい〉という答えは筆者からはもらえないようです。でも問題文のテーマだった「なぜ豊かさを喜べないのか？」という問いに対する答えだけは分かりました。それは現代の経済や産業のありかたの中で、「豊かさ」を自らの意志で選んで使い、心の底から味わえる「主体」としてのあり方が、私たちから失われているからです。それは少し悲しい結論ですが。

テーマ　資本主義の三段階

資本主義の第一段階は、「**商業資本主義**」でした。それは一方の地域で安いものを、ほかの地域で高く売ることで利益を得ようとする、重商主義や大航海時代の資本主義です。

その後登場したのが、安い労働力を使いながら、生産物を高く売ることで利益を得ようとする「**産業資本主義**」です。でもこれは安い労働力が少なくなったことで成り立たなくなります。

残された道は企業の技術力や情報の違いによって利潤を追求する現代の「**ポスト産業資本主義**」です。

資本主義の本質が、違い＝〈差異〉を創り出すことで成り立っていることを理解しておきましょう。

ひとこと要約

現代人は楽しいことさえ教えてもらうしかない。

200字要約

満点30点

[a]人類は豊かさを目指してきたが、[b]それが達成されると不幸になってしまうという逆説がある。[c]豊かさは金銭的、時間的余裕を生むが、[d]人々はその余裕を使う「好きなこと」を自ら意識できない。[e]人間は世界を、自分なりに型にあてはめまとめ上げる[f]主体性をもつと考えられてきたが、[g]現代では巨大化した文化産業が、産業に都合のよい楽しみを人々に提供する。そして[h]人々は時間を搾取され、[i]それが資本主義を牽引する大きな力になっている。（199字）

＊c…「金銭的」＝2点、「時間的」＝2点。
＊d…「好きなこと（楽しいこと）がわからない」も可。
＊f…「主体性を失った」なども可。
＊g…「産業に都合のよい」がないものは2点減。
a・b…3点／c・d・g・h・i…4点／e・f…2点

設問ナビ

(一) 空欄補充問題（接続語）

空欄 a は「何もしなくてもよい時間」と同じ意味の「暇」とを結びます。なので**イイカエ**の語**6「すなわち」が正解**。

空欄 b の前で述べられている「返ってきそう」な「答え」と同様の内容が、 b を含む段落の最後で繰り返され、「そのように考えるのは当然だ」といわれていることに注目しましょう。すると b は、 b の前でいったことを、再確認するという文脈にある。なので**1「たしかに」**を入れて「たしかにそうだ」となればいいとわかります。

空欄 c は新しい問題提起をする箇所。なので話題を転換する役目をする**4「ならば」**を入れ、「ならば今度は」というふうにすればいいのです。

解答 a 6　b 1　c 4

(二) 空欄補充問題（知識問題）

空欄〔ア〕は「そんなことはありません」というナレ

ーションに「！」がついているのに注目。主婦のつぶやきに、宣伝する側が鋭くツッコミを入れる場面なのです。するとその緊張感を保つためには、〈少しもゆとりのないこと。即座に、とっさに〉という意味の**2「間髪を容れず」が適切**。スパッと相手にものを考えさせないようにつっこんで「趣味」を選んでくれればいいのです。

1は〈善・悪を分けず受け容れる、度量の大きいさま〉。4は〈どうすることもできない状態に陥ること〉。5は〈お互いに心の底まで打ち明けて親しく交わること〉。

これらは文脈に合わないので正解になりません。3 チョイマヨ は〈とめられない、激しい勢いで〉を表す言葉です。これを入れると、まるで怒っているみたいに相手を威圧するかのようです。お客が恐がると買ってもらえず、CMの意味がなくなるので、2のほうが適切です。

つぎに空欄〔イ〕。〔イ〕を含む文とあとの文は接続語ナシにつながっています。

梅 POINT
接続語ナシにつながっている文同士はイイカエ・説明の関係になることが多いと心得よ。

するとここでも〔イ〕を含む文は、「芸術」は「経済と切り離せない」という前の文や、「芸術が経済から」「独立していたということはない」というあとの文の内容と同じになればいい。つまり芸術も「経済」＝お金、が要る。芸術家もお金が必要だ、という意味になればいいのです。そこで**4「霞を食って」**を〔イ〕に入れます。〈霞を食う〉は〈俗世間の営みにわずらわされず生きる〉ことですが、それはお金や生活のことを気にしない、ということです。これを〔イ〕に入れれば、「芸術家だって〈お金や生活を気にしないで〉生きているわけではない」という意味になり、あとの文と同内容になります。

1の「パン」は〈生活のためのもの〉をいいます。1を入れると〈生活のためだけに生きているわけではない〉となって、あとの文と逆方向。2は〈目を見開いて、怒ったり決意したりするさま〉で文脈と無関係。3は〈退屈しているさま〉。5は〈互いに仲良く力を合わせるさま〉、でどれも文脈と無関係。

解答 ムズ ア2　大ムズ イ4

(三) 傍線部の理由説明問題

理由説明問題は**第3講**の**問五**でまとめて説明しますが、理由は主語（傍線部の内容を変えずに、主語になり得るものを含む）の性質の中にあります。この問題ではガルブレイスが主語ですが、「経済学者」が「抵抗」したといっても内容は変わらないので、「経済学者」も主語になり得ます。ガルブレイスの考えと、経済学者の考えをたどり、両者の対立点を探れば、それが「抵抗」が生じた**理由**になります。すると、

> ○ガルブレイス…高度消費社会では供給（生産者）が需要（消費者）に先立ち、操作している
> ⇔
> ●経済学者…需要（消費者）が供給（生産者）より先に立っている＝「消費者主権」

本来はこうした対立をきちんと書くべきですが、そういう選択肢がない。ですが、**3が右の経済学者の考えを正確になぞっているので正**解。「支配していた」ということは、傍線部直前に書かれています。3のあとに〈ガルブレイスの……という考えと対立した〉という内容を補って解釈しましょう。1は両者の対立に触れていないので**理由**にならないし、「無かった」とは問題文から断定できません。2は「消費者の個別の注文を受け」が問題文にナシ。4は「生産者の都合を優先する考え」という説明がガルブレイスの考え方とはズレるので、両者の対立をきちんと説明できていません。「生産者の都合を優先する」というと、ガルブレイスが生産者の側に立ったかのようです。ですがガルブレイスは供給側＝生産者が優位に立っていると考えただけです。5は「思い込みにすぎなかった」が問題文にナシ。

解答 3

(四) 傍線部の内容説明問題

カントの考え方を一番よくまとめているのは、「それら（＝「世界」）を自分なりの型（＝「概念」）にあてはめて、主体的にまとめ上げる」（L86）というところです。この部分の内容と一致する**5が正**解。

1は「世界認識」＝「型」と説明しているのが×。「型」を通じて「世界認識」ができるので、イコールじゃない。2は後半部がカントの考えではないです。3は「知覚から感覚を導き出す」という説明がおかしい。「知

覚」と「感覚」は「型」によって結びつくのであって、「知覚」から「感覚」が出てくるのではないのです。

4 チョイマヨ は、2や3もそうですが、本文中の具体例である「因果関係」だけを説明している点が、5と比べて不適切。設問は、カントの考える「認識という仕組み」の説明を求めているのです。カントは「因果関係」という「型」だけを考えたわけではないのですから、5のように、一般的・抽象的な説明のほうが適切です。ただし、

> **梅 POINT** 解答が具体的なほうがよいか、抽象的なほうがよいかは、傍線部や設問の問いかけに即すべし。

であって、いつも抽象的なほうがよいわけではないのでご注意。また4の「世界を受け取る」という説明は受動的で、「あてはめて」、「まとめ上げる」（L86）という「主体的」なあり方と合致しません。

解答 5

(五) 内容合致問題

内容合致問題は、**第1講**でも、**選択肢のランキングを意識し、柔軟な対応をしてほしい**といいました。**キズがあっても正解になることもある**のでしたね。そしてこの設問のように、

> **梅 POINT** 「二つ選べ」という問題では、100点二つ（あるいは0点二つ）ではなくて、並べてみて上位二つ（下位二つ）というふうに考えるべし。

では選択肢を一つずつ、消去法で見ていきましょう。

1…豊かさは「金銭的な余裕」（L10）と「時間的な余裕」（L12）です。**1が一つ目の正解**。

2…「忘れている」が問題文にナシ。ワースト2。

3…「企業」は宣伝番組を「好意」でやってはいません。ガルブレイス流にいえば、「買わせるようにしている」（L49）のです。問題文に反するので、ワースト1。

4…「辞書の定義」が「無効になっている」が問題文にナシ。ワースト2。

5…「二〇世紀には、広く文化という領域が大衆に向かって開かれ」（L66）と、「文化産業と呼ばれる領域の巨大化」（L61）とに合致。これが**二つ目の正解**。

6 チョイマヨ …たしかに「文化や芸術」は「経済と切り離せない」（L63）し、「芸術が経済から特別に独立していたということはない」（L64）。ですが「経済」に「支配」されていたとまではいえないので、「支配下にある」とはいえません。ワースト2です。少し迷いますが、正解の二つがはっきりしているので、先に書いたランキングを意識して、間違わないように。

解答 1・5

(六) 傍線部の理由説明問題（記述式）

記述問題について説明します。

〈記述問題の基本〉

1 傍線部（および文脈）と設問文を分析する
2 1から何を説明すべきかを決める
3 2に該当する本文の該当箇所を探す（ないときは自分の言葉で説明する→ムズ）
4 3の箇所をどう解答の中でつなぐかを考える → 構成力

まず**1**について。傍線部のある記述問題は、傍線部の意味を考える。ただし**傍線部は傍線部だけじゃなく、「文脈」の中にあり、そのつながりのなかで意味や内容を考えていかなくてはなりません。つまり傍線部とその前後の〈つながり＝論理〉を見つける、ということを意識して、傍線部の前後の内容も頭に入れながら、傍線部の意味を考えてください。**「だいたい、こういうことかな」、でいいです。

そのときは、

a 傍線部自体の意味・難解語の解読→**語い力が必要。**
b 傍線部が傍線部を含む文の中でどんな位置にあるか確認。（例：傍線部が述部だったら主語は？ とか）
c **傍線部の前後のつながりを指示語・接続語で確認。**

という具体的な作業も意識しましょう。

それともう一つ、〈設問文〉。**そこに書かれている、たとえば「問題文中の具体例に即して」というような条件を見逃さないこと！** とにかく**傍線部と設問文は〈神〉ですから**、絶対にその内容に従ってください。

これができたら**2**にいきます。傍線部の中で説明しないといけないところ、設問文の条件、などをまとめて、**書くべきこと（＝ポイント）を決めます。**

そして**3**。そのポイントに当たる内容は、どこに書かれているか、を問題文から探す。

梅POINT 傍線部中や傍線部の前後の表現と同じか似た表現をチェックして、それらと同じ表現のある箇所をつなぐべし。

そうすると、傍線部のイイカエ・説明が見つかることがあります。それらをうまく結びつけて、よい答案に仕立てるのが**4**。こういう力を「**構成力**」といいますが、私大ではそんなにこの力を求められません。抜き出し問題の延長のつもりで気楽にやりましょう。

つぎに少し細かな記述問題についてのコメントを書いておきます。

① 本文の言葉を使うのが基本。本文の表現が使えないとき（次行参照）と、字数短縮のときだけ**イイカエ**る。

② 本文中の比喩や特殊な意味を含む語は解答に極力使わない。（慣用化されている比喩やポピュラーな評論用語は可。）

③ 傍線部の表現は基本的に使わない。使わざるをえないときは説明して使う。

④ 主語を決めると、その主語に合うところを使う箇所としてピックアップしやすくなる。

⑤ 使うべき本文箇所を、主・目・述をメインに単純化し、ほかの箇所と並列的につなぐ。書くべき要素の順序を考え、その際主述の対応が本文とズレないこと。

⑥ 同内容の繰り返しを排除し、書く内容の優先順位を考える。

⑦ 解答が二文にわたるときは、「。」のあとで、接続語を適切に用い文同士をつなぐ。

では設問にもどり、右に書いた手順で解いていきましょう。まず傍線部の意味を考えるのでしたね。「労働者」は豊かになって「時間的な余裕＝暇」を得ました。その「時間的な余裕」が今では「搾取」＝取りあげられている。誰に？「私たちは……お金と時間を使い、それを提供している産業が利益を得る」（*L* **96**）とあるので、「労働者の暇」を取りあげて自分の利益にするのは「産業（＝文化産業・資本主義）」です。すると傍線部は〈労働者の「時間的な余裕」が「産業」によって取りあ

げられている／「産業」が「暇」を搾取している〉という意味だとわかります。そして設問文を見れば、その**理由**が問われています。**理由**は主語になり得るものの性質にあるのでした。するとこの問題では、その**理由**は、「労働者（の暇）」か、「産業」の性質にあると考えられます。

そこでまず「労働者」の側に、取りあげられる**理由**がないか、探ってみましょう。

「労働者（＝消費者）」は、「暇」という「時間的な余裕」を手にしたのですが、**「その暇をどう使ってよいのか分からない」**（L105）という状態（**a**）にあります。だからその「暇」を「搾取されて」しまう。すると**a**は傍線部の**理由**になる。

つぎに産業のほうです。この**a**の状態にある「労働者」に、**〈b　文化産業が産業に都合のよい楽しみを提供する〉**。

さらに、「暇の搾取は資本主義を牽引する（＝引っ張る）」（L109）と書かれています。つまり暇の搾取は**資本主義を引っ張ってリードする（＝文化産業が利益を上げようとする）**（**c**）ためなのです。

するとaな「労働者」に「産業」がbしてcする。だから「搾取」が行われるのです。このcがなければ「搾取」は成り立たないので、cの要素も解答に必要です。

また今度説明しますが、**理由説明問題の解答は、傍線部（の述語）や問いかけとスムーズなつながり、つまり論理的なつながりをもたなければなりません。**〈利益を上げようとするから〉→「搾取される」という説明は、傍線部と論理的につながりますね。

ムズ　解答例　**時間的余裕を活用できない人々に文化産業が楽しみを提供し、利益を得ようとするから。**（40字）

a 時間的余裕を活用できない人々に b 文化産業が楽しみを提供し、c 利益を得ようとするから。

＊a…「暇をどう使ってよいのか分からない人々」も可。

＊c…「資本主義を牽引する」「資本主義の力になる」なども可。

a・b・c…3点

3 評論

『文学問題（F＋f）＋』

上智大学（改）

別冊（問題） p.23

解答

問一	問二	問三	問四	問五	問六	問七	問八
d	b・d（順不同）	b	c	a	A c／B a	b	d
5点	4点×2	5点	5点	5点	5点×2	6点	6点

ムズ 問一、問二、問四 問七

50点

問題文ナビ

語句ごくごっくん

L3 観念…心や頭の中にあるイメージや考えかた。「観念する」という形で〈あきらめること〉

L67 認知科学…知的な仕組みや知能の働きを探る学問

L67 神経科学…脳や脊髄から末梢（まっしょう）神経を含む神経系の研究を行う自然科学の一分野

読解のポイント

文学作品は「認識（F）」と「認識に伴って生じる情緒（f）」という二つの要素で成り立つ

↓

文学の内容は、Fとfが結びついているものだ

↓

「認識する」ということは、ある印象や観念に焦点が絞られているということだ

↓

これを探るにはまだ解明されているとはいえない
人間の意識や心理について検討する必要がある

問題文は、数式や漱石の原文とそれを現代語訳したものが互い違いに並んでいて読みづらいですが、「焦点」や「意識」について説明していく部分で二つ目のブロックが始まるので、二つに分けて見ていきましょう。

I 「F＋f」とは？（冒頭～L47）

夏目漱石は、あらゆる文学作品は「認識すること（F）」と「認識に伴って生じる情緒（f）」という二つの要素から成り立つと考えました。つけ加えれば漱石の原文では、「Fは焦点的印象または観念を意味し」（L4）と書かれている部分を、筆者は「認識すること」だと説明しています。「印象や観念」は私たちが何かを見たり、あるいは頭の中で何かについて考えたりするときに生じるものです。見たり、考えたりすることが「焦点化」です。たとえば木を見たときに〈木だ〉という「印象」や「観念」が生じる、それが「認識」することであり、その「印象」や「観念」自体が「認識」です。

このことは先に引用した漱石の原文からもわかりますね。そしてその「認識」には、心の動きである「情緒」もついてくるのです。つまり〈木だ〉＝「認識」→〈大きいなあ〉＝「情緒」ということであり、これが「F＋f」です。

ただし①として書かれているように、数学の三角形の観念などは、とくに三角形を見て〈素晴らしい！〉とか思うことは少ないでしょうから、ただ三角形だなという認識（＝F）があるだけです。またたとえば、あれはクマだ!? 怖い！ というように、クマだという認識（＝F）があり怖い（＝f）というならわかりますが、何が怖いというわけじゃないけれど、ただただ怖いというように、認識自体（＝F）は存在せず、ただ情緒（＝f）だけがあるという場合もあります。これは幻想など特別な場合で、③として書かれています。①と③は特殊なありかたで、人間の生のありかたを書こうとする文学では、対象から外されます。つまり「文学の内容」（L11）として書かれるのは、たとえば花などを見て（＝認識）、〈きれいだ〉（＝情緒）が生じるという②の場合で、これが「F＋f」。二つ目の漱石の原文の中では「認識」で

あるFが「知的要素」（L13）「情緒」であるfが「情的要素」（L13）といわれていることも確認しておいてください。

筆者は漱石の『文学論』を「悪名高い書き出し」といっています。つまり文学論なのに、冒頭から「数式めいたもの」（L19）が書かれていたりするので評判が悪い、ということなのでしょう。でも「F＋f」は、漱石の『文学論』全体を一言でまとめた、それこそこの本の中心＝「核心」なのです。つまり漱石は、一番大事なことをこの本の冒頭で述べているのです。最初からむずかしい結論をいわれてしまうと、なぜそうなるの？　と読者や講義を受けている人間が戸惑うのも無理はありません。でもこの結論は、漱石がたくさんの文学書や学術書を読んでつかみ取った「果実（＝手に入れた結果）」（L23）なのです。漱石はそれを私たちに示しているのだと受け取りたいと筆者は述べています。漱石の『文学論』で最初に筆者が注意したいといっているのは、漱石は、たとえば明治の日本文学という限られた文学作品について〈文学とはどういうことか〉を語っているのではなく、昔から今までの東洋も西洋も含めた「『あらゆる文学作品』」（L24）について語りうる文学論を述べようとしている点です。そしてこの「『文学論』講義」は「『英文学形式論』（文学の一般概念）」に続くものであり、「『英文学形式論』」が文学を形式の面から検討したものであるのに対し、『文学論』は、文学を内容の面から検討しているのだと筆者は述べています。

ここで筆者は「F＋f」の話にもどります。そしてアルファベットの「F」や「f」を漱石が使ったのはどうしてだろうという問題提起のあと、その問題提起に対する解答として、「繰り返し扱う重要な概念」（L33）だから、簡単便利な一文字で代表してしまおうという発想があったのだろう、と述べています。ただ筆者はそれだけではなく、「F」や「f」は数学でいう「変数」（L35）と似た役割を果たすのではないかと推測しています。たとえば変数は数学で用いるxで、xは3だったり8だったり、いろいろなものに変わることができます。それと同じように漱石が使った「F」と「f」もいろんな個別的で具体的な事物と置き換えることができます。「F」は星だろうがリンゴだろうが好きな人だろうがいいわけで、「f」もまた、美しい・おいしい・かわいい、どん

な情緒もOKです。だから変数なのです。

筆者はつぎに、なぜ「Fとf」が「+」というプラスの記号で結ばれているのかと問題を提起します。Fとfは、認識と情緒ですから同じものではありません。重さと長さが足せないように認識と情緒は単純には足すことができません。筆者はこの「+」を、組み合わさった状態を表すと考えればよいと述べています。先にも触れましたがFだけがある、あるいはfだけがある、という場合がありました。それに対してFとfが揃っている。それが（F+f）であり文学の内容であることを、漱石はこの「+」で強調したかったのだと筆者はいうのです。

Ⅱ 認識と意識（L48〜ラスト）

冒頭にも登場しましたが、ここで筆者は再び「焦点」という言葉について述べている漱石の原文を引用します。漱石は「焦点」という言葉を説明するためには人間の「意識」（L49）というものから考えなくてはいけないと述べています。この「焦点」という言葉はF（=認識）について使われていました。人間はあるものに「焦点」を絞り、それを認識する。その認識はどのような「意識」の働きなのか？　このようにして「焦点」と「認識」、そして「意識」がつながります。一見、文学と人間の意識との間には関係がなさそうにも思えます。ですが文学作品を認識と情緒という二つの要素から成り立つものだと考える漱石においては、認識や情緒という内容を包括する概念としての「意識」を考えなければならないという考えがあったのでしょう。そして筆者はさらにここでもう一つの問題を提起します。私たちは「認識」「思考」「情緒」「感情」などの言葉をよく使います。これらの語は、人間の心の中に起こる変化を分類し名づけたものです。でも「この名づけと分類」（L61）はどこまで正確で妥当なのでしょうか？　これが筆者の最後の問題提起です。たとえば感情という言葉の意味を、悲しい・嬉しいというふうに、私たちは日常的に実感し捉えています。ですが感情の研究をしている研究者たちの間で〈感情とはこういうものである〉という定義や「合意」（L63）があるわけではありません。つまり人間の心理は、今なお解明され続けているのです。だから文学を研究するときに、人間の精神・心理の働きから考える、つまり「意識」ということから考えるということ

は、私たちが人間や精神というものをどこまでわかっているのかということと、とても関係があるでしょう。すると人間の「意識」の世界にまで踏み込もうとする漱石の『文学論』は、心理学などが進歩していくに伴い、その内容が読み替えられたり、更新される可能性をもつ、つねに新しい書物であるともいえるのです。

テーマ　漱石

夏目漱石の生い立ちは孤独でした。漱石の文章の中に、「僕の子供時代の記憶の中に、人はいない」というようなことが書かれています。そんな中で育まれた自分の精神の暗さとの戦いが彼の作品のテーマです。つぎの文学史も一緒に覚えておいてください。

＊**初期作品**…「吾輩（わがはい）は猫である」（処女作）・「坊っちゃん」・「草枕」
＊**前期三部作**…「三四郎」・「それから」・「門」
＊**後期三部作**…「彼岸過迄（すぎまで）」・「行人」・「こころ」
＊**自伝的作品**…「道草」
＊**絶筆〈＝最後の作品〉**…「明暗」（「則天去私」の境地を目指した作品。未完）

ひとこと要約

漱石の『文学論』は人間の意識の世界にまで踏み込もうとする奥の深い書物だ。

200字要約　満点30点

[a]あらゆる文学作品は、人間の認識（F）と認識に伴って生じる情緒（f）という二つの要素からできている。[b]これは漱石の『文学論』の核心だが、[c]このFとfには様々な事物が入りうる。[d]また＋の記号はFとfが組み合わさった状態を示す。[e]そして漱石は文学の研究では人間の意識自体の検討が必要だと考えた。[f]人間の心理は解明の途上にある。[g]すると心理学などの進展に伴い、[h]漱石の『文学論』は読み替えや更新が行われうる書物なのである。（200字）

＊a…「認識」と「情緒」の両方が必須。
＊c…たんに「変数」は不可。
＊g…「心理学／認知科学／神経科学」の一つがあれば可。
＊h…「読み替え／更新」のどちらかがあれば可。
a・c・d・e・g・h…4点／b・f…3点

設問ナビ

問一　傍線部に関する内容説明問題

傍線部のすぐ前に「(二)」と書かれており、L18に「文学的内容たり得べきは(二)にして、即ち(F＋f)の形式を具ふるものとす」と書かれているので、傍線部は(F＋f)です。その具体例として「花・星などの観念(＝F)」があげられています。そしてその観念に美しいというような情緒(＝f)が生じる場合を言っています。ですから**正解はd**です。

問題文ナビにも書きましたが、「(焦点的)観念」そのものが「認識」だということです。漱石の原文に「Fは焦点的印象または観念を意味し」(L4)とあるように、「認識」＝「印象」・「観念」ですから、dの「焦点的観念において」という部分に「認識」の意味が含まれています。ですからdは(F＋f)の形で、傍線部と対応します。a チョイマヨ はまず「三角形のような抽象的な概念」という部分に問題があります。「概念」は、簡単にいえば〈観念を言葉にしたもの〉ですから「花、星などの観念」といわれているものとは異なります。それに「三角形」というのも、けっして「抽象的」だとばかりはいえません。そしてaでもっと問題なのはaの後半です。「花や星のような具体物自体から情緒が生じている」という説明の仕方だと、「情緒」が具体物自体から自然に生じているようにも受け取られ、そこに「認識」が存在しないかのようです。花を人間が「認識」し、そしてそこにキレイというような「情緒」が生じるというのが(F＋f)です。それを考えると、「認識」が存在していないかのようなaの説明の仕方はダメです。bは「文化的約束として特定の」という内容が問題文には書かれていません。cは「花、星」が「文学的観念」といえる根拠が問題文にはありません。たしかに(F＋f)の形は「文学の内容」(L11)で、「科学」はL44に出てきますが、「科学」と「文学」という**対比**の仕方も問題文にはありません。なので花や星は「情緒」を抱きやすいために例としてあげられているだけで、これらがとくに「文学的」だからというわけではないと考えられます。 ムズ

解答 d

問二 傍線部に関する説明問題

「悪名高い」というのは、〈評判が悪い〉という意味です。評判が悪いのは、傍線部の直後を見ると、文学論の「のっけ」（＝冒頭）から「数式めいたものが登場」しているために、受講者や読者からすると、「なぜそのような結論になるの」と「戸惑ったとしても無理はない」からだと書かれています。この部分では、**〈① 世間の評判が悪いのも「無理はない」と、筆者は世間に同調しているかのよう〉**です。設問は、「傍線部2のような（悪い）評価に対して、筆者はどのような立場を取っているか」ですから、まず①に対応する**dを1つ目の正解**とすればいいでしょう。ただし傍線部のある段落の後半部を見てください。「この結論を提示する漱石」は、多くの文学作品や学術書を読んでゆく中でこの見方に行き着き、その探究の果てにつかみ取った「果実」（L23）を「惜しげもなく提示していると受け取りたい」と筆者は書いています。つまり、たしかにむずかしい結論が最初から示されていて戸惑うけれど、これは**〈② 漱石が一生懸命研究した果てにたどり着いた結果を読者らに対して率直に示しているんだ、と受け取りたいと筆者は述べている〉**のです。ここには、漱石を肯定する姿勢が見えます。よって今述べた傍線部のある段落の最後の部分＝②と対応する**bを二つ目の正解**とすればいいでしょう。先のdの表現が「ありうることではある」というふうにソフトないいかたになっているのも、こうした筆者の姿勢のためだと思います。aは「定義を提示することは困難である」というのが問題文に書かれていないし、筆者が漱石の研究を評価していることと食い違います。このことは、「あらゆる文学作品に共通する定義を求めるには、無理がある」という説明をしているeにもいえることです。筆者は「『あらゆる文学作品』」（L24）について述べようとした点に注意したい、つまり注目したいと述べていて、傍線部を含む段落の後半からの流れでいえば、ここでは「『あらゆる文学作品』」について述べようとしている漱石の姿勢を、肯定的に評価していると考えられます。よってeは問題文と合致しないといえる選択肢です。c チョイマヨ は、「具体的な作品の構造」という部分が問題文には書かれていないことです。（F＋f）は漱石が「『あらゆる文学作品』」について述べることのできるものだという形で主張した考えです。けっして一つ

の「具体的な作品」について述べたことではありません。また（F＋f）は作品の内容のことを指している語句であり、「構造」を指しているわけではありません。またcの末尾の「避けなければならない」という表現も筆者が漱石を批判しているかのようで、筆者が最終的に漱石を肯定していることと食い違います。

ムズ **解答** b・d

問三 傍線部に関する内容説明問題

傍線部の「Fやf」と「『変数』」については、「Fとfも、それぞれいろいろな具体物が入りうる、一種の変数として機能する」（L37）という部分がそのことを説明しています。こうした内容に対応している選択肢としてbの後半があります。bは前半部分が、直接傍線部とは関係がありませんが、設問文に「文学作品の性質を漱石がどのように捉えていると考えられるか」とあるので、「漱石が『あらゆる文学作品』についてまとめて述べてしまおうとしている」（L24）という部分をアレンジしてbの前半にもってきたということでしょう。少し変わった選択肢の作りかたですが、間違いではないので、bが**正解**。aは、「文学作品の定義」が「作品ごとに変わりうる」という部分が、先に引用したところに、漱石は「『あらゆる文学作品』についてまとめて述べ」ようとしていたと書いてあったことと食い違います。cはL24と後半が食い違います。dは、「認識と情緒」が「互いに独立した」ものであると説明している点が間違いです。問題文冒頭の①・③のように、「認識と情緒」が片方だけという場合もありますが、「文学の内容になるのは②」（L11）であり、「どんな文学作品も『認識すること（F）』とその『認識に伴って生じる情緒（f）』とを内容としている」（L30）と書かれています。つまり文学作品では認識した際そこに情緒が伴うのであって、「認識と情緒」は「独立」していません。また「認識と情緒」が、その「相互作用によって」、文学作品「全体の意義が定まる」とまでは問題文に書かれていません。

解答 b

問四 空欄補充問題

空欄[I]は「Fとf」との関係を説明した部分だということはわかりますね。[I]の直前を読むと「Fとfを

足すことはできない」とありますから、Fとfは違うところがあり、数字のように足せないということになります。そして[I]の直後に、「Fとf」の関係と同じ例として「重さと長さを足すことに意味がない」のと同じだということが書かれています。[I]には「ではない」という言葉がついて、全体で〈違う〉というような意味になる語を入れるのですから、[I]自体には、〈同じ〉という意味の語が入ればいいとわかります。候補としては**c**と**d**があります。[I]のあとでは、「重さと長さを足すことに意味がない」と書かれていました。「重さと長さ」は質や次元が違いますね。すると**c**の「同質」を入れて〈質が違う〉という内容を作ればいい。**d** チョイマヨ「等値」は、〈二つの数の値が等しいこと。二つのものの価値が等しいこと〉という意味です。「Fとf」は実際の数ではないし、「重さと長さ」の違いは〈値打ち〉という価値の違いではないです。なのでやはり**cが正解**。ほかの選択肢は**a**「自明（＝当たり前）」、**b**「有意（＝意味があること。意志があること。偶然ではないこと）」、**e**「無効（＝効果がないこと）」で、どれを入れても「Fとf」が違うという意味にはなりません。

また、つぎのことも覚えておいてください。

空欄補充問題は原文の復元。問題文全体の内容と食い違わないように、そして筆者の言葉づかいを考えて入れるべし。

c

問五　傍線部の理由説明問題

「端的」は〈はっきり。簡潔に〉という意味です。ここでは〈はっきりいって訳が分からない〉、〈簡潔にいえば訳が分からない〉でもよいです。傍線部の意味を確認したところで、**理由説明問題**についてのお話。

理由って何？　って聞かれるとなかなかむずかしいですが、たとえば「3は奇数だ」、なぜ？　と聞かれたら、「3は2で割りきれないから」と答えて正解。このとき、理由となっている「2で割りきれない」は「3」の性質です。そして「3」は主語でもあります。ここから

梅 POINT　理由は主語のもつ性質や性格の中に探るべし。

という原則が導かれます。ただし、ここでいう〈主語〉は、**形の上で主語になっているものだけでなく、傍線部の内容を変えずに、主語になれるものも含みます**。たとえば「AはBに負けた」の主語はAですが、「BはAに勝った」とすればBが主語になりますから、Bの性質も考えなければなりません。そして「2で割りきれない」という**理由**は「奇数」の定義でもあります。「奇数だ」は文の中の述語です。すると

梅 POINT　理由とは、傍線部の述部（や問いかけ）につながるものであると心得よ。

ということになります。記述問題でも、**理由説明問題では、解答の末尾が傍線部の述部（あるいは問いかけ）に近い内容がくるように書く**、ということを忘れないでください。

では、この問題について、右の手順に即して考えていきましょう。まず**理由**は主語のもつ性質や性格の中に探るのでした。この文の主語は「Fだけがある文章」とも「fだけがある文章」とも取れますが、傍線部直前に「多く見かけ」ないとあるので、「fだけがある文章」だと考えられます。「Fだけの」科学の文章は感情を交えたりする必要はないし、「見かけ」ないことはないですしね。では「fだけがある文章」はなぜ「訳が分からない」のか。**問三**の**d**の選択肢でも確認しましたが、文学作品において認識と情緒は連動するものでした。認識するとその認識に伴って情緒が生じる。これが文学作品での認識と情緒との関係です。傍線部の主語である「fだけがある文章」とは「誰かの感情の状態だけが書かれている文章」（L45）、です。

また、文学について考えるために認識と情緒の関連に注目した漱石は、それをより深く探究するために人間の意識状態に考察の目を向けようと考えました。そして「文学を研究する上で、人間の精神（心理）の働きから考えるということは、私たちが人間や精神をどこまでどのように解明・理解しているかとおおいに関係している」（L65）と筆者は書いています。つまり認識と情緒の関係というのは、たんに文学の問題ではなく、人間や人

間の精神の問題でもあるのです。とするならば情緒だけがあるというのは人間や精神の問題として不可思議です。傍線部の**理由**として考えるならば〈①　**fだけがある、つまり情緒だけがあるというありかたは、認識という過程をカットしてしまった状態であり、精神のありかたとしては不可解だから**〉ということになります。

こうした内容に最も近い選択肢としてaがあります。「情緒の生じる対象が示されな」いということが、認識の過程がわからないということだからです。また「総体として理解することが困難」というのは、情緒が認識と結びついた状態を「総体（＝まとまり）」としてとらえ、情緒がどういう認識とつながっているのか、わからない、と説明しているのです。そして**理由説明の解答は、傍線部（の述語）とスムーズにつながっていくことが大事**でした。aの「理解することが困難だから」という表現は「（訳が）分からない」という傍線部の述語とのつながりもいいです。よって**aが正解**。bは「そもそも他者の情緒を読み手が理解することはむずかしい」という内容が問題文にはありません。cは、「それを読み取ったところで」というのがまずおかしいです。傍線部は「訳が分からない」といっているのですから、読み取ることはできないはずです。そういう点で、傍線部とうまくつながらないところがマイナス点です。そのうえ、「文学的価値の低い些末（さまつ）な表現にとどまる」という内容も本文には書かれていません。dの「読む機会があまり多くない」というのは、傍線部直前の内容として考えOKにしたとしても、「理解するのに時間がかかるから」というような理由が正しいといえる根拠が問題文にナシ。消去法でもaにすぐたどり着けると思いますが、理由説明問題のルールを押さえておいてください。いつも消去法ではダメですよ。

解答　**a**

問六　傍線部の内容説明問題

A　傍線部の冒頭の「この説明」は「焦点的」という語についての「説明」であることは、傍線部の直前を見るとわかります。そして傍線部の訳が傍線部の前後にありますね。「『焦点』という言葉についてはさらに説明が必要である。そのためには『意識』から話を始めなければならない」（L48）という部分などです。この文章は、問題文の最初のリード文にも書いてあったように漱石の

『文学論』の現代語訳と原文の引用とがペアになっているという形です。それを忘れずにいた人は、傍線部の訳も見つけられたでしょう。すると**cが正解**だとわかりますね。aの「語源の考察」、bの「具体的な単語に置き換えて」、dの「『意識』という語からいったん離れなければならない」がどれも傍線部の訳文と食い違います。

B「意識」に思考を向けるという漱石の述べたことに対して、「文学作品と呼ばれるものは、認識と情緒という二つの要素からできている、つまり人間の意識状態が材料であると見る漱石としては、文学の材料となる意識そのものについて検討する必要がある」（L57）と筆者は述べています。つまり漱石の考えかたを理解しているわけです。すると今引用した部分や今いったことに最も対応しているものとしてaがあります。筆者は漱石のいっていることを理解しているのですから、傍線部の漱石の考えと一致するのは当然です。bは「両者が作品中でどのように意識されているかについては、当然検討せざるをえない」という部分が間違っています。漱石は人間の意識そのものを考えていかなければいけないといっているのであって、認識と情緒が作品中でどのように意識されているか、という狭い範囲の「意識」を考える対象にしているのではありません。cは「認識と情緒が人間の意識の中で別々に発生し、統合される様子に注目しながら」と説明している点が不適切。このようにいうと、認識と情緒の発生と統合というところに注目することになり、〈意識自体を考えていく〉ことになりません。「別々」もおかしい。bもcも、筆者が漱石を理解していることと一致しません。dは末尾の内容が問題文にない、と同時にまったく意識の問題に触れていないので、これはすぐに×。やはり**aが正解**。

解答 A c　B a

問七 傍線部の理由説明問題

いつも傍線部問題は傍線部の意味を確認することからはじめます。まず傍線部の「このような意味で」に着目してください。「このような意味で」という語句は、「だから」と**イイカエ**ることができる場合が多いです。この「このような意味で」は傍線部の前の文を受けているので、「だから」にしてまとめてみます。すると〈**文学の研究を、人間の精神（心理）の働きから考える＝①**ことは、人間や精神の解明・理解に大きく関わる。『文学

論』も［だから］心理学などが発展すれば、新たな読み方が生まれるものである〉となります。［だから］の前後が「心理」の探究という内容でつながるから、［だから］でも問題ないですね。［だから］以下が傍線部です。そして［だから］という語は**理由**を導きます。つまり［だから］の前（＝①）は傍線部の**理由**のはずです。ここで**問五**でいった理由説明についてのルールを思い出してください。**理由は傍線部の主語の性質の中にありました。**この傍線部の主語は漱石の書いた『文学論』です。『文学論』は**〈① 人間の意識の内容を検討しようというもの〉**でした。「**文学を研究する上で、人間の精神（心理）の働きから考え**」（＝①）ようとしたのは漱石の『文学論』ですね。つまり傍線部の前の一文は、実は『文学論』の性質＝①を述べていたのです。だから傍線部の**理由**になるのです。とすれば①の要素は外せません。①の要素が入っているのは、b「意識の考察が前提条件となっている『文学論』」だけです。そして『文学論』に書かれている意識についての内容も、心理学などの展開によって新たな読み方や発見がありうる。それゆえ「更新される書物」なのです。bの「人間の精神には、いまだに未解明の部分があり」（α）という部分は、「人間の心理は今もなお解明の途上にある」（L64）と合致し、「今後さらに各分野で人間の精神に関する理解が深まれば」（β）というのは、傍線部直前の文の内容と対応しているといえます。αとβは、〈心理学などは発展の余地がある〉とまとめることができますが、これは、心理学などと連動している『文学論』が「更新される」条件であり、傍線部とも対応する内容です。

またbの最後の「新たな読み方が生まれる可能性がある」という部分も、傍線部の述部、「読み替え、更新される書物でもある」とかぶるような気がした人もいると思います。でも逆にいえば、**傍線部との対応があるとい**う点で評価できます。**理由説明なのに、ほかにいい選択肢がないので、傍線部のイイカエのような選択肢を正解にすることもあります。**が、ここはダントツ**bが正解**です。

aは、「研究者間の合意を得ることはむずかし」いから「『文学論』における文学の定義は、たえず読み替えられる」と読めるつながりがまずおかしい。それにこうした説明だと、傍線部の「読み替え」がマイナスのこと

になってしまいます。それでは、漱石を肯定してきた筆者が、問題文の最後で漱石を否定することになります。それは傍線部の読みとしておかしいし、問題文の内容を壊してしまいます。問題文のつながりからいえば、傍線部は『文学論』を肯定する内容にならないといけない。このズレがaの致命的な欠点です。「読み替え」が「文学の定義」＝「F＋f」に限定されているのもおかしいです。cは因果関係がおかしい。「『文学論』の読み方を改めること」が原因となって、「それらの（＝人間の心理に関する）研究に対して貢献する部分も存在する」という説明は、『文学論』の「読み替え」が結果として述べられている傍線部と合致しません。それにこうした内容は、傍線部にも問題文にも出てこない内容です。dもaと同じです。『文学論』の内容が更新されるというのは、肯定的な意味合いをもっているのに、漱石の「文学の定義」が心理学などの発達によって間違ったものとして変更せざるをえなくなるという、『文学論』を否定する内容として読めてしまう点で、傍線部および問題文の筆者の立場と合致しません。

ムズ　**解答** b

問八　**内容合致問題（趣旨判定問題）**

a…「『文学論』においてはそれ（＝形式を認識と情緒の結合したものと捉える見立て）は不徹底なものになっている」という内容が本文に書かれていません。ワースト2ランクです。

b…「この両者（＝Fとf）を考えるよりも、人間の精神（心理）を考えることの方が文学研究にとって重要」だという比較は、問題文でされていません。これもワースト2ランクです。

c…「人間の意識に注目すれば」、「個々の人間の具体的な精神活動を考える必要が出てくる」ということが問題文に書かれていません。これもワースト2ランク。

d…「F＋f」は***L*4**と、後半は***L*57**の「文学作品と呼ばれるものは……意識そのものについて検討する必要がある」という内容と一致しています。**dが正解**です。

解答 d

4 評論

『つかふ　使用論ノート』

早稲田大学　法学部（改）

別冊（問題）　p.34

解答

問	解答	配点
問一	A 臨機　B 融通	3点×2
問二	ハ　ニ	（順不同）完答4点
問三	ニ	8点
問四	ロ	8点
問五	ハ	8点
問六	イ	8点
問七	ロ	8点

ムズ　問三、問四、問五、問六

合格点　34点

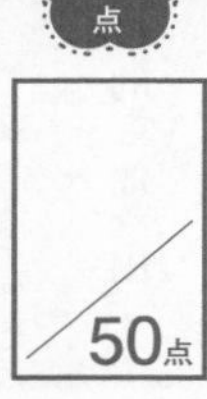

問題文ナビ

語句ごくごっくん

- L7 **機能主義**…モノや人間の働きを重視する考え
- L15 **地平**…平らな大地。広がり。範囲。次元
- L16 **徴用**…強制的に集め、仕事をさせること
- L18 **一義的**…一つの意味しかないさま
- L26 **主体**…自分の意志にもとづいて考えたり、働きかけたりするもの
- L27 **客体**…主体から働きかけを受ける側。認識される側。対象
- L40 **お膳立て**…すぐにとりかかれるように準備すること
- L44 **碩学**（せきがく）…その道の権威といわれる学者
- L48 **収斂**（しゅうれん）… p.14 語句「収斂」参照

読解のポイント

● 実用的な道具は使用目的以外に「使えない」

⇔

○「使える」＝「器用仕事（ブリコラージュ）」
＝使いかたをずらして未知の目的を作り出す
→・そのためには自らが目の前の状況を見きわめ、自由にモノを転用したり借用したりする力量が必要だ

この文章は実用的な道具の「使える」と、「器用仕事」に代表される「使える」との**対比**ですが、後半が長いので、「田中美知太郎」の話が出てくる前とあとで区切り、全体を三つに分けて見ていきましょう。

I 実用的な道具（冒頭〜L6）

「使える」ということは「役に立つこと、働くこと」です。でもそれは本来「モノ」に備わる性質ではなく、目的がまずあり、そのための手段として「道具」などが使えるかが、「生産の仕組み」や「生産のシステム、生産の工程」（L3）に合うかで決まります。そしてそれが実際に役立つと「実用的な道具」（L4）になります。こうした道具には、「使用目的以外」の使いかたは求められません。使いかたは一つであり、「部品」として、システム全体に組み入れられています。

II「使える」＝「器用仕事」（L7〜L43）

ですが、私たちは日常生活の中で、「これ、何かに使える」ということがあります。また美術制作では「まだ（あるいはいつか）使える」という目でモノを見ます。使える「何」かは、どこか「未知の地平（＝次元）に開かれている」（L15）のです。もちろんそうした「何」かも、ある仕組みやシステム全体の中で使われるでしょう。でもその「全体」はどこか「ほつけて（＝ほどけて）」（L18）いて、「完結」したものではないのです。だから「何」かが入り込める余地があるのです。

文化人類学者のレヴィ＝ストロースは、ぴったり合うものがなくてもどうにかすることを、「器用仕事（ブリコラージュ）」と呼びました。それは実用的な道具のように、一つの使いかたにこだわらない。この仕事のポイントは、あるものを別のかたちで用いる「転用」、〈これはあれに似てるな〉という「見立て」（L22）によって使う「借用」です。それは実用的な道具の世界に見られた「《目的―手段》の

一義的な連鎖」を外してしまう、あるいは「《目的―手段》の関係」を複数作り出していくことです。さらに今まで出会わなかったモノ同士や手段同士が組み合わされて「未知の目的」（L25）さえ作り上げていくということです。

　この「器用仕事」と、筆者が考える「使える」とはほぼ同じです。そしてそれは、これを使おうという「主体（＝人間）」の能力だけでもないし、このモノは部品としてふさわしいという「客体（＝モノ）」の性質だけでもなく、主体（＝人間）と環境の間をうまく結びつけられるように、モノ（＝客体）やほかの人を適材適所に置くというありかたです。自らの力で、使えるモノの環境を組み立て、ときに転用や借用でやりくりすること、現代人に欠けているのはこうした力ではないかと筆者はいいます。「器用仕事」の「器用」とは、どんな場面でも最適なかたちでその状況に対処し問題を切り抜けることだと筆者はいいます。「これは使える」（L41）と口にするとき、それは状況への対処ができているということだとするなら、「器用仕事」や「これは使える」という言葉と無縁な現代人は、生き延びる「力量」がない人間だということになるのでしょう。

Ⅲ 田中美知太郎の言葉　（L44～ラスト）

　田中美知太郎は、〈道具や器械で計ることは誰でもできるが、目分量や手加減でその量を当てることは簡単にはできない〉と述べています。つまり自分の目や手で物の量や重さをはかるということは、マニュアルで学べるようなことではなく、みずからが体に教え込んでいくしかないものだということでしょう。

　筆者は、技が熟練した、腕が上がったということがよくいわれるが、「使える」ということで大事なのは、一つの専門的なことを極めたり、それに自分の力をすべて注ぎ込むこと（＝「収斂」（L48））ではないといいます。そうではなく、持ち合わせのものでなんとか状況を乗り越える、そうしたやりくりが大事だと。

　筆者がこのようなことをいっているのは、田中美知太郎が、「あまりに身につき過ぎた技能」は、マンモスが身につけた「特殊な環境にのみ適当する肉体的特徴」と同じで、「かえって取り返しのつかない弱点となる場合がある」（L52）と述べているからです。つまり一つのこ

とをいくら極めても、それは部品と一緒で、ほかに使えない。大事なのは、目の前の状況に対して「しなやか」（L53）に対応することであり、そのためにどのようなモノを使うかという「工夫」（L53）です。つまり臨機応変であることこそが生き延びる肝だと筆者はいいます。田中美知太郎が〈自分で会得するしかない〉というように、こうした臨機応変さはまずモノなどを使う人間が自分や他人によって、あるいは状況によって、「よく使用され」ることで身につくのです。つまり多様な経験をするということでしょう。そのとき私の身体や器官は、道具や手段ではなく、器官が決まった機能をするのでもなく、ある「機能」をさせることで、器官がその機能をもつようになる。たとえば、目を、何かを見る「機能」のためだけに使ってきたけれど、先にも書かれていたように、目で重さを量ることを繰り返せば、目は重さや量を量るという新しい機能をもつようになる。これが「器官と機能との関係を逆転させる」（L57）ということでしょう。さらにそのとき、私とモノとの関係も単純な《目的―手段》という「道具的な関係」ではなくなります。それは「モノの使い方の工夫」（L53）であり、筆者のいう「生き延びる技法」（L54）なのだと思います。

テーマ　野生の思考と科学的思考

野生の思考とは、レヴィ＝ストロースの著作名であると同時に、彼がその本の中で説明している、あり合わせの素材を用いて必要な物を作る（＝器用仕事）際の思考様式を指します。それは眼前の事象を考えるときに、それと類似する関係（＝アナロジー）をもつ別の事象を連想しつつ、それらを再構成することでもあります。そして、作り上げたものに異なる意味を与えるのです。科学的思考が「概念」を用いて、限られた目的に即して効率を上げるために作り出された思考方法であるのに対し、**野生の思考**が利用するのは眼前のモノに対する想像力であり、人間の生活や芸術的な活動と通じる思考だとレヴィ＝ストロースは考えました。

ひとこと要約

状況に合わせ、自分やモノを臨機応変に使えるという生き延びる術が現代人には欠けている。

200字要約

満点30点

a 「使える」とは技術的な部品のように、使用目的以外

の用途を引き出せないことではなく、主体と環境との関係を首尾よくマネージできるように物や他者を適切に配置できている状態のことである。現代人は自らの手でこうした状態を準備する力量を低下させているが、人が状況に対してしなやかに対応し、自分自身を使い、転用や借用といった形で物の使い方を工夫する臨機応変さを通して人の存在やモノとの関係は構成されていくのである。（200字）

＊a…「実用的道具は使用目的以外の用途は求められない」も可。

＊b・c…たんに「使えるとは主体の能力でも、客体の機能でもない」は説明不足で2点減。

＊e…「しなやか」のないものは2点減。

＊g…「転用」、「借用」のどちらかが欠けているものは2点減。

＊j…「人の存在」、「モノとの関係」各2点。「モノとの関係」については、「モノとの関係は道具的な関係ではない」も可。

f・i…2点／a・b・c・e・g・h…3点／d・j…4点

設問ナビ

問一　漢字の書き取り問題

Aの「臨機応変」は〈状況に応じて適切な行動をとること〉。**B**の「融通」は〈柔軟に物事に対応し、処理すること〉。　**解答**　**A臨機　B融通**

問二　口語文法の問題

珍しい設問ですが、「使える」などの可能動詞にないのは、命令形です。「用いる」は「い」の段だけで活用するので、「上一段活用」です。**だから正解はハ・ニ。**　**解答**　**ハ・ニ**

問三　脱落文補充問題

脱落文補充問題については、そのルールを**p.22〜23第1講問六**で確認しましたね。まず手がかりは

(1)　脱落文冒頭の指示語、接続語

(2)　脱落文と問題文との、共通語句、類似表現

でした。この脱落文には「そういう意味では」という指示語があります。この言葉は「だから」に近い役割をす

ることもありますが、とにかく、脱落文が入る直前に脱落文の内容と密接に関連することがらがあることを示してます。脱落文は〈「使える」とは《状態》を意味する〉という内容です。

つぎに脱落文と問題文との「共通語句」として「《状態》」という語があります。それが近くにある空欄は【ニ】・【ホ】です。どちらも「使える」ことに関わる内容が空欄の前にあり、この二つの手がかりだけでは、どちらがいいと断定できません。

ここで、**第1講問六**でいった、(4)のルール、**迷ったら脱落文を候補の箇所に入れてみて、あとの文脈とのつながりをチェックする**、ということを思い出してください。【ニ】の直後の文に「『使える』という《状態》」という語句があります。そして脱落文をもう一度見てください。「使える」とは「《状態》をこそ意味する」です。これは「使える」ということを「《状態》」である、と定義するときの文の形です。「『……』とは」、といういいかたや、「『……』を意味する」という形が、定義をするときの表現です。「偶数とは2で割りきれる数を意味する」とか。そして数学の問題（記述式）を解くとき、たとえば「$2x+3y$をXとする」というような、自分なりの定義、決めごとは、説明の途中ではなく、最初に書かないと、採点者は混乱して、ダメ出しされる可能性が高いですね。文章も同じです。定義というのは、タイミングを見はからって、できるだけ早めに書く。早めに定義を書いておけば、あとは説明なしに楽に使える。ここで問題文にもどります。じゃあ、【ニ】のあとで、なんの説明もなく、「『使える』という《状態》」という語句を使えたのは、その前、つまり【ニ】で、すでにいったからだということになりませんか？　【ホ】じゃ遅すぎる。【ニ】のすぐあとで、説明なく使えない。

【ニ】に脱落文を入れてみて、このことに気づいた人は相当エライ。「状態」という語がすぐ前にあったほうがいい気がして、【ホ】チョイマヨが捨てられない。わかるよ。でも右に述べたことから、**ニが正解**です。【ニ】の前の「主体と環境との関係を首尾よくマネージできるようモノや他者を適切に配置できているということ」が「『使える』という《状態》」の説明です。筆者はこうした自分とモノや環境（≠状況）との関係を「使える」に即して説明しています。問題文の最後もそうです。

空欄【イ】の前後は「使える」の話をしていますが、脱落文を入れなくても、文脈がすでにつながっているし、入れるとかえって、「働くこと」と「機能」がつながりません。**第1講問六**のルール(3)、**はじめからつながりの強いところには入れない**、を思い出してください。

空欄【ロ】の直前は「使える」ということが、多様な場面で「使える」ということだという内容で「《状態》」ということとうまくつながりません。空欄【ハ】の直前の「未知の地平に開かれている」ことは一つの「《状態》」だといえます。ですが、ここは「未知の地平に開かれている」ということを、【ハ】チョイマヨのあとで、使えるかどうかを決める「全体」はほつれていて、「完結」していないということでもある、と**イイカエ**ている（あるいは「未知の地平に開かれている」理由を述べている）ところで、つながりがある。やはり【イ】と同じ。文脈の読み取りが、難しい問題ですね。

ムズ　解答　ニ

問四　**空欄補充問題**

まず空欄[2]の前の文脈を見てみましょう。すると[2]が「機能主義的ではない」「使用の仕方」だとわかります。「機能主義」は、モノの働きを重視する考えかたです。たとえば椅子の機能は人を座らせることですが、その「機能」を徹底的に追求していけば、椅子にはそれ以外のものは必要なくなります。つまり「機能主義」は、「使用目的以外の用途は求められない」（L4）という「実用的な道具」の性質につながります。すると、実用的な道具＝使用目的以外の用途は求められないこと、と[2]は**対比関係**にあるとわかります。

また[2]のあとの部分を見ると、「このシステムないしは工程以外でも使える」とありますが、これは[2]を受けていっていると考えられます。

梅 POINT　空欄補充問題では空欄前後の指示語・接続語に注目し、どういう文脈を作るべきかを考えるべし。

すると、

★**実用的な道具＝使用目的以外の用途は求められない**　⇔

☆ **[2]＝このシステムや工程以外でも使える**

ということになります。とすれば[2]には、「器用仕事」につながるような、〈使いかたがたくさんある〉という内容が入ればよいとわかります。

梅 POINT　対比的な文脈の空欄には、対比が明確になる語句を入れるべし。

ということを考えてください。でも適当な選択肢がありません。ただ**ロ**の「過剰」を否定的意味ではなく、使用回数でもなく、決まった使いかたを超えて、色々な使いかたが満ちあふれている状態だと解釈すれば答えになり得ます。ほかの選択肢がダメなので、**ロを正解**とするしかないですね。**イ**の「委譲」は〈譲ること〉です。**ニ**は**イ**と同じく、入る根拠がないです。**ハ**の「使用の熟練」は「使用」する人の技量の問題で、モノの使いかたのことではないので不適切です。**ホ**は使うことが減るから真逆です。

ムズ　解答 **ロ**

問五　空欄補充問題

空欄[3]直後の「それ」は[3]の内容を受けて、「マニュアルにしたがって学習できることではなく、『自得』する（＝自分自身で会得する）ほかないものだ」と書かれています。こうした内容に対応する選択肢が[3]に入れば、文脈がつながるので、**正解はハ**です。ハからは、**〈道具（や「マニュアル」）の力を借りるのではなく、一生懸命、自分で経験を積んで体に染み込ませていくしかない〉**という内容が読み取れます。それが[3]直後の「『自得』するほかない」という言葉とつながります。**イ**は〈ひとりの人間が万能の技術者になるのは不可能だ〉という内容で、[3]のあとの内容と関連がないので、文脈上入れることはできません。

ロが問題にしている「使用」という話題がこの文脈にはありません。なおかつ**ロ**は「このような使用が果(はた)して使用の全部であろうか」という問題提起で終わっており、これだけでは「使用」には自分で会得するしかないものがあるという内容がはっきりと示されているわけではありませんから、やはり[3]のあとへのつながりが成り立ちません。**ニ** チョイマヨ は〈「それと知らずに」医者と

同じやりかたで病気が治ることがある〉という内容です。これはたんなる偶然かもしれず、経験から得たか不明なので、「『自得』するほかない」という内容と合致しません。ホは、技術が「個人的なものを越えて存在している」と述べています。「個人的なものを越えて」しまっては、個人が何もできなくなってしまいますから、「『自得』する」こと自体が成り立ちません。ですからホも3のあとにつながらない内容です。

ムズ　解答　ハ

問六　空欄補充明問題

空欄4は、後ろがありませんから、前とのつながりで考えるしかありません。ですが直前の「器官と機能との関係を逆転させる」という表現の意味が難しいですね。これがカギを握っていることはたしかですが、なかなか読み解きづらい部分だと思います。

「わたし」が自分の身体の器官を使って何かをする。だけどそのとき、「身体は道具でも手段でもない」（L56）。「道具」なら、「身体」やその部分である「器官」は、その人のしてほしい「機能（＝働き）」をすればいいだけです。でもそのふつうの「器官と機能との関係を逆転させる」のだと筆者はいうのです。それはどういうことでしょうか? 問題文ナビ Ⅲの最後でもいったように、これは、**「器官」が決まった「機能」をするのではなく、ある「機能」をさせることで、「器官」がその「機能」をもつようになる（a）**ことです。ふつうに、目を、何かを見る「機能」のために使ってきたけれど、「目」で重さを量ることを繰り返せば、「目」は「重さ」や「量」を量るという新しい「機能」をもつようになる。これが「器官と機能との関係を逆転させる」ということでしょう。そうした「機能」をその人は「自得」したことになりますから、そのとき、**その人は、主体として、前と異なった自分を作った（b）**ことになります。

こうした考えをもとに、選択肢を見てみると、まず「器官が生成する」ことはないという内容から、ロ・ハをカットできますね。aと食い違うからです。ロの「『わたし』は能力のあらかじめの所有者」という部分は、能力は「『自得』するほかない」（L46）と×。また「どのように使用されるかにかかわらず」という部分はL55と食い違います。ハの「『わたし』は能力の由来に無知な

4

所有者として」という部分も問題文に書かれていません。**ホ**は、「自己構成」が「器官とその機能そのものに促されて」行われたに「すぎない」という説明をしています。こうした内容や因果関係は問題文にありません。また**ホ**は「『わたし』を『主体』とした考え方であることに変わりはない」という部分もよくない。「『使える』とは……『主体の能力』としてあることでもな」(*L*26)いと書かれていることと食い違います。さらに**ホ**の冒頭部、「何かをするために器官を使うこと」は、「器官と機能との関係を逆転させる」ことになりません。**ホ**はそれを「『わたし』を『主体』とした考え方」とつなげているので、とことん悪い。**ニ**は「限られた機会に有効に使用する」ということが問題文に書いていないともいえるし、「使用する者のその存在が、まずはよく使用されねばならない」(*L*55)と×ともいえます。なので**ニ**も不正解。

これらに対して、**イ**は一文目が**a**と合致します。「『わたし』は能力のあらかじめの所有者ではなく」という部分は、能力は「『自得』するほかない」(*L*46)と一致します。また「使用のくり返しのなかで」という説明も*L*55と合致しています。「自己構成」は**b**のことです。なので**正解**は**イ**です。なんだか疲れる選択肢でした。

解答 イ

問七 内容合致(趣旨判定)問題

一つずつ消去法で見ていきましょう。

イ…「日常」と「美術や芸術」の次元を別々に扱い**対比**している点が間違いです。「日常生活では、あるいは何らかの美術制作では」(*L*12)と二つが並列されているからです。ワースト1ランク。

ロ…「『器用仕事』」とは「転用と借用によって使用の仕方をずらすことであ」るという内容は*L*22に書かれています。また「単に目的によって手段が決定されるだけではなくて、さまざまな手段の思いがけない組み合わせから新たな目的が創出されるということもあり得る」という内容も、「目的が手段を規定するだけではなく、意表をつく手段の組み合わせが未知の目的を構築してゆく」(*L*24)と対応しています。よって**ロが正解**。

ハ…「何かを使うことができるというのは」が、問題文の「使える」ということの正しい説明になっていないです。また「使える」ということが「両者(=主体と客

体）があいまってはじめて可能になる」ということも、問題文にきちんと書かれてはいない。さらに「主体と客体が融合した状態をつくりだせる環境を準備できる」という表現が、「主体と環境との関係を首尾よくマネージできるようモノや他者を適切に配置できている」（L28）と同じ内容だとはいえない。ハは、問題文と少しずつズレていてヘンな選択肢です。×です。

ニ…「転用や借用でやりくりして部品を調達できたとしても、以前に比べてモノを造る技術や精度が劣るようになった」という部分に三つの間違いがあります。一つ目は「転用や借用でやりくり」することは、筆者がそれらを行うことで「使える」人間としての力を身につけるべきだと述べていることなので、それらによって「技術」が劣るようになるとは考えられません。二つ目は「やりくり」と「部品を調達」することをつなげていることです。こうしたことは、問題文に書かれていないことです。三つ目は現代が「モノを造る技術や精度が劣るようになった」とは問題文に書かれていないことです。ワースト1&2。

ホ チョイマヨ…「今日ではむしろ一つ一つの『技』は多少未熟であっても、多方面に対応できる能力が必要とされている」という内容が問題文にナシ。一つのことに限定された「技」については否定的です（L48）が、「生き延びる技法」（L54）が「未熟」でいいという内容はありません。ワースト2ランク。

解答 ロ

5 評論

『死を超えるもの』

関西学院大学（改）

別冊（問題） p.42

解答

問題	解答	配点
問一	ⓐ ロ　ⓑ ニ　ⓒ ホ　ⓓ ホ	2点×4
問二	ⓧ ニ　ⓨ ホ	2点×2
問三	甲 ロ　乙 ニ	2点×2
問四	ホ	6点
問五	ロ	6点
問六	ニ	4点
問七	ホ	6点
問八	ハ	6点
問九	ロ	6点

問一ⓐ、問三乙
問六、問九

／50点

問題文ナビ

語句ごくごっくん

L1 **分節する＝分節化**…一連のものを区切ること

L6 **円環**…まるい輪。まるくつながっているもの

L9 **悠久**…長く久しいこと。果てしなく長く続くこと

L18 **希（稀）少**…まれなこと

L19 **歴史的**…①歴史に関連するさま　②歴史に残るような偉大なさま　③ある時代に作られたさま

L21 **恒常性**…定まっていて変わらないさま

L24 **歴然**…はっきりしているさま

L27 **営々と**…しきりに。せっせと

L34 **尊大**…偉そうなこと

L36 **玉虫色**…いろいろに受け取られるあいまいな表現

L40 **翻弄**…もてあそぶこと

L41 **おこがましい**…①ばかげていてみっともないさま　②なまいきなさま。ここでは②の意味

L45 **主体**…**p.51　語句「主体」参照**

L75 **超〜**…①すごい　②「〜」をはみ出し、こえる

読解のポイント

・人間は「自然」から離れて「世界」を生み出した

↓

・その「世界」を人間が破壊する

↓

・その根本は自然に戻ることのないゴミの存在だ

↓

・原発問題もこの超ゴミ問題が核心だ

問題文は、傍線部④のある第9段落までで、人間と「自然」、人間と「世界」との関係を述べています。そのあとの第10段落からは「破壊」という語が何度も使われているので、世界の「破壊」という話題へ転換したことがわかります。それを見極めて問題文を二つの意味のブロックに分けられるとナイスでした。

I 人間と「自然」、人間と「世界」（冒頭～L42）

「ヒト」というカタカナ書きは、人間が生物であることを示そうとしたものです。生物としての「ヒト」は自然のリズムと同じように、生老病死という、めぐりめぐる「円環」の中を生きます。だから「自然」の一員。でも文化や文明をもった人間は「自然にただおとなしく従属」していません。家や寺院など、「自然の風化に逆らって存続する」物を作ります。これらは自然のように一定の「循環」のプロセスやリズムに合わせて消えていくのではなく、自然のリズムを超えて残っていきます。つまり「恒常性と持続性」（L21）をもつのです。こうした物の集まりが私たちの「居住空間」＝「世界」（L20）です。だから「世界」は人間が作ったものです。

もちろん「自然」と「世界」では、「自然」が勝ちます。いくら人間が道具などを使い、「暴力」で「自然」に挑戦しても、〈かならずこうなる〉という「自然」の「必然性（ネセシティー）」（L24）にはかないません。「自然」が何も食べ物をくれなければ、「必要（ネセシティーズ）」（L26）を満たせず、人間の作った「世界」は終わります。自然災害も「世界」を破壊します。そのことを人間は「記憶」にきざんでいるのですが、時が経（た）つにつれ「忘却」してしまいます。「忘却」も自然のしわざですから、人間に勝ち目はない

のです。

このように人間は、「自然」と「世界」の両方にまたがって生きています。でも「世界」は人間が作り出したのだから、「世界」は「人間的」です。この「世界」を守らなければ人間は生きていけません。よく「自然を守ろう」なんていいますが、ほんとは「世界を守ろう」というのが正しい。だって「自然」は人間の助けなんか要りませんが、「世界」は人間が守らないと滅びるからです。「環境」（L36）というあいまいな言葉がありますが、これも「自然」という意味ではなく、「人間の身の回りの世界」という意味です。だから守るべきなのは「自然環境」ではなく、「環境世界」だというべきです。

Ⅱ 人間の生み出すゴミによる「世界破壊」（L43〜ラスト）

その「世界」が今「危機」を迎えています。「世界破壊」です。世界を破壊する「主体」（L45）は二つあります。一つは「自然」です。自然のリズムに合わせて、人間の作ったものは古くなり壊れ、ちりなどになります。

そしてもう一つ、「世界破壊」の「主体」は「人間」です。でも「世界」は人間が作ったのです。それを自分で破壊してしまうというのはどういうことでしょう?

人間は壊れる物を作るのです。そしてまた新しい物を作る。そうした〈作る→壊す→作る〉というサイクルの中から「利潤」が生まれ、雇用も安定するからです。それに「使い捨て」のほうがラクだし「安価」（L58）だし。それが〈消費社会〉です。

この〈作る→壊す→作る〉というサイクルは、「自然」の〈生まれる→滅びる→生まれる〉という「永遠回帰」＝「新陳代謝」（L54）に似ています。ですから「恒常」的だった人間の「世界」に「自然」が入り込んで、「世界」の「破壊と製造のプロセス」は、たとえば四季の移り変わりのような「自然」のペースに巻き込まれ、「侵食」（L60）されます。でも、それはやはり人間が「自然」の一員だからだし、「人間の世界にはもともと自然が入り込んでいる」からです。「内なる自然」という言葉は、ここでは、人間の作った「世界」の内に「自然」が入り込んでいることを指しています。

「人間」が「自然」の一員であり、「人間」が「世界」の内で生きているのですから、当たり前ですね。でもや

はり今日の「世界」は、まだ使える、まだ「維持」できる物さえ捨てて、「次々に新しくする」（L65）。すると？「ゴミ」が増えます。そのうえ、その「ゴミ」は自然には戻らず、自然のもつ「持久性」をはるかに超えて存在し続ける「反自然的持久性を示」（L68）します。「アルミ缶やペットボトル」はしぶとい。「そういう邪魔物に世界は覆い尽くされつつある」（L73）。

　でもアルミニウムももとは自然の中にあったものです。だから「世界」を壊している「ゴミ」は、単純に「人間」が作り出した物ではなく、「人間」が「自然」の中から探り当て加工した「超人工物」（L75）なのです。だから「世界が世界（＝人間）によって壊される」（L76）といういいかたは正確ではない。「ゴミ」を作り出すプロセスが、「自然」の循環のペースに巻き込まれていったように、「世界と自然の区別」は「取り払われて」（L77）いますから、人工物であるはずの「ゴミ」は半分「自然」と似ている。でも当然「人間」が作り出したから、本当の「自然」ではない。また「ゴミ」は「世界」の産物だけど、人間に役立つ「世界」とは違う。だから「ゴミ」は「半（分）自然的で半（分）世界的なもの」ということになる。もちろんそれは人間が「自然」の中にあった物質で作り、自然の循環システムにそぐわない「不自然」なものにしたのです。そしてそれが「世界」を壊す「反世界的」（L78）なものとなり、人間の「世界」を内側から壊していきます。そしてこの「超（＝ゴミ問題とはいえない、すごい）ゴミ問題」が、使用済み核燃料＝「核のゴミ」をどうしたらいいのかわからない「原発問題」の根源にもあるのです。

テーマ　自然破壊と主客二元論

主客二元論は、近代の科学は理性をもった人間＝〈主体〉が〈客体〉を観察することで、〈客体〉の真の姿や法則をとらえるという、デカルトが唱えた科学の方法です。主体である理性をもった人間が、対象＝客体と距離を置いてそれらを観察し分析する、という構図です。そのとき、「自然」は観察される対象＝〈客体〉の側に回され、人間＝〈主体〉、自然＝〈客体〉というふうに、二つは分けられます。そのとき人間と自然は次元の違うものということになり、人間が自然の一部だという考えは消えてしまいます。そして理性をもつゆえにエライわけですから、〈人間〉が〈自然〉の上に立ち、劣った〈自然〉を自分の支配下に置こうとします。そこから〈自然〉

破壊が生じます。ですから現代のわけのわからない天候の変化も、もとをたどれば**主客二元論**（**物心二元論**ともいいます）が原因だといってもいいわけです。なので現代では**二元論**的な考えかたが批判され、〈人間〉と〈自然〉との調和が提唱されるということになるのです。

ひとこと要約

現代人は自ら作った世界を破壊している。

200字要約

満点30点

ヒトは「自然」の一員であるが、自然とは異なる恒常性をもつ物の総体である「世界」を作った。そして今「世界」は破壊されようとしている。それは「自然」によるだけでなく、人間自体によっても行われている。世界を維持するために人間が作った物が消費されたあと、自然に戻るという循環が成立せず、反自然的なゴミと化し世界に対しても反世界的な物になっているからである。この超ゴミ問題こそ核心であり原発問題の根源である。（199字）

＊b…「自然とは異なる」…3点＋「物の総体」…3点。単に「世界を作った」は不可。

＊b…「恒常性」は「持続性」でもよい。

＊f…ゴミが残り続けるという内容があればよい。

＊g・h…「ゴミは半自然的で半世界的なもの」は説明不十分。「半自然的で」でg1点、「半世界的なもの」でh1点。

＊i…「原発問題」に触れていないものは1点減。

a・c〜i…3点／b…6点

設問ナビ

問一 漢字問題（マーク型）

ⓐ 慈しむ（＝愛する。かわいがる。大切にする） イ抱負（＝心の中に抱いている計画や決意） **ロ慈雨**（＝ものを育てるめぐみの雨） ハ慰労 ニ懐疑 ホ尊厳

ⓑ 逐語的（＝原文の一語一語に即して、忠実に解釈・翻訳するさま） イ竹馬の友（＝幼なじみ） ロ蘊蓄（うんちく）（＝深く積み貯えた知識） ハ構築 **ニ放逐**（＝追い払うこと） ホ人畜無害

ⓒ 景勝地（＝景色のすばらしい土地） イ賞味 ロ奨学 ハ巨匠 ニ称号 **ホ殊勝**（＝けなげなこと。感心な

こと）ⓓ堅牢（＝かたくてじょうぶなこと）　イ険悪　ロ権謀術数（＝目的のためには手段を選ばないこと）　ハ双肩（＝左右両方の肩。責任・任務を負うもののたとえ）ニ圏内　ホ堅持

解答 ムズ ⓐロ　ⓑニ　ⓒホ　ⓓホ

問二　漢字問題（読み）

ⓨ「疎(うと)んじられ」は〈遠ざけられ〉という意味です。

解答 ⓧニ　ⓨホ

問三　空欄補充問題

空欄甲は直後の「替えられ」につながるように、〈付けかえる・取りかえる〉という意味の「すげ替えられ」という言葉を作ります。

空欄乙もやはり直後の「から」が決め手。「作られる」と〈すぐに〉ゴミになる、という内容になれば、あとの「空しい」という語にもつながります。なので〈すぐに〉という意味をもつ「そば」を入れます。〈覚えたそばから忘れる〉とかいうふうに使います。でもこの設問、「同じ符号を二回用いてもよい」って設問文に書いてありますよ。なのに使わない。なんで？　受験生は迷うよね。

解答 甲ロ　ムズ 乙ニ

問四　傍線部の内容説明問題

傍線部の「分節」は〈区分け〉です。すると傍線部は〈人間のあり方ゆえに、「自然」と「世界」が区分けされる〉という意味になります。これを、傍線部に続く内容と関連させて考えてみましょう。

「人間」は「自然」の「一員」です。一方「世界」は「人間によって生み出され」（L20）ました。それも「自然に逆らって」（L13）です。それが「人間のあり方」なのです。つまり傍線部をもう少し詳しく説明すると、〈人間は自然の一員でありながら、自然に逆らって「世界」を作る存在だから、「自然」と「世界」は、ひとりでに違うものとして区分けされる〉という意味だといえます。

この内容に最も近いのはホです。 ホの「生命原理に基づいている」という部分は、「生命という原理」（L3）という表現を使って、「人間」が「自然」に属することを説明しています。また『自然』に対抗する時に作り

上げる産物」という部分は、「自然に逆らって、人間ならではのものを生み出し」(L13)という表現に基づいて、〈人間のあり方〉と「世界」を説明しているのです。「分節」の〈区分け〉のニュアンスは「〜一方、〜」という**対比**的な表現で表しています。

イは、「自らのあり方を自ら決めることができる」という説明が問題文にないし、**イ**の説明だと、「人間」と「自然」・「世界」が「分節」する、ということになり、傍線部の内容と×です。**ロ**も「人間」VS「自然」・「世界」になっていて×です。**ハ**の「自然を整備することで」できた「田畑」などは「環境」(L39)であって、傍線部でいっている生き物などの住む「自然」のこととズレています。**ニ**は「同一の対象」が「自然」にも「世界」にもなるという説明が問題文にないし、これでは、二つのものが〈区分け〉されるという「分節」と×。

「どういうことか」と問う傍線部の内容説明では、**傍線部の表現のニュアンスを出している選択肢を選ぶという基準を守ってくださいね。**

解答 ホ

問五 傍線部の内容説明問題

傍線部は短くいうと、〈世界性が人間の条件だ〉となります。つまり「人間の条件」となる「世界」の性質を説明しているのです。その「世界」の性質が「どっしりと存在し長期間持ちこたえる」ということです。これは傍線部直前の「恒常性と持続性」のことです。こうした持続する「世界」を人間は作り出し、その中に「住み続ける」(L23)から、**持続する「世界」こそが人間が安心して生きていく条件(=必要なことがら)**だ、というのが傍線部のいおうとしていることです。

なので**正解はロ**。「耐久性」という語は「持続性」とほぼイコール。「人工物」(L16)は「世界」を成り立たせる「物」(L20)ですが、その「総体」(L20)が「世界」ですから、「世界」そのものといっていい。また「依拠」は〈よりどころ〉。人間は「世界」を〈よりどころ〉にしてます。

イ チョイマヨ は、「人間」が「長く生きる」と説明してます。でも傍線部は「長期間持ちこたえる」「世界」の性質です。だから傍線部とうまく対応してません。ハも、「持続性」が「人間の特徴」だといっているので、やは

り傍線部と合致しない。ニはまったく「世界」に触れていない。ホは「物体」の「耐久性」が「人間」にも備わる、というわけのわからない話になってます。**解答** **ロ**

問六 **空欄補充問題**

空欄③のあとの文は、③を含む文と**接続語ナシにつながっていますから、イイカエ・説明の関係になることが多い**、ということを頭に入れておいてください。③とイコールになる「記憶と忘却」＝「学習してもすぐ忘れてしまうこと」は、*L*24〜のつながりから、まずは「人間」のすることです。「改めて学び直した」のは忘れていたからです。そしてここで③のあとの「出自たる自然」という語句に着目してください。「出自」は〈出どころ、生まれ〉という意味です。つまり〈出どころが自然だ〉といっているのですが、なんの〈出どころ〉でしょう？　もちろん人間は「自然」の「一員」(*L*12) だから、「自然」は人間の〈出どころ〉だといえます。すると「自然」が人間の親だとして、なぜ人間は「自然」に勝てないのでしょう？「自然」は確かに強い。でもそれだけ？　それに③を含む文と直後の文は**イイカエ**の関係になります。人間の忘却などと「自然」にはつながりがあるはず。そうしたことを考えていきましょう。

人間は記憶し、忘れ、また記憶する。つまり「記憶と忘却」を繰り返す。そして「自然」もまた「同じことを永遠に繰り返す」(*L*11)。すると人間は親である自然から〈繰り返す〉という性質を遺伝のように受けついでいる。遺伝には勝てない。そして両者には〈繰り返す〉という共通点があるからつながるのです。ではこのことをふまえると、③を含む文とあとの文が**イイカエ**関係になるためには③にどんな内容が入ればよいでしょうか？

③に〈自然も繰り返す〉という内容が入り、

・人間は記憶と忘却を繰り返す＝③＝「自然」も繰り返す

＝

・〈繰り返し〉という人間の性質の出どころは「自然だ」（だから人間は勝てない）

となればいいですね。つまり③に「自然」も繰り返すという内容が入ればよいのです。

そこで選択肢を見ると、「自然」に関することを説明しているのは**ニ・ホ**だけです。あとは入る根拠がない。そして**ニ**の「反復現象」が「自然」と人間の共通点＝〈繰り返し〉であり、この点で、両者がつながり、③の文と直後の文もつながる。**だから正解はニ。** **ホ**の「暴力的自然破壊」は、「人間」のすることです。だから**ホ**は「人間」のことです。それに「人間」が「自然」を「破壊」するなら、「人間」の勝ちになり、空欄のあとの内容につながりません。「記憶と忘却」が「暴力」だというのも意味不明。

何だか消去法で正解しちゃった、という人も多いと思いますが、それでもOKです。

ムズ　解答　**ニ**

問七　傍線部の理由説明問題

理由は主語の性質の中にある。この傍線部には主語がありませんが、「言うべき」なのは〈人間〉だと考えられます。だから、人間がすることを見ていきます。

傍線部④の直前にある「それゆえ」という因果関係を表す接続語に着目。すると傍線部の前に**理由**が書いてあるはず、とわかります。**〈a 「人間がその内を動くのにふさわしいように」、「環境」を「整備」した〉**のです。それが「人間の身の回りの世界」（L37）＝「環境世界」（L37）です。人間が作ったのだから、「環境世界を守」ればいいのです。でもなぜ当然のことを筆者は傍線部でいっているのでしょう。傍線部がわざわざ「、」を打って「自然」と「世界」を**対比**して説明していることに着目してください。同じように「自然」と「世界」を**対比**して説明しているのは**L30**〜なので、そこを見てみましょう。**L34**に「『世界を守ろう』という勧めなら」人間らしいという、**傍線部と同じような内容があるので、それを傍線部とつなぎ**前後を見てみると、「自然は世界を圧倒する」（L32）と書かれています。「人間」に「勝ち目」（L29）がないくらい、「自然」は「人間」よりすごいのです。つまり**〈b 人間は自然を思うようにすることはできない〉**。これに対し、「世界は人間がいなければ意味をなさない」し、「世界は人間によって守られなければ滅びる」（L33）と書かれています。

すると人間が作った「世界」は、**〈c 人間が自然の力から守ってやらなければ滅びるから〉**→『『環境世界』を守ろう』（＝傍線部）ということになります。

こうしたa～cが、主語である人間が、守る必要もないし、守れない「『自然環境を守ろう』ではなく、『環境世界を守ろう』と言うべき」**理由**です。

こうした内容と最も合致するのはホです。「人間」が「自然」を「統御（＝コントロール）」できないことは**b**と対応します。また「人間が作り出したもの」とは**a**の「環境世界」のこと。その「世界」を圧倒的な「自然」から「守ることしかできない」という末尾の表現は**c**と合致するとともに、「勝ち目」（L29）のない「人間」が「自然」に対してできることはこの程度だ、という傍線部のニュアンスも示しています。**少し正解が見えにくいので、そう思った人はすぐ消去法に切り換えましょう。**

イは「まずは環境」から、といってますが、結局「自然環境保護を目指す」ということなので、今まで述べてきたことや筆者の立場と×です。「自然」は守られる必要はない。**ロ** チョイマヨ の「田畑」は、「環境」（L39）です。それが「自然」だといわれています。傍線部で筆者が問題にしているのは、「自然」と「（環境）世界」の**対比**ですから、**対比が混乱**しています。ハは「環境世界と自然環境とは分離できない」という部分が×。傍線部自体が二つを区分けしています。ニの「自然はすべて人間によって規整（＝規律を立てて物事を正しくととのえること）されている」という部分が、「人間」は「自然」に対して「なすすべ」も「勝ち目」もない、ことと×。

解答 ホ

問八 傍線部の内容説明問題

傍線部の「拡大再生産」というのは、〈物事がどんどん生み出され、それが繰り返されてどんどん量的に多くなっていくこと〉です。だから傍線部は〈破壊と製造の過程がどんどん生み出され、それが繰り返されてどんどん多くなっていくこと〉です。もちろんこの「破壊」は人間による「世界破壊」であり、その「破壊」は、物をどんどん作り（＝「製造」）、どんどん捨てていく、そしてまたどんどん作る→たくさんのゴミが生まれる、という空欄甲・乙の部分のことです。

すると**正解はハ**。「利益」の話は甲・乙のあとで「利潤」（L57）について述べられていることと合致しています。「製造」は〈どんどん作る〉ということです。

イは「世界も自然の循環過程には勝てず破壊され」と

いう部分が×。「世界」で作られるアルミ缶とかは、「抜群の反自然的持久性」(L68)をもつので「自然の循環過程に勝て」ないとはいえない。また「世界」を「破壊」するのは、傍線部の文脈では「自然」ではなく、「人間」です。さらに「それ(=自然)に対抗して」ということは傍線部の「拡大再生産」と無関係です。

ロは「創作意欲を高める」という部分がナシ。それに「創作」なんていうと、アートでも作ってるみたいですが、作るのは「使い捨て」の「衣服や食器」(L54)です。**ニ**は「無駄なものが減少」するというのが、「作られるそば(乙)からゴミになってゆく」と×。**ホ**は「『自然環境』が生産される」というのが問題文にナシ。

解答 ハ

問九 傍線部の内容説明問題

傍線部は少しむずかしい文脈にあります。まず傍線部直前の「これ」は何を指しているでしょう?

POINT **指示語の内容を決めるのは、指示語のあとの文脈と心得よ。**

だからこの場合は、傍線部が決めるのです。傍線部は、「自然」が「世界」を「侵食」していく、という内容です。すると「これ」の指しているのは、傍線部の直前の「利潤」とか「雇用」の話ではないですね。「侵食」というのは〈おかしていくこと、損なうこと〉です。すると「自然」が「世界」を「侵食」していくというイメージがあるのは、「世界の恒常性は自然の新陳代謝に取って代わられる」(L54)という部分です。ここは、世界を築いている「物」はずっと長もちするはずだったのに、〈生まれる↓滅びる↓生まれる〉という「自然」のサイクル(=「新陳代謝」)が、「物」でできた「世界」に入り込んだ、ということですから、「侵食」というイメージです。

すると傍線部の「世界の只中(ただなか)に自然が懐深く入り込み」というのは、ずっと長もちするはずだった「物」でできた「世界」に、〈生まれる↓滅びる↓生まれる〉という「自然」のサイクルが入り込んで、〈(物を)作る↓捨てる↓作る〉という「自然」のサイクルに似た循環ができあがり、使い捨ての消費社会が出現しているのです。

そしてたくさんの「ゴミ」が出て、「世界」は「破

壊」される、というのが筆者の説明でしたし、このことが傍線部の「世界を侵食している」ということでもあります。すると傍線部は**〈もともと長もちするはずの「物」でできた「世界」に、自然のサイクルに似た使い捨ての循環構造が入り込み、世界自体が損なわれる〉**ということをいっているのだとわかります（でも、そうした自然の循環のプロセスをも乗り越えてアルミ缶とかは半永久的に残ってしまうのですが）。

この設問も指示語をたどり、傍線部の「侵食」のイメージのある部分をつなぐことで正解にたどり着けます。**今説明した内容に一番近いのはロ**。「耐久性」と「恒常性」はこの文章ではほとんどイコールです。「自然の循環過程に似た使い捨てサイクルに乗る」という説明が、傍線部の「世界の只中に自然が懐深く入り込み」と対応しています。**イ**【チョイマヨ】は、「ちり」とかの「自然現象」が「世界」を「破壊」すると説明している点がダメ。傍線部の「自然」は〈生まれる→滅びる→生まれる〉という「自然」のサイクルのことであり、「ちり」とかの「自然現象」ではない。また、「ちり」とかの『生ける自然』」とは「付き合うすべが開発され」（L63）ているので、「ちり」などでは「世界」は「破壊」されません。ハは「人工物」が「自然現象に立ち向かうために創られた」から「自然界と運命を分かち合う」という因果関係がおかしい。ワースト3ランク。それに「運命を分かち合う」という表現は「侵食」の意味やニュアンスと食い違います。ニは「美徳という自然なものによって飾られ」るという部分が問題文にナシ。ホ【チョイマヨ】のように「世界の破壊も結局は自然の内部で起こる」というと、「自然」のほうが「世界」を包んでいることになりますが、傍線部は「世界」の「中」に「自然」が「入り込」むといっているので、傍線部と一致しません。**傍線部の内容説明問題では傍線部と内容も表現も一致している選択肢を選ぶ**、ということを忘れずに。

関西学院は文章が長く、設問数も多いので体力も必要です。

ムズ

解答 ロ

6 評論

『日本文化と個人主義』

早稲田大学 商学部（改）

別冊（問題） p.54

解答

設問	解答	配点
問一	a 不朽　b 高踏　c 通暁	2点×3
問二	1 ト　3 ニ　5 ハ	3点×3
問三	ハ　ニ（順不同）	5点×2
問四	（新しい）知的な中間階層	5点
問五	負	3点
問六	ハ　ニ（順不同）	5点×2
問七	学芸の解放の象徴	7点

ムズ 問一b、問三ハ、問五、問七

大ムズ 問一c

/50点

問題文ナビ

語句ごくごっくん

L2 **漸層的**…この場合は、境界があいまいなさま

L3 **主観的**…自分だけの考えかたや見かたにかたよっているさま。＊主観…自己が対象を認識するときの個人的な意識

L4 **近代化**…民族を国民としてまとめる国民国家と科学技術をもとにした工業化を主とする変化。≒ここでは西欧化

L6 **草の根**…社会の基礎をなす民衆

L15 **反体制**…今の支配体制や政治を否定し変えようとすること。また、そういう立場

L15 **インテリゲンチャ**…知的な仕事についている人。知識人。インテリ

L17 **同定**…同一であると決めること ≒規定

L17 **恰好**（かっこう）（格好）**の**…手頃な

L19 **自恃**（じじ）…プライド

L22 **愚昧**（ぐまい）…愚かなこと

L22 堂宇…堂の建物
L23 進取的…新しいものを取り入れるさま
L25 伍する…同じ位置に立つ（並ぶ）こと
L26 社会主義…資本主義のあとに現れて、貧富の格差をなくそうとする共産主義の第一段階
L33 校注…古い本の本文をほかに伝わる本と比べ、正すこと
L35 啓蒙…p.26 語句「啓蒙」参照
L36 客観的…ものの見かたや考えかたが個人的でなく、多くの人にとってそうだと考えられるさま
L44 軽侮…かろんじてあなどること≒軽蔑
L46 規範…きまり。手本
L46 孤高…ひとりかけはなれて高い境地にいること
L47 観念的…頭の中だけで考えていて、現実離れしていること。＊観念…p.37 語句「観念」参照
L48 与する…関わること。加わること
L53 先覚…学問上の先輩
L55 慇懃…丁寧なさま
L57 百科全書的な…この場合は、多くの知識をもつ、博学な、という意味

読解のポイント

Ⅰ　明治・大正前半

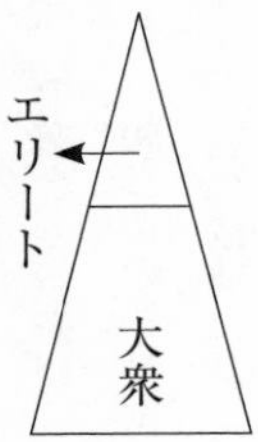

エリート
大衆

大正後半…大正デモクラシーなどによる知識社会の膨張

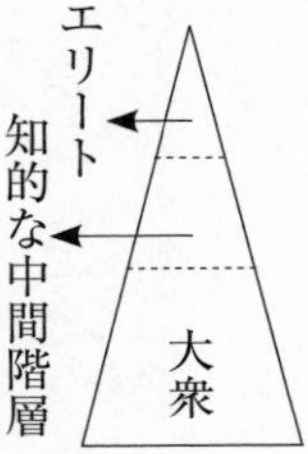

エリート
知的な中間階層
大衆

Ⅱ　知的な中間階層＝新興インテリ、と特権階級＝エリート、の対立

Ⅲ　昭和の学界人と明治のエリートとの共通点と相違点

問題文は時代の流れに即して**対比**が三つあります。その三つの**対比**に即して、問題文を見ていきましょう。

Ⅰ　明治・大正前半と大正後半の知的社会の相違（冒頭〜L12）

まずは明治から大正前半の知的社会の構造、と大正後期の知的社会の構造の**対比**です。これについては「読解のポイント」の図で示したように、大正前期までは、単純に、知を身につけた少数の「エリート」＝「学界」と、知とは縁遠い大多数の「大衆」＝「草の根層」、という単純な「二極対立」の構造でした。

でも大正後期になると、〈大正デモクラシー（＝民主主義）〉という言葉があるように、知もまた平等に与えられるべきだという考えが広まったのでしょう。「私も知を身につけたぞっ」という人たちが多くなっていきます。「エリート」のことを「選良」ともいいますが、それは文字通り〈選ばれた良き人〉という意味です。「選ばれた少数者」（L9）だからこそ、「エリート」は「大衆」を上から目線で見ることもできたのです。なのにその「エリート」がたくさんいるようになっては、自分の価値が下がります。そこでもとから「エリート」だった人は、新しく「エリート」だといい始めた人たちと自分を分けようとします。そこに「純粋なエリート」と新しく成り上がったエリートに「準ずる人間」＝「知的な中間階層」（L12）という区分けが生まれます。これに「大衆」を合わせ、「三層構造」の知的序列（＝上下関係、ヒエラルキー）が生まれます。

Ⅱ　新興インテリと特権階級の対立（L13〜L37）

知を身につけて新しく「エリート」になって、自分が「エリート」だっていっているのに、「お前は準エリート」だっていわれたら、ムッとしますね。格差のある社会で、不満をもつのは「下積みに置かれた側」（L13）の人、負け組とかいわれたりする人たちです。

だから大正後期にムッときたのは、「準エリート」だといわれた人たちです。そしてこの人たち＝「知的な中間階層」、はジャーナリズムと一体となり、自分たちを「インテリ」と呼び始めます。そして昭和初期の社会では「学界に生きる専門研究者」（L18）＝旧来の「エリート」と、「ジャーナリズム」と一体となった「インテリ」、との間に「分裂＝二つ目の**対比**」が生じます。

こうした新興の「インテリ」の、〈ホントはエリート

を超えるような知を身につけてるのに、エリートから見下されてる〉という「複雑な自恃の感情と学界人への反抗心」（L19）を示したのが岩波文庫「発刊の辞」です。

この文章は、「不朽の書」＝知識を「少数者」＝「特権階級」＝「エリート」から奪い取り、「民衆に伍せしめる」＝民衆とともに分かち合おう、という、いわば「エリート」に対する挑戦状でした。

ここでいわれている「特権階級」とは、「岩波文庫を必要としない人間」（L31）です。「岩波文庫」は、簡単にいえば世界の偉大な書物の宝庫です。「特権階級」＝「学界人」＝「エリート」は古文や漢文が解説なしで読め、外国語ができるので、原書が読めます。つまり「特権階級」は原書の翻訳などをして「岩波文庫を作る」人＝「翻訳や解説を自分の知識からあたえる人間」（L33）、なのです。

発刊の辞の筆者には、「岩波文庫を必要とする人間」＝「インテリ」や一部の大衆、と岩波文庫を必要としない人、という「階級対立」（L31）が見えていたのです。

しかし、よく考えると、岩波文庫「発刊の辞」を書いた筆者は、「岩波文庫を作って」大衆を「啓蒙する側」の人です。〈私がみんなに知を与えるから、読んでくれ〉といっているのですから、「発刊の辞」の筆者は相当高い知のレベルの持ち主、つまり「特権階級」だということになります。でもどの階級に属するかは、L36にもあるように、自分の主観です。「発刊の辞」を書いた筆者は「知を特権階級から取り戻せっ！」っていってるのですから、主観的には、自分は「インテリ」や大衆の側だと思っています。このように「学界人」と「インテリ」との差は、「客観的な能力や知識の量の違いではなく」、「知識人とは何かという自己認識の違い」（L36）なのです。つまり知識人自身が、知識人とは学界において知識を操る人だと思えば「学界人」になってしまうし、知識人は民衆の立場に立って知識を解放すべきだと思い、活動すれば「インテリ」となるということです。

Ⅲ 昭和の学界人と明治のエリートとの共通点と相違点（L38～ラスト）

「発刊の辞」を書いた筆者のなかにあった「学界人」に対する「反抗心」は間違ったものではありませんでした。たしかに昭和の初めに、「『少数者の書斎と研究室』

を守るエリート」（L38）がいたからです。その中の「学界人の大部分」や文学者などは、明治の初めに西洋の書物から多くのものを学んだ「明治一代目の知識人の伝統」（傍線部４）に踏みとどまろうという傾向がありました。つまり昭和の学界人らと「明治一代目の知識人」にはつぎのような〈共通点〉があるのです。

・西洋の近代文化への接近
・東西の古典的教養の持ち主
・外国留学の経験

でも昭和の学界人は「明治一代目の知識人」とつぎのような**〈相違点〉**もありました。三つ目の**対比**です。

・ジャーナリズムへの対応の違い
・政治への関心の有無
・専門性を重視するか総合的知識を目指すか

明治のエリートはジャーナリズムにも政治にも関わった。でも大正後期の「特権階級」の流れを受けついでいる昭和の学界人は、「インテリ」とつながっている「ジャーナリズム」には関わらない。政治も俗っぽいものであり、学問の世界に「孤高」に生きる自分には関係ない。「政治」を現実的に否定しているわけですから、「観念的な反体制主義」（L47）＝頭の中だけで社会のありかたに反発するという立場、に加わっていたといえます。そして昭和の学界人はどんどん狭い専門の世界に入っていきます。「大学という制度のなかの学者たち」（L55）＝「学界人」、は他人が自分の専門に口を出すことを冷たく拒み、「素人（しろうと）」を「軽蔑」しました。それが「百科全書的な先輩」＝「明治一代目の知識人」、やインテリと異なる独自の「立場」を示すことになると思ったのです。

テーマ　学際的

問題文に書かれているように、学問や科学技術は発達すればするほど細分化され、専門化してきています。それは狭く深い世界であり、素人にはわからない世界です。

でも大衆の権利意識と知的度合いが高まるにつれて、大衆は自分たちにもわかる世界を示すことを専門家に要求するようになります。すると専門化に歯止めがかかり、複数の学問分野がクロスオーバーしたり、コラボしたりするようになります（それに専門を深めると、専門分野を超える領域につながらざるをえなくなる場合があります）。こうした異なる学問分野が一つのテーマに関わっていくことを**学際的**といいます。「総合」という名前のついた学部などがふえてきているのは、そうした世の中の風潮の結果といえるでしょう。

ひとこと要約

日本の学界人はインテリや明治期のエリートと違い、閉鎖的である。

200字要約

満点30点

大正前半までの日本の知的社会はエリートと大衆という二層構造だったが、大正後期にはエリート、インテリ、大衆、という三層構造になった。そして昭和初期には学界人とインテリとの間で分裂が深まっていったが、新興インテリは特権階級からの学芸の解放を要求した。一方当時のエリートには明治の知識人の伝統に留まろうとする傾向が見られたが、ジャーナリズムや政治への対応、専門性への態度が明治のエリートとは相違していた。（199字）

＊a…「二層構造」は同内容の表現であればよい。
＊b…「三層構造」は同内容の表現であればよい。
＊d…「新興」に該当する語句がないものは2点減。
＊f…「ジャーナリズム」＝2点、「政治」＝1点、「専門性」＝2点。
a～fすべて…5点

設問ナビ

問一　漢字書き取り問題

a「不朽」は〈不滅〉、**b**「高踏」は〈俗世間を離れていること〉、**c**「通暁」は〈深く知りつくしていること〉。

解答　**a 不朽　b** ムズ **高踏　c** 大ムズ **通暁**

問二　傍線部の内容説明問題

まず「皮肉」とは、①**からかい**、②**本心と表現が違うこと**、③**予想したことと結果が食い違うこと**、です。選択肢が抽象的なので、むずかしいですが、今確認した「皮肉」の意味をふまえ、一つずつ見ていきましょう。

まず**1**から考えます。「知的な階層性の急速な曖昧化（**a** L7）」は、エリートとその他の人との差を「曖昧」にすると考えるのがふつうでしょう。でも結果は「知識人のあいだにかえって主観的な階層性の意識を増大した」（**b** L8）。それは予想と結果が食い違うという③の意味に該当しますね。そして**ト**の「状況」は**a**が社会の「状況」を説明しているので、**a**と合致します。また「内面の動き」は**b**の「主観的」な「意識」と合致しま

す。「うらはらな」という表現は「皮肉」のニュアンスを示しています。なので**正解はト**。

1の解答を**ヘ**チョイマヨにした人がいるかもしれません。でも**a**の内容が「前近代」的なことだとは断定できないし、「同居」という表現が、相反することが起こっているという「皮肉」な状況とズレます。**ニ**はあとまで見ると、**3**のほうが妥当だし、**ロ**は知識人の増加を「進歩」と考えたとしても、階層意識が強化されたことは「退行（＝前の状態に戻ること）」とはいえません。かつての「階層」は「漸層的なもの」（L2）でしたし、「階層意識」が強かったという内容は問題文には書かれていません。何らかの目標を立てて、**a**が行われたのではないので、**ハ**も×。

3は今述べたように、**ニが正解**。「見かけ」が傍線部のあとの「表向き」と、「実質」が「じつは」という表現と対応し、傍線部直後の内容と一致しています。「矛盾する」という表現も「皮肉」のニュアンスを示していて、「皮肉」の②の意味に近い。「表向き」は変革を目指しているので、**イ**「保守を装った」というのは逆です。**ト**の「状況」も対応するものがありません。

5は昭和の学界人が明治一代目の知識人の延長上にあることを目指したのに、違った性格をもってしまったことを述べた部分です。昭和の学界人にとって明治一代目が「目標」だったとすると、それと異なった結果＝「到達」、を招いてしまった、ともいえます。そしてそれは「皮肉」の③の意味とも一致します。すると**ハが正解**。昭和の学界人は「退行」したのではないから、**ロ**じゃないし、彼らは結局「明治一代目」とつながることができなかったから、**ホ**「連帯」もおかしいです。

難関大では読解にはもちろん、設問の面でも、このように違う言葉をつなぐ、つまりイイカエられる語い力が重視されるのでしっかり語い力を身につけましょう。

解答 **1ト　3ニ　5ハ**

問三　内容合致問題

選択肢が短いからこの内容合致は楽勝かな、と思うとそうではない。選択肢が短いということはそれだけ内容が抽象化されていて、中身が凝縮されているということにもなるので注意が必要です。

まず**イ**チョイマヨ…「ジャーナリズムの発達」は岩波文庫

が発刊されることなどを考えればよいでしょう。そして後半部は、「学界に生きる専門研究者」と「ジャーナリズムに拠るインテリのあいだで」、「分裂を深めて行った」（L18）ことと一致します。「ジャーナリズムに拠る（＝拠点とする）インテリ」という表現から、「ジャーナリズム」と「インテリ」は一体です。そしてL13に、「新たな階層化の出現を意識したのは……知的な中間階層であり、それ（＝階層化を意識した中間階層）とともに急成長を見せた新聞、出版ジャーナリズムであった」と書かれています。だから「ジャーナリズムの発達は、……階層的分化を促進した」という因果関係も問題ありません。

ロ…「排他的態度」とはL55のような「他人（＝エリート自身）の専門に口を出すことを慇懃に拒絶」する態度と一致します。また彼らは「素人」を「軽蔑」（L56）します。つまり〈私はおまえたち素人と違うんだ〉という「優越」感を誇示するような立場にいたと考えられます。そしてそうした態度やありかたは「（優越的な）自己の立場を鮮明にする道でもあった」（問題文ラスト）のですから、「優越性を確保する手段」だったといってもよいはず。よって後半部も問題文と一致します。

ハ…「インテリ」という呼び名はロシアではたしかに「反体制的な知識人」（L15）を指しました。でも「日本の『インテリ』」が政治的にどういう態度を取っていたのか、は問題文からはわかりません。また「発生」の問題としても、「インテリ」は、「選ばれた少数者」＝体制の側に立っていたはずの「エリート」、から自然に分けられて「発生」したのです。だから「発生から見」て、「反体制的な態度を本質とする」とは断定できません。「発生」を問題にしているので、「インテリ」が「特権階級」に反抗していることとは区別してください。問題文後半で「インテリ」と「エリート」は意識の差だけだと述べられ、少数の「エリート」が「反体制」（L48）だと書かれているので、「インテリ」も「反体制」といえるのでは、と考えた人もいるかもしれません。でも「エリート」と「インテリ」は区別されたのです。それにハは「発生」について説明しているので、問題文後半の説明とは区別するべきです。

なのでこれは問題文に書かれていないことを述べています。**ハが一つ目の解答です。**

ニ…昭和の学界人はたしかに「完全な専門家」（L53）でした。でも彼らは「『素人』を露骨に軽蔑」したんですから、彼らに人々を「啓蒙」する意志があるとは考えられません。また「啓蒙」を「求められた」とも問題文には書かれていません。

たしかにL35に「啓蒙する側」という表現がありますが、これは、エリートでありながら民衆の側に身を置き、「岩波文庫」を作って自ら大衆を「啓蒙」しようとした人のことです。この人は自分では「インテリ」と思っている人であり、「専門家」と呼ばれる人ではありません。しかも「啓蒙」を「求められ」て行ったわけでもありません。なのでこの選択肢も問題文に書かれていることと食い違っています。**ニが二つ目の解答です。**

ホ…「昭和の学界人」が「専門家」となって明治の知識人のような「総合的知識」（L53）をもてなかったこと、また「政治」に触れるという現実的行動を取れなかったことを、「広い知識や行動力」と「無縁」だった、と述べていると考えられるので正しいといえます。

へ…「自己認識」という語句のあるL36を見ると、知識人が「学界人（＝エリート）」であるか「インテリ」かは、自分がどういう「知識人」であるか、あるいはあるべきかという、自分に対する「認識」の問題だということがわかります。岩波文庫発刊の辞を書いた人のように、**〈自分は民衆の立場に立ち、特権階級の知識の独占を阻止しよう、それが「知識人」なのだ〉と「認識」**したら、知識の量や能力の面では「学界人」や「エリート」と同じでも、彼は「**インテリ**」になるのです。へはこの内容と一致してます。

みんなの中にはイが間違っていると思った人もいるかもしれません。でもそれは因果関係の問題ですから、p.25でいったようにワースト3にランクされます。それに対してハ・ニはワースト1・2ランクです。**ランキングしてみて、上から、あるいは今回のように下から二つを解答にする。**こうしたランキングの意識を忘れないで解きましょう。

解答 ムズ ハ・ニ

問四 空欄補充問題&抜き出し問題

空欄に入るのは、「新たな階層化の出現を意識した」側を表す語句であり、それは空欄部を含む一文前に「下積みに置かれた側によってまず鋭く意識される」と書か

れているので、「下積みに置かれた側」と同じ側です。この「下積みに置かれた側」と空欄部は、**抽象（まとめ）と具体（例）の関係といってもよいし、接続語なしにつながる文同士はイイカエ関係であることが多い**ということからもイコール関係になると考えられます。

また「下積みに置かれた」といっても本当に下層の大衆ではなく、空欄部のあとにあるように「新聞、出版ジャーナリズム」と関わる側ですから、「ジャーナリズムに拠るインテリ」（L18）のことです。でもこれでは「十字以内」にならないし、「インテリ」だけでは4字で短すぎます（4字の解答を求めているのなら、5字以内とするはずです）。

梅POINT　抜き出し問題の下限の字数は、「○○以内」マイナス4字と心得よ。

そもそも「インテリ」という語自体が空欄のあとから説明されはじめる語なので、一度いったことだ、とか一般常識で誰もがわかるだろう、という意味を含む「いうまでもなく」という語とのつながりがよくないです。ここで「インテリ」という語を出して、そのあとで説明するという文脈もアリですが、それならば、「いうまでもなく」という表現をあえてつけたことの説明がつかなくなります。「新興のインテリ」（L19）も同様の理由で×。

抜き出し問題であると同時に空欄補充問題でもあるので、空欄の直前直後との関係を最もスムーズなものにする語句を解答にすべきです。

すると、「インテリ」は「エリート」の下に位置づけられたわけですから、「**知的な中間階層**」（L12　7字）が「下積みに置かれた側」です。それに「これ（＝インテリ）は新しい知的な中間階層がみずからを同定」する「用語となった」（L17～）と書かれているので、「インテリ」と同じ意味です。なのでこれが正解です。同様の表現「新しい知的な中間階層」（L17　10字）があります。空欄直前の「いうまでもなく」という表現は、先にも書いたように一度登場した表現をもう一度用いる場合に使ったほうがふさわしいので、空欄部よりも前に登場する「知的な中間階層」のほうが妥当ですが、内容が同じで字数条件にも合致するので、「新しい」をつけた解答も許容です。ただし抜き出しで複数の解答を認めることは

6

あまりないので、より適切なほうを選ぶという意識はもっておいてください。「膨張したエリート階層」（*L*10）にはトップ層の「エリート」も含まれるので×。

解答 **（新しい）知的な中間階層**（7字）

問五 知識問題

「自恃」はプライドのことですから、**「自負」が最も近い言葉です。**類似語に「矜持(きょうじ)（恃）」がありますが、「自」も変えてしまうことになるので条件違反。「自信」

チョイマヨ は惜しいですが、「自恃（持）」は「自信」よりももっと強い自分への信頼を表すので、「自負」より劣ります。「自持」は、音も形も似すぎていて、「一字」「置きかえ」たといえるか微妙で、○は厳しい。「自尊」を答えにした人もいるでしょうが、「自尊」は〈自分を大切にする〉という意味で「自恃」と意味がズレます。それに、「自尊心」、「独立自尊」というような形で使うのが一般的で、「自尊」だけ、というのは日本語として違和感があります。「自惚(うぬぼれ)」ではマイナスイメージになります。

ムズ **解答** **負**

問六 傍線部の内容説明問題

傍線部4直前の「学界人の大部分」＋「高踏的な文学者や芸術家」と、傍線部のあとの「彼ら」は同一人物です。「彼ら」は「明治一代目の知識人の伝統に踏みとどまろう」としました。それは、「明治一代目の知識人」と同じようなありかたを受けつごうという意識をもっていたということ、を意味します。

その「彼ら」の「拠(よ)りどころ（＝基盤、支え）」は、

***L*41**以降に書かれている

・「西洋の近代文化」への接近

・「東西の古典的教養」

・「外国留学」

です。文脈から考えると、これらが「明治一代目の知識人」と「彼ら」とのつながりだといえます。なので「明治一代目の知識人の伝統」とは***L*41**以降の内容だと考えられます。たしかに夏目漱石は漢文、英語に詳しく、イギリス留学もしました。**ハ「東西の古典的教養」とニ「外国留学の経験」が*L*41以降の部分と一致します。**

イ「孤高の尊重」は、反政治的な態度や「高踏的」な態度のことですが、これは昭和の学界人だけの性格で

「明治一代目の知識人」には当てはまりません。ロ「政治への無関心」、ホ「観念的な反体制主義」も、イと同様昭和の学界人にのみ当てはまることです。ヘも昭和の学界人に該当することで、「ジャーナリズムを重要な地盤とした」漱石らと食い違います。

解答 **ハ・ニ**

問七 **内容説明問題&抜き出し問題**

「岩波文庫」は自分は民衆の側に立つと決めた「インテリ」が、特権階級から「学芸」や「知識と美」を民衆の側に奪い返すことを目的として発刊されました。また「象徴」という語は〈ある抽象的なことがらを具体的なもので置き換えて示すこと、あるいはその具体物自体〉という意味です。そうすると、「岩波文庫」が具体物ですから、空欄部分を「AのB」とすると、この部分は〈抽象的〉な内容であるべきです。これが大事な条件。

ただし、この「AのBの象徴」という表現は、いろんなふうに取れて困ります。

①AとBの間の「の」が「を」の代わりをする場合=「AをBする（例：学問を研究する→学問の研究）」。

②AとBの間の「の」が主格として「が」の代わりをする場合=「AがBする（例：植物が生育する→植物の生育）」。

③AとBの間の「の」が連体格の「の」として働いて、AがBの修飾語であるというふうにも取れる場合=「AのB（例：日本の国力）」。

④AとBの間の「の」が同格として「という」の代わりをする場合=「AというB（恋という感情→恋の感情）」、などです（④のパターンで解答を作ることはできなそうです）。

形から考えると、混乱するので、「岩波文庫」の性格から考えて、自然な日本語になるようにしましょう。

まず「発刊の辞」の内容から考えると、「岩波文庫」は「学芸」を（民衆に）「解放」しようとしたのですから、「岩波文庫」は学芸を解放（啓蒙）することを象徴している→「**学芸**の**解放**の象徴」、というような答えがいいでしょう（7点）。ただし「学芸」の部分を「知識」や「真理」としてしまうと、「美」と関わる「芸」の部分が抜けてしまうので△（4点）。これは「の」が①の場合に当てはまりますね。「学芸」がみんなのものだということを示している、ともいえるので、「**万人**の

学芸の象徴」もアリですね（7点）。

また「岩波文庫」は、「インテリ」が「民衆」の側に身を置いて「特権階級」に反抗することを宣言して始まったものです。だから民衆が反抗することを象徴している→「**民衆**の**反抗**の象徴」もいいでしょう（7点）。これは「の」を②の意味で取った場合になります。またこれは③の場合だとも考えられます。「**民衆の要求**」もOKです（7点）。正確には民衆自体の要求ではなく、民衆になり代わったインテリの「反抗」であり「要求」ですが、許容範囲でしょう。「民衆の学芸」は、民衆自体が初めから「学芸」を所有していたみたいでおかしいです。「学芸の反抗」も×。「学芸」が「反抗」したみたいでヘンです。「学芸」に「反抗」したと解釈しても「学芸」自体に反抗したのではなく、特権階級のありかたに反抗したのだし、日本語としても「学芸への反抗」となるべきです。

「階級の対立の象徴」

は、内容的にはよいと思います。たしかに「岩波文庫」は、「インテリ」と「学界人」との対立の上に成り立っているからです。「の」も②や③の場合といえます。だけど、*L*31にある「階級対立」を二つに分けた解答で、こうした解答は大学側が意図している解答の作りかたとは思われないので残念だけど、×。*L*2から「階層」をピックアップして「**階層**の**対立**の象徴」、という答えはいいでしょう（7点）。

解答が定まりにくい設問ですが、「知識の源泉（*L*30）の象徴」（これも×）や先にも触れた「階級の対立の象徴」など、問題文の語句をそのまま使ったり、四字の熟語を、たんに二つに分解したりして答えるというような解答の仕方はしないようにしましょう。

付け加えておくと、抜き出し問題の解答は、副詞（用言に係る）も解答部分として抜き出したのに、用言が解答に入っていないとか、文法的におかしい形にならないように気をつけてください。

梅 POINT 抜き出し問題の解答は、内容的にも文法的にもまとまっていないといけないと心得よ。

ムズ **解答例** **学芸（の）解放（の象徴）**

7

評論

『人と人との間　精神病理学的日本論』

上智大学

別冊（問題）　p.60

解答

問一	問二	問三	問四	問五	問六	問七	問八
d	d	c	b	b	a	d	a
4点	5点	6点	6点	6点	7点	7点	c
							e
							（順不同）3点×3

ムズ　問四、問五

大ムズ　問八e

合格点 32点

／50点

7

問題文ナビ

語句ごくごっくん

L15 苦肉の策…苦労した末に考え出した案

L25 卑称…自分または相手をいやしめていう言葉

L29 アイデンティティー…いつも同じ、確かな自分。自己同一性。集団帰属感

L30 客観的…p.75 語句「客観的」参照

L48 主体的…p.26 語句「主体的」参照

L59 契機…①きっかけ　②大事な要素

L59 抽象…具体的な個々のものごとから、共通する性質を取り出すこと

L60 具体的…現実のものごとに即していて、わかりやすいさま　＊具体…はっきりした形のあるもの

L63 くびき…自由を奪うもの。この場合は〈枠組み〉という意味

読解のポイント

・西洋語の一人称代名詞は一つしかない

↓

・不変の自己の存在を示している

問題文は*L*29の「さて」で後半のテーマが示され、それ以前の日本語と西洋語との**対比**が終わり、西洋語だけに焦点が絞られていきます。なので問題文を二つに分けて見ていきます。

Ⅰ 日本語と西洋語の人称代名詞の違い（冒頭〜*L*28）

日本語には十個以上の「一人称代名詞」があり、二人称代名詞も同じように数が多い。また一人称にしても二人称にしても、日本語では省略されることが多いです。

これらに対して西洋語の二人称代名詞は、多くて二種類。「心理的距離が減少する」（*L*11）というのは親しくなりつつある、ということです。「心理的距離の減少しない」というのは、常に一定の距離を取ることを義務づけられている上下関係がある場合や、「よその大人」（*L*35）という、別に親しくなりたくないという感情をもつ人に対する場合も考えられます。だからそうした場合に使う「ヴ」などの二人称代名詞が日本語の「敬語的」な語にそのまま当たるというわけではありません。「ドゥー」は相手を低く見る卑語ではありません。「ブーバー」（*L*14）が本の題名に使った「ドゥー」を「汝（なんじ）」と訳すのは、「汝」という語が目下の者に対して使うことが多いので、ミスマッチです。このことは、一般に日本語の二人称代名詞が「相手を低く見た卑称」（*L*25）として使われることにも関係があるといえるでしょう。このように二人称代名詞だけを見ても、日本語と西洋語には大きな違いがあります。

Ⅱ 西洋語の人称代名詞の意味（*L*29〜ラスト）

日本語のことにも触れてきましたが、筆者の関心は「人称代名詞と人格的アイデンティティーの関連」（*L*29）にあり、とくに問題文では、西洋語の一人称代名詞が分析対象になっています。

西洋語では一人称代名詞が一語しかない。このことは

「自分」が「いつ、いかなる事情においても、不変の一者としての自我でありつづける」（傍線部**3**）ことを意味しています。「思想」や「思考」は、言語（「内的言語」として、内面で使われた場合でも）がなければ存在できないのだから、一人称の言語とともにある不変の「自己」が、すべての「思考」に先立つことを意味するのです。

テーマ　コギト・エルゴ・スム（主客二元論）

ここで問題文の内容に関するお話をします。「**コギト・エルゴ・スム**」という言葉を記したデカルトは、「真理」を見いだすために、あらゆるあいまいなものを否定しました。この世のすべてのものはその存在を疑える。自分の前に展開されている現実も夢かもしれないと疑うことができる。彼はそうやって意識的に疑い（「方法的懐疑」といわれます）、疑いえないものを探しました。それが「真理」に向かう土台になると考えたからです。そしてたどり着いたのが〈自己の意識〉です。たしかにこの現実は夢かもしれない、でもこの状態を「夢かもしれない」と思っている「私」のこの存在だけは疑えない、彼はそう考え、「**コギト・エルゴ・スム**」（ラテン語）といったのです。これは「われ思う、故（ゆえ）にわれあり」と訳されていますが、「私の意識がまずある、それゆえ私が存在する」という意味です。この「私」の意識を一般に「**主体**」と呼び、それ以外の疑いうるすべてのものを「**客体**」と呼び、理性をもった主体を土台として、客体を観察・分析することで、デカルトは「真理」にたどり着くことができると考えたのです。このように絶対的な主体と客体に、世界を二つに分ける考えかたを**第5講**でも触れた**主客二元論**といいます。

というわけで、西洋語の一人称代名詞は「主体」＝「われ」が一切疑われずに、何ものにも先だってあるのです。***L*44**以降も同じことをいっています。「われ」が「思う」前に、あるいは「私」っているよねって「反省」したり「客観的」に見られた「スム」という「われあり」より前に、「われ」の意識は疑われることなくある。つまり、「われ」が「思う」ことで結果的に導き出されたはずの「われあり」＝「スム」、より前に「われ」は存在することになっている。これはヘンな話ですが、それほど「自我」の意識の存在が絶対だということです。

ここに筆者が見きわめたかった「人称代名詞」と「主体性（アイデンティティー）」の関連についての一つ目の答えがあります。この「われ」という主体の絶対性が、一人称代名詞

7

の不変性、強さを支えているのです。

そしてもう一つ、二人称代名詞と「アイデンティティー」との関連について語っていくのが、**L51**以降です。西洋語の二人称代名詞が少ないということは、簡単にいえば、他人はみんな同じ、ということです。「相手が自己の当面の相手であることのみが問題になっているのであって、その相手が誰であるかということは、まったく無視されている」（**L55**）ということは、自分の前に自分とは違う人がいる、ということだけが問題なのであって、それが誰かはどうでもいい、ということです。

ここでも大事なのは「私」です。「相手」はどうでもいいのですから。そう思うから同じ人称代名詞で呼べるし、誰に対しても同じことがいえるのでしょう。これは明らかな「自己中心主義」です。だから「西洋の二人称代名詞」は相手の「個別性を奪って」（**L58**）、「自己本位の契機（＝大事な要素）だけを抽象したもの」なのです。相手は「物」になっているといってもいいでしょう。西洋語で二人称代名詞を使うときは、その人を呼んでいるのではなく、その人を「私自身ではない」といっているだけにすぎない、ということになるのです。

筆者が西洋語の人称代名詞と「主体性」との関連について出した二つ目の答えは、二人称代名詞の分析を通じて得られたものですが、「われ」を絶対とした徹底した自己中心主義にもとづくという二つ目の答えは、一つ目の答えと重なるものだった、ということになります。

ひとこと要約

西洋人にとって自己とは絶対の存在である。

200字要約

満点30点

[a]日本語には、一人称代名詞も二人称代名詞もそれぞれ多くあるが、[b]西洋各国語の場合、一人称代名詞は一語しかなく、二人称代名詞も一語か二語しかない。[c]西洋語のこの特徴は、自己が不変の自己同一的な自己であるということがいっさいの思考に先立つ既定の事実として前提されていることを意味すると同時に、[d]自己の前に現れる他者が、誰であろうとすべて自己に対立する相手として物体化されているということを意味しているのである。（199字）

＊a・b…「一人称代名詞」についてのみ書いたものは2点減。「二人

称代名詞」のみ書いたものは不可。

＊c…「不変」か「自己同一的」どちらかがあればよい。ないものは4点減。たんに「自己が自己であるということは、既定の事実」は4点。

＊c…「自分が不変の一者としての自我でありつづける」も可。

＊d…「自己に対立する相手として」がないものは2点減。

a・b…7点／c・d…8点

設問ナビ

問一　**傍線部の内容説明問題＆知識問題**

これは傍線部以外に手がかりがない設問なので、傍線部を分析して、選択肢を見て消去法、というパターンで解きましょう。まず傍線部に「特に」とあるのは、ほかの使いかたもあるかもしれないけど、「自己に関することを述べる」ときに特に使うもの、という意味でしょう。**a**「する」、**b**「やる」は英語で言えば「DO」ですから、自分にも、そして誰にでも使えます。すると「特に」と傍線部であえていう必要はない。**c**「なさる」は相手や他人が「する」際に使う尊敬語。なので「自己」には使わない。だから×。**d**「いたす」は「する」の謙譲語（丁寧語）で、自分が相手に何かするときに使う。よってこれが傍線部と一致するので、**dが正解**。

解答　**d**

問二　**傍線部の内容説明問題**

西洋ではまず二人称代名詞を身近な家族などに使うのですが、もし日本で、親に向かって〈あなた、お茶買ってきて〉ってみんながいったら、ヘン。その理由の一つは「あなた」という二人称代名詞が、たいてい自分より「対等以下の相手に対する場合」に使われることになっているからです。だから親や「恩師」に対して使ったら相手を下に見ていることになるので、関係悪化間違いなし。あるいは傍線部**2**にあるように「関係が事実上断絶している」ことを表します。「関係が事実上断絶している」ということは、もう関係が切れている、あるいは修復できない状態ですから、**d**が今述べたことに一番近い。なので**正解はd**。

a　チョイマヨ　「言動に、関心が持てない」というのも「関係が事実上断絶している」ことの一例になるかもしれません。でも「言動」に限定している点で、傍線部の「関係」という内容より狭い内容になっています。p.22

の梅POINTでもいいましたが、傍線部内容説明問題では、傍線部の内容だけではなく、傍線部の表現とも対応した選択肢を選んでくださいね。

するとdの「つながり」のほうが「関係」の**イイカエ**としていい。b「議論をいどまざるをえない」は、怒って議論しようとしているとしても、「関係」を作ることになるので傍線部とズレ。cの「本音を語りたくない」というのもaと同じく、傍線部の内容の一部にすぎず、「会話」に限定された内容になってます。

d

問三　傍線部の内容説明問題

傍線部**3**は、これ以上かみ砕いて説明できないくらい、わかりやすいのですが、とにかく**傍線部の内容説明問題は傍線部のイイカエを求めている**という原則にもとづき、選択肢の中で一番傍線部の内容、そして表現に忠実なものを選んでください。**正解はcです**。前半は「不変」を、「他から独立した」は「一者（＝他者と関係のない個人）」の**イイカエ**になってます。

aは「主体性」と「不変」の「自我」は同じことではないので不適切。bは「不変」なのが「人称代名詞」になってます。「不変」なのは「自我」です。dも傍線部とは関係ない「人称代名詞」の話が出てくる。それに「自分の言語表現の主体性」の話は傍線部でも問題文でもされてません。

c

問四　傍線部の内容説明問題

傍線部**4**は**〈「思想」は「言語」があるということを想定（＝「予想」）しなければ成り立たない〉**ということです。そして傍線部の「内的言語（＝内面で用いられる言葉＝例：言葉が頭の中だけで使われているとか、心の中のつぶやき）の形ではあれ」を、「音声化することはないにしても」と**イイカエ**ているのが**b**です。

aの「国民」はどっから出てきたっ⁉て感じで大ハズレ。cは「個人的な見解」と「内的言語」は同じではないので傍線部と対応しません。また「思想」が「言語論の形」をとるというのも、傍線部の内容と合致しない。dチョイマヨは「発表される」が余計。「思想」が「発表される」かどうかではなく、傍線部は「思想」という営み自体の話をしているのです。また「社会に流布しない」としても家族や誰か個人に向かって叫んでいるかも

しれないので、「社会に流布しない」という説明は、「内的言語の形ではあれ」の説明としては不適当です。

ムズ **解答** **b**

問五 **傍線部の内容説明問題**

少しズルッコで傍線部**5**が「反省以前」から引かれていませんが、傍線部の「われあり」には「このような反省以前の」という語句が修飾表現としてかかっています。だから傍線部の「われ（あり）」は、「反省以前」の「われ（あり）」です。傍線部直前の「このような」は「反省以前の主体的な『われあり』」（L48）を受けていて、この部分と傍線部はほぼ**イイカエ**になっています。そしてこの「われあり」は、「すでにコギトの前に前提されている」、つまり「コギト」＝「われ思う」という形で自分を「反省」し言葉で確認する前に、すでに「われ」はあるのです。この「われ」が土台となって、「コギトをコギトたらしめている」（傍線部）。このことは「コギトが、すでに『われ思う』として、われの存在を前提としている」（L45）ということと同じことです。

つまり「コギト」＝「われ思う」ということも「反省以前の」、傍線部「われ」が思うのだから、「コギト」＝「われ思う」の「われ」、と「反省以前の」「われあり」の「われ」は違うものではない。意識されない傍線部の「われ」がまずあり、その「われ」が思い、そのことが「思ったな」と「反省され」て「われあり」と、「われ」の存在が明確になるのです。だから「思う」時点で、すでに「われ」はある。「コギトをコギトたらしめているところ」の「われ」は、「コギト」の内部にはじめからあるのです。

これを**イイカエ**ると、bのように、「『われ』は『コギト（われ思う）』という表現（＝言葉）の内部に、最初から不可分に（＝分けられない形で）含まれてしまっている」となります。なので**正解はb**。

aは「問いを有効にする」が傍線部とも問題文とも一致しません。c チョイマヨ は「デカルトが導き出した」が説明として不適切。まず「デカルトが導き出した」のは「スム」（L47）です。「スム」は、「反省され、客観視された」「われあり」（L48）です。しつこいですが、傍線部の「われあり」の「われ」は、「反省以前」の「われ」です。dの「客観視」は「反省」（L48）と同じです

から、傍線部直前の「反省以前」と×。「言語表現」も傍線部と関係ナシ。

傍線部の解釈がむずかしい設問です。 解答 b

問六 傍線部の内容説明問題

傍線部は傍線部の前の一文と接続語ナシにつながっています。**接続語ナシにつながる文同士はイイカエの関係になっていることが多い**のでしたね。すると傍線部とその前の文はほぼ同じ内容だということになります。そして傍線部のすぐあとには「これは、実に徹底した自己中心主義」で、「他者から、そのいっさいの個別性を奪って」(L58)いると書かれています。すると傍線部は**〈自分の前には相手(＝自分と違う他者)がいるということだけが問題であり、相手が誰かという、その人の個別性はどうでもいい〉**、ということになります。

これに最も近い内容はaです。「捨象」は〈個々の特徴などを取り去ること〉ですから、「個別性を奪」(L58)うという内容と一致します。「対立」は、L59の表現そのままです。

bの「相対的」は〈ほかと比較されたり、関係づけられたりするさま、またその結果変化が生じるさま〉をいいます。でも、傍線部の「自己」は相手によって変わったりしない「不変」(傍線部3)の「自己」です。cは「一個の人格としてとらえられる」が傍線部、とくに後半と×。d チョイマヨ は「主体性」に限定している点がおかしい。傍線部の「相手」の「個別性」(L58)には、性別とか立場とかいろいろあるはずで、それを「主体性」だけに限定する根拠がありません。 解答 a

問七 傍線部の内容説明問題

この「くびき」は、〈自由を奪うもの〉という辞書に載っている意味では、意味が通じないので、そのニュアンスを生かしながら、〈自己が絶対である限定された枠組み〉、〈制約〉というくらいに**イイカエ**られるとナイスです。ただ傍線部7以外に「西洋語」の〈枠組み〉について書いてあるところはないので、問題文で説明されている「西洋語」の性格と選択肢を照らし合わせる消去法でいきましょう。

まずaは「二人称代名詞を物体化」が×、問題文で「物体化」されているのは「他者」(L60)です。それに

「歴史が重視される」もナシ。ワースト2です。

bは「ので」という因果関係が成り立たない。ワースト3ですね。

c チョイマヨ は「不完全」なものという評価は問題文にナシ。ワースト2。

dは、「他者」が「ユーという抽象的概念によって物体化されてしまっている」(L**61**)や、「他者から、そのいっさいの個別性を奪って(＝抽象化されて)」(L**58**)いるものが「西洋の二人称代名詞」(L**59**)だと書かれていることと合致します。なので**dが正解**。　解答 **d**

問八　内容合致問題(趣旨合致問題)

a…傍線部**2**の前の「貴殿」などが「対等以下の相手に対する場合に限られる」(L**20**)と一致。○。

b…後半が問題文にナシ。ワースト2で×。

c…傍線部**6**のあとの内容と一致します。○です。

d…傍線部**1**を含む一文と食い違う。ワースト1。

e… チョイマヨ 西洋語の「二人称」「代名詞」が「省略できない」ことは*L* **31**に、「早く(＝自然に)身につ」けることは*L* **32**〜に書かれています。「動詞の人称変化にあらかじめ含まれている」というのは、「ジーやヴの動詞変化」(L**37**)という部分は、〈主語がジーかヴかという人称代名詞次第で、動詞に変化が起こること〉を述べているので、このことと一応対応しているといえます。英語でも主語によって動詞の形の変化がありますね。また「概念」といういいかたにも引っかかりますが、「ユーという抽象的概念」(L**61**)とあり、二人称代名詞を「概念」といっているので、「二人称代名詞」も「概念」といえなくはない。もともと「概念」は言葉で表したものであり、「代名詞」は言葉です。なので、許容範囲といえます。○です。

f…「西洋から輸入された概念である」が問題文にナシだし、「起因」するという因果関係もおかしい。

eが少し迷うけど、ナシとはいえない。**複数選択はランキングしてみて、上から三つ、下から三つ、というふうに考えてください。**　解答 **a・c・** ムズ **e**

7

評論

「デッサンという旅」

同志社大学（改）

別冊（問題） p.68

解答

設問	解答	配点
(一)	3	4点
(二)	4	各6点
(三)	1	
(四)	5	各6点
(五)	2	
(六)	2・4（順不同）	6点×2
(七)	デッサンは画家の意志を逸脱し対象に未知のものを発見していく創造行為だということ。	10点

ムズ　(一)、(二)、(四)、(六)2、(七)

合格点 32点

／50点

問題文ナビ

語句ごくごっくん

L3 闊達（かったつ）…こせこせしないこと

L5 逸脱…はみ出すこと

L12 エロティック…感情、とくに性的な感情をあおるさま。扇情的、官能的

L13 デッサン…ものの形を、線でとらえていくこと

L14 表象…①イメージ　②象徴

L15 カテゴリー…部類・部門≒範疇（はんちゅう）

読解のポイント

例…アレシンスキーの線を描くことに関する言葉

＝

まとめ&問題提起…この言葉には、かたちが生まれ認識することについてのヒントがある

↓

ものを見て、デッサンするという行為は、身体によるとても能動的で複雑な行為だ

芸術論は苦手という人が多いと思いますが、アレシンスキーなどの固有名詞に惑わされず、食いついていく積極性がまず大切だということをはじめにいっておきます。

問題文はカハールらの学者が登場してくる箇所で大きく二つに分かれます。前半では、具体例がいくつか登場します。アレシンスキーなど、画家たちの**例**と**まとめ**、ワイングラスの**例**と**まとめ**というふうに、二つの**例**と**まとめ**に前半を分けて見ていきましょう。

後半には、カハールという学者、そして記憶をデッサンの装置として考えたフロイトが登場します。そしてとくにフロイトの考えかたに疑問をもった筆者が、記憶についてフロイトと異なる考えかたを示します。そこには**対比**が生まれます。また、引用の多い文章ですが、

梅 POINT 引用は具体例と同じように扱い、引用の前後にある〈まとめ〉＝説明部分に着目すべし。

I デッサンと創造・認識との関係（冒頭〜L35）

アレシンスキーは、自分のデッサンの「最初の線は、常に、わたしから逃げる」（L4）といいました。これは自分が思い描いたことと違うものに線が変わってしまう、ということです。

アレシンスキーは「デッサンとは目的地のはっきりしない旅のようなもの」（L20）だといっていると筆者は述べます。「水の広がりを越えてゆく」（L25）という言葉が唐突ですが、これも「旅」につながるイメージでしょう。そしてこれも、自分の線が、自分の意志どおりにはならないことです。だからこそ意外な創造性があることをいっている点で、前に挙げた二つの言葉と同じです。

そしてL4の言葉から筆者は「あるかたちが生まれることや、そのかたちを認識することについて考えるためのヒントがある」（L9）と考えます。これは〈これから形やそれを認識することについて考えるよ〉という問題提起でもありますから、チェックしておいてください。

またエルンストがやったことは

a 木目などをこすって得られる異様な線の集まり ←

8

b　昆虫やほかの形態になったりする

ということですが、これは

A　ノベルティ（＝新しく起きること）

↓

B　新しい認識のカテゴリー（＝枠組み）を作る

とイコールです。何か不思議な形が、これは「昆虫」に似ているというふうに、「過去に経験した」昆虫のイメージと新しい形が照らし合わされて、今までにはなかった「新たな結合」＝「認識」が作り出されたのです。

アンリ・ミショーの作品も、幻覚剤を使った、ちょっとアブナイ「メスカリン・デッサン」という方法で、「無数の描線」が、「表象（＝イメージ）」を作り出していくというものでした。

これらは、筆者が問題にしていた「かたちが生まれることや、そのかたちを認識すること」に関わる**例**であり、それらは、**「すべてのデッサンは、形態創出とその認識の現場を記録している」**（L19）とまとめることができます。この**まとめ**もチェックです。

さっきもアレシンスキーが「旅」について話している言葉に触れましたが、「創造」が「旅」なのは「隠されている何かを見つけてゆくこと」だからです。そして私たちの脳や視覚に関わる「神経システム」は、線の集まりを何かに見立てて新たな発見をするように、いつも「創造」を行っている「永遠の旅人＝創造者」です。

アレシンスキーらの言葉や作品（**例**）

＝

まとめ

①アーティストたちの意志を超えて形が作り出されることや形を認識する現場を示す

②創造＝〈隠されていることを見つける〉＝旅

Ⅱ　視覚の複雑さ（L36〜L66）

筆者はここら辺から「視覚」と「描写」という問題に入り込んでいきます。その**例**としてあげられているのが「ワイングラス」を描く、ということです。

今急に「ワイングラスのデッサンを描け」といわれたら、全然うまく描けず、今まで何を見ていたんだろうと

思い悩み、「モノを『見る』ということの不完全さ（＝いい加減さ）」（L41）に気づくかもしれません。

私たちにとって「見る」ことはふつうのことのように思えます。でも「見る」ことにはすごく複雑な仕組みがある。そのことを思い知らせてくれるのが「デッサン」なのです。このことを文章構造に即していえば、

ワイングラスを描くことのむずかしさ **（例）**
＝
まとめ…視覚的な認識は複雑である

ということになります。ではどういうふうに「視覚」は「複雑」なのでしょう？　それをカメラとの**対比**でいえばつぎのようになります。

○「見る」こと…能動的、身体的「知覚・判断・経験」
⇔
●カメラ…受動的、自動的「記録」

見るという行為は「知覚、判断、経験」が含まれる「総合的な行為」（L56）なのです。

そして筆者はその「見る」行為の複雑さを「信号」に即して説明します。見るときには私たちは二つの「信号」を受け取っている。もちろん一つは、外界から送られてくる信号＝「光」。でも「もうひとつの信号」（L60）がある。それは自分の身体の中から送られてくる、〈何かを見ていると感じる信号〉です。この二つの「信号」がからまって、単に受動的に「見えている」だけじゃなくて、能動的に「見ていると感じ」ることができる。「瞼（まぶた）を閉じたとき」、「見ていると感じられない」のは、外界からの信号がないだけではなく、能動的な「感じ」を与える、私たちの内部からの信号も発信されていないからです。このことからも、「見る」ということが、ただカメラのように自動的に「見えている」ということとは違うことがわかります。

　そして筆者が**L9**で示していた「かたちを認識すること」という問題文のテーマに、「見る」ことが関連していることは明らかです。「見る」ことは「判断」であり、「認識」だからです。すると「見る」ことの仕組みを示すことで、筆者は「かたちを認識すること」の複雑さを明らかにしていたことになります。こうした問題文全体のつながりを読み解けるようになりましょう。

Ⅲ カハールと水彩画（L67〜L92）

カハールは神経細胞の研究をする際に、学生たちに水彩画の授業を受けさせていました。それは対象をスケッチすることが「集中力を鍛え」（L80）、現象のありかたを知ることができ、ふつうの観察では見過ごしてしまう細部をもしっかり確認できるはずだと考えたからです。自然科学では、簡単にそして詳しく対象の輪郭を描けてはじめて、その対象の「形と構造」（L82）が理解できたと満足できる、とカハールは述べています。また自分たちの研究が ミクロ（＝「微視的」）（L84）の分野でも、マクロ（＝「巨視的」）の分野でも、形態学に関連するならば、その形を正確に写した図によって示すことが必要だとカハールは考えていました。その図は、言語による正確な記述をしのぐものだとも述べています。これは写真技術が遅れていたから、デッサンを仕方なく選んだということではありません。

シャッターを押せば撮れるという写真の受け身のありかたではなく、より「能動的」（L90）に観察しようとするデッサンの表現をカハールは重視しました。そうしたことが彼の研究を成功に導いたと筆者はいっています。

Ⅳ フロイトとマジック・メモ（L93〜ラスト）

そのカハールと同時代人であるフロイトは、心理学を自然科学として示すことを目指しました。その際フロイトは、記憶が神経細胞の上にどのように「描かれるか」（L103）ということを科学的に証明することに苦労していました。フロイトは、「人間の記憶が変化しつつも、それ以前の記憶をとどめているという、変化と固定の仕組み」（L104）を数量などで示そうとしました。記憶は「無限」とも思えるほど脳にインプットされ、ある部分は変化し、ある部分はそのまま保たれる。そんな「相矛盾」（L107）して見える現象をどう説明したらいいのか？

フロイトが、「記憶を一種のデッサンや記述の装置として」考えていたことは興味深いと筆者はいいます（こら辺で、問題文前半やカハールと話がつながってきましたね）。そしてフロイトは「マジック・メモ」（L109）というオモチャにヒントを得て、「記憶」のありかたを考えようとします。マジック・メモは、蠟（ろう）などの板とその上に重ねられた薄い膜でできています。膜の上から何かを書くと、下の蠟の板に接触した部分は黒く字として浮き上がります。そしてその字を消すには、上の膜をは

がせばいい。でもそのとき書いた字はまったくなくなるのではなく、下の蠟板にはその跡が残っています。

上の膜を外界の刺激を受け取る層と考え、記憶が残るのは、下の蠟板の層に跡が残るからだ、というように、人間の記憶の仕組みを二層からなる「装置」だとフロイトは考えようとしたのです。こう考えれば、外界の刺激（＝記憶となるもの）はいくらでも受け入れられるし、頭のなかに残ることも説明がつきますね。ただ彼が記憶を「装置」だと考えたことが一つの難題をもたらします。

そうした記憶の「装置」があるとするならば、その「装置」は外部からの情報を、つぎつぎと違うパートに受け渡していくことになります。そのように、私が知覚データを「一元的（＝ひとまとめ）」（L127）に受け取ったとしましょう。受け取るのが私①だとして、その知覚を今度は私①のなかで処理する私②を考えざるをえません。そして今度は、その受け渡された知覚的な刺激を残すか消すかを判断する私②のなかの私③が必要になってきます。筆者が、ある知覚を受けとる主体（＝人間）を考えると、同じ知覚を行う「ひと回り小さな主体を想定しなければなら」（L129）ないといっているのは、こうしたことです。そして人間の脳をコンピューターのような「装置」として想定しているフロイトのイメージをなぞろうとしているからです。「装置」とは、受け渡される物質を違う段階へ運んでいく仕組みだからです。全部自分一人でやれるんじゃないの、脳が今もやっているし、と考えることもできますが、それでは「装置」になりません。「装置」は技術的メカニズムであり、物質を受け渡していくものあるいは物質自体です。フロイトは心理学を科学的な学問にしたかった。だから人間の脳をコンピューターのように考えたのでしょう。

でも、私たちの頭の中で、何人もの〈私〉が自分の役割を果たしているというふうに、筆者は考えません。あくまでも記憶とは、物質でも機械の「配線」（L132）で作られているものでもない。記憶はつぎつぎに変化しながら、でもひとまとまりの全体として形を保っている、そういう「ダイナミックなシステム」（L133）なのだと筆者は考えています。それは心が物質ではなく「過程」であるということでもあります。「過程」とは、常に動いていく運動のプロセス、と考えればいい。本文の前半でも

述べられていたように、デッサンの線も思いがけない方向へと動いていきます。それと同じように記憶もまたダイナミックに動く。心理学者のウィリアム・ジェームズも「意識とは物質ではなく『過程』なの」だといっています。筆者はジェームズの考えに賛同し、フロイトの記憶は「装置」だという考えを、心理学を科学にしたいという思いから生じた「間違い」（L131）だと考えているようです。

テーマ　近代芸術と視覚

近代は科学の時代ですが、これが芸術にも影響し、ありのままに観察したとおりに描くという**リアリズム**が近代芸術の主流です。なおかつ〈観察〉は視覚がベースです。それに英語の「ｓｅｅ」が示すように、そしてこの問題文でもいわれているように、視覚は「知」や認識を含んでいます。それゆえ理知を重んじる近代の合理主義の傾向とも合致し、視覚は人間の五感の中で最上位に位置づけられ、**近代は視覚を重視する**傾向にあります。現代もまた、その延長上にありますね。

ひとこと要約

見るということは、非常に複雑な認識活動である。

200字要約

満点30点

[a]画家の意志を超越する創造の根源には、[b]対象のなかに隠されている何かを見るという人間の神経システムの営みがあるが、[c]デッサンを描いてみると、わたしたちはモノを見ることが[d]カメラとは異なる、非常に複雑な認識行為であり、[e]能動的な身体性をもつことを知る。[f]カハールはそうしたデッサンを神経細胞の研究に活かした。また[g]フロイトは記憶を装置として考えたが、[h]意識はデッサン[i]の線と同じく、変化する過程であり、物質ではない。（198字）

＊a…アレシンスキーにのみ限定して書いているものは2点減。
＊c…「デッサン」の経験が解答中のどこかで、「見る」ことと関連づけられて書かれていれば可。
＊e…「能動的」に該当する表現がないものは不可。
＊h…「意識／心／記憶」が「デッサンの線」と同じであるという内容がないものは2点減。

＊h…「変化する」に該当する表現がないものは1点減。
＊i…「意識／心／記憶」が「物（質）」ではないという内容があれば可。
a・b・c・e・h…4点／f・g・i…3点／d…1点

設問ナビ

(一) 空欄補充問題

梅POINT **空欄補充問題は根拠の明確なものから決めていくべし。**

梅POINT **とくに組み合わせタイプの問題は、決めやすいところから決めていって、選択肢を絞っていくべし。**

たとえばこの設問では空欄（**a**）は決めにくいので、あと回しにするといいでしょう。

では先に空欄（**b**）を考えましょう。（**b**）は「自分の眼という特殊な器官を使いながら『（**b**）』ことができる」という文脈の中にありますが、このことと**対比**される形で、（**b**）のあとに、「瞼（まぶた）を閉じたとき、『見ていると感じられない』」とあります。だから、

・眼を使っている＝瞼を開けている→（**b**）
⇔
・「瞼を閉じた」→「見ていると感じられない」

という**対比**関係から、**（b）には「見ていると感じられる」、ということが入ればよい**。すると解答は1か3。

つぎに空欄（**c**）を見ると、「『（**c**）』という行為」と似た「（自分の眼で）見るという行為」という表現が直後にあります。二つの文は「その意味で」という語句でつながっているので、関係があると考えられます。またこの段落冒頭（L57）にも同じ表現があります。するとこの段落は同じ「見る」という行為について述べていると考えられるので、（**c**）には「ものを見る」を入れればいいでしょう。ここで**解答が3に決まります**。1のチョイマヨ c「見ている」が示す、現在進行形のようなニュアンスは必要ありません。（**a**）は、**あとの文と接続語ナシにつながっている**ので、（**b**）と対応すると同時に、（**b**）と同じく、「自動的に『見えている』」という受動的なありかたと**対比**されているといえます。なの

8

で、「見ている」という「能動的」（L55）な意味を表せる語句が入ってOK。

ムズ **解答 3**

(二) 傍線部の理由説明問題

理由を問われているのですから、傍線部の主語である「木」に関することを探りましょう。すると傍線部A直後に〈木の陰に何かが隠れている〉と述べられています。しかもこの部分は「なぜなら……からだ」という文型なので、これが**理由**です。また、この〈木の陰に何かが隠れている〉という「面白い」**理由**と類似した「隠されている何かを見つけてゆくこと」（L33）があり、それが「旅」、「創造」と**イイカエ**られています。そこをつなぐと、「面白い」理由は、**〈「創造」性があるから〉**ということになります。**このことに触れている選択肢は4だけです。**「最初は画家から逃げていた線」という表現はL4などと対応しますし、「次第にあるかたちをとってきて……新しいイメージが次々に生まれ」という部分も、「線」が「目に見えるようになったときには……別の何かに変わってしまう」（L6）や「別の世界へ逃げ出している」（L5）などと一致します。

ほかの選択肢は、「創造」というポイントがないので、4には勝てませんが、ほかにもキズがあります。

1は「いつまでも画家を避けるかのように動」くことが、「面白い」理由だといえる根拠が問題文にありません。2は「思い通りに変化する」がまったく傍線部と逆。傍線部では思い通りにならないことが面白いのです。3の「思いのままに描かれる」も2同様、逆。5は傍線部直後に書いてあることと一致するようですが、実は大きな違いがあります。傍線部直後は画家に関係なく「何かが隠れている」といっているのに対し、5は「何かを設定し」というように、画家の意志が働いて作られていく内容になってます。するとこれも画家の意表を突くことが「面白い」という傍線部と逆の内容です。また「立体的に描いたりできる」という内容も問題文にナシ。

ムズ **解答 4**

(三) 傍線部の内容説明問題

傍線部Bの「視覚的な認識の複雑さ」は、「デッサン」を通じて「知る」ことができるものです。L52にも「デッサンを通して、わたしたちは見るという活動の能

動性を思い知らされ、さらには観察という行為の身体性を知る」とあります。どちらも「デッサン」によってわかることですから、「視覚的な認識の複雑さ」と、「見るという活動の能動性」・「観察という行為の身体性」はほぼイコールと考えていいでしょう。

また「観察」は「能動的」で「身体を通して行われ、知覚、判断、経験が含まれる総合的な行為」（L56）だと書かれています。なので、

「視覚的な認識の複雑さ」
≒見ることの能動性
≒観察という行為の身体性
≒知覚、判断、経験が含まれる総合的な行為

ということになります。

すると**正解は1**になります。「デッサンは手軽な行為ではある」という部分は、傍線部の「身近」を**イイカエ**たものです。「デッサン」が「高い技術」を必要とすることはL39〜L46から読み取ることができます。

梅 POINT 傍線部内容説明問題では、傍線部やそのイイカエ部分と対応した直訳型の選択肢を選ぶべし。

2は「技術の不完全さ」のことしか説明してなくて、傍線部に関わる内容がありません。3は「認識自体が不確実」という部分がおかしい。「デッサンによる認識」が「不確実」なのではなく、デッサンをすると、私たちの「モノを『見る』」という行為が「不完全」（L41）だとわかるのです。それに、これでは人間の認識を否定的に見ていることになる。でも筆者は傍線部で「認識」は「複雑」だと述べているだけです。「かたちを認識することについて考える」（L9）、「認識の深淵な謎」（L50）などからもからもわかるように、筆者にとって「認識」は謎を秘めており、それゆえに興味の対象なのです。

4は「モノを見ないで描く」ことと「モノを見て描く」ことを比べていますが、こうした比較は問題文にはナシ。問題文では「モノを描かないで見る」と、「デッサンしながら見る」（L46）が比較されているのです。

5は「画家の描写の能力によって対象への認識の度合いも大きく違う」という部分が傍線部と無関係の内容。

解答 1

(四) 傍線部の理由説明問題

傍線部の主語は「彼＝カハール」です。彼が学生たちに「水彩画」を描かせていたのは、「彼」が「水彩画」が研究に役立つと考えていたからです。そうした内容を問題文に探ってみましょう。L79～でカハールが絵を描くことの有益さを語っている部分を見ると、

> **a** 何かを描写する行為は現象の全貌を知らしめ、集中力を鍛え、細部をも逃さないようにさせる（L80）
>
> **b** 詳細に描けてこそ、初めて対象の形と構造が理解できていると満足することができる（L82）
>
> **c** デッサンの能動的な表現に重要性を見出していた（L90）

という三点に着目できます。これらの内容に最も近いのは5です。「集中力を鍛える」という部分が**a**と、「主体的」は**c**の「能動的」の**イイカエ**。「自然科学の研究」は、たとえば「神経細胞」という研究対象の「全貌を知」る（**a**）ことや「対象の形と構造が理解でき」る（**b**）ことを目指すでしょう。そのために水彩画を描いたりデッサンしたりしているのですから、それらは「自然科学の研究」の「方法（＝仕方）」を「身につけさせる」ことになり、**b**と対応します。

1は「美学的態度を持つ」と「一般に理解しやすくできる」という内容が問題文にナシ。2は、「自然科学の目的」自体が、「対象を詳細に図によって描くこと」と説明しています。ですが、水彩画を描くことは、対象を理解するという科学の基礎的な目的の手段です。また2は「言語による記述などは不要」と説明していますが、カハールは「言語による記述」が「よい図が示す明確さには常に劣る」と述べているだけで、「言語による記述」を全否定しているとはいえません。3は、「研究対象を決定しやすくなる」という説明が問題文にナシ。4 **チョイマヨ** は「満足感」はいいのですが、「研究そのものを完成させた」と書かれています。**b**が書かれた部分を読むと、「完成」というより、まず研究の入り口に立ったという感じです。なので**正解は5**。正解の**イイカエ**がなかなか読み解きにくく、むずかしい設問です。消去法でOK。

(五) 傍線部に関する内容説明問題

ムズ

解答 5

記憶のメカニズムについてフロイトがどのようなモデルを考えていたかということについて、問題文にはマジック・メモのような形でフロイトが記憶のメカニズムをとらえたと書かれているので、その内容を整理していくと、つぎのようになります。

a マジック・メモは、蠟板の上に薄い膜があり、そこに字を書くと字が浮きあがり、その膜を剝がすと字はなくなる。だが下の蠟板には書かれた跡が読み取れる（*L*110～・*L*120～）

≒

b 記憶＝刺激を無限に受け取る層とそれが保たれる層とが別になっている「装置」（*L*122・傍線部）

c 刺激を受けると脳の部分に刺激が残る。それは消えてしまうが、マジック・メモの蠟板にあたる層に跡が不変のまま残る。それが記憶だ（*L*123）

これらの内容に合致するのは2です。冒頭はp.108と、「装置そのものと考え」たということが**b**と、2の後半部は**b**と**c**に対応しています。だから**正解は2**です。1は二つの層を「神経細胞が繋いでいる」という内容が問題文にナシ。3は、「過去に受け入れた記憶は新しく受け入れた記憶によって打ち消される」という説明が、**c**の「跡が不変のまま残る」と食い違います。4の「主体の中に無限に別の主体が宿る入れ子構造をなす」ことになると考えたのは筆者であり、今問われているのはフロイトの考えかただから、これは正解にはなりません。5もそうです。記憶を「デッサンの過程そのものと捉え」るという考えは、最終段落で述べられている筆者の考えであり、記憶を「装置」と考えたフロイトの考えと異なります。

解答 2

(六) 内容合致（趣旨判定）問題

1…エルンストとアレシンスキーは問題文では並列されて登場するだけです。1のように、エルンストが「アレシンスキーの言葉に刺激を受けて」、「技法」や「作品」を生み出したという因果関係は、問題文に書かれていません。*L*12の「アレシンスキーのデッサンと似たよ

8

うなプロセスを感じる」という筆者の印象だけから、1の因果関係が正しいということはできません。**内容合致問題のときの因果関係は要注意**。

2 チョイマヨ…前半が*L*16以降と対応していることはわかるでしょう。後半の「形態の変化に伴い新たな認識が生まれる」というのは、「新しく起きること＝ノベルティに対する、新しい認識のカテゴリーの創出」に対応します。これはエルンストについていわれていることだけれど、ミショーはそのエルンストと並列されて、「ミショーの作品も、認識という角度から見ることが可能だろう」（*L*17）と書かれています。また、ミショーのことをいったあとに「すべてのデッサンは、形態創出とその認識の現場を記録している」（*L*19）と書かれているので、「形態」と「新たな認識」というテーマはミショーにも当てはまると考えられます。なので**一つ目の正解は2**。

3…「ヴァレリー」が「ワイングラスのデッサンの難しさを踏まえ」て発言したということは問題文にナシ。

4…カハールが「神経細胞の末端が樹状の不連続構造」で、「樹状突起の接触点を介して伝播(でんぱ)することを発見した」ことは*L*73に書いてあります。またこのニューロン学説によって、カハールはノーベル医学・生理学賞を受けています。このときの受賞は「ゴルジ体」を発見したイタリアの解剖学者カミロ・ゴルジと同時でした。よって**二つ目の正解は4**。

5…フロイトが記憶の仕組みを考えようとした理由を、「カハールが示した神経細胞の構造の誤りを正すため」だったと述べています。ですがこうしたつながりや内容は問題文に書かれていません。

6…記憶はマジック・メモのような装置だというフロイトの考えをウィリアム・ジェームズが「証明」したという説明が間違いです。ウィリアム・ジェームズは、記憶は過程であるという筆者の考えを補う存在として引用されています。そして筆者の考えはフロイトとは異なります。つまり筆者＝ジェームズVSフロイト、というのが問題文での構図です。6だと、筆者VSフロイト＝ジェームズとなり問題文と食い違うので×です。

選択肢が長いですが、そうしたときは、

梅POINT 選択肢は初め大まかな観点から絞り、残ったものを細部までチェックする、という二段がまえで取り組むべし。

解答 ムズ 2・4

(七) 傍線部の内容説明問題(記述式)

傍線部は「デッサン」を「目的地のはっきりしない旅」に喩えています。だからこの問題は比喩説明です。

梅POINT 比喩説明は内容説明問題の変形バージョン。同じルールで解くべし。

内容説明問題と同じように解くということは、傍線部と対応する内容をまずは問題文に探すということです。すると「目的地のはっきりしない」というのは、「デッサン」に関していえば、画家が自分の目指すところが見えない、ということです。だから〈**a 自分の意志とは異なったものになること**〉だと考えることができます。

また「旅」は**「創造」(b *L*32)**であり、**「隠されている何かを見つけてゆくこと」(c *L*33)**です。これら三つのポイントをコンパクトにしてつなげる。**c**が「創造」(**b**)の説明になるので、**c—b**というつながりを作るといいでしょう。

解答例の「未知のもの」とは「隠されている何か」のことです。傍線部直前の「認識の現場」の「記録」は、「デッサン」の本質ですが、傍線部の比喩表現とは対応しないので、解答に入れる必要はないでしょう。

比喩説明の解答には、「旅というのは〜ということで」というように、傍線部の比喩表現を入れ込む形は避けて下さい。

ムズ **解答例** **デッサンは画家の意志を逸脱し対象に未知のものを発見していく創造行為だということ。**(40字)

[a]デッサンは画家の意志を逸脱し [c]対象に未知のものを発見していく [b]創造行為だということ。

＊b…「隠されている何かを見つけてゆく」も可。

＊c…「表象の構築」は1点減。

※「デッサン」という主語はなくてもよい。

a・b…4点/c…2点

9 評論

『死産される日本語・日本人』

早稲田大学　法学部（改）

別冊（問題）p.82

解答

問一	問二	問三	問四	問五
2	2	5	4	1
8点	8点	8点	8点	8点

問六

憲法は、黒人や女性など不正義を感じている人々に問題提起を行う機会を与え、論争を引き起こす。その時彼らは、今までの自分たちのあり方が普遍的な妥当性を持つと考える人々から反発や抵抗を受け、問題提起は失敗に終わる可能性が高い。だが憲法はそうして社会の矛盾を顕在化させながら、既存の常識の再検討を促し、人々が多様な存在との関係を真に構築しうる契機をもたらすということ。

10点

a…憲法は、不利な立場に置かれてきたと感じている人々が問題提起をする機会を与える…2点

b…集団間の論争が起こる…1点

c…自分たちの立場や考え方を普遍的だと思ってきた人間たちから抵抗され、反発を受ける…2点

＊「たんなる感じにすぎないとされる」は1点。

＊「反発」、「抵抗」はどちらかあれば可。
＊「常識の側から／優位な者から、反発を受ける」も可。
d…彼らの問題提起は失敗に終わる可能性が高い…1点
e…多様な人々／対立し合う人々が、真にともに生きること…2点
f…自らの状況や思考に対する再検討を行う…1点
＊「自己充足／閉じた合理性を、否定する」なども可。
g…例として「黒人」、「女性」のどちらかを挙げていること…1点
＊「マイノリティ」、「非日本人」は不可。

ムズ 問一、問二、問三、大ムズ 問六e・f

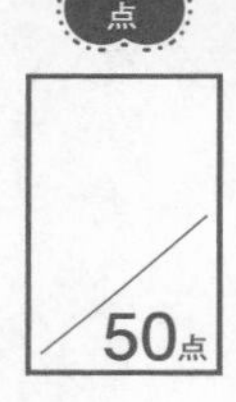

問題文ナビ

語句ごくごっくん

L1 **理念**…ものごとがどうあるべきかということに関する考え

L3 **顕在化**…はっきりと姿をあらわすこと

L5 **同一性**…同じ性質をもつこと。それゆえに一体性をもつこと

L10 **定式化**…一定の方式・形式として確立すること。対象をどのように捉えるのか、どういう視点から見るのかを定め、目的にどのような方法でアプローチするのかを明らかにすること

L10 **分節化**…**p.62 語句「分節する」参照**。ここでは、区分けして見えなかったものを見えるようにする、生み出す、という意味

L14 **体系**…まとまり。組織。システム

L17 **遂行**…なしとげること

L19 **客観的**…**p.75 語句「客観的」参照**

L21 **相対主義**…①㊀絶対的なものなどないと考えること ②㊉いろいろな価値を認めていこうとする考えかた
＊相対…ほかと関係し、比較されること⇔絶対

L29 **投機**…危険を冒しながら大きな利益をねらってする行為

L29 **投企**…自己を社会や未来に向けて投げ入れること

L32 **歴史的**…**p.62 語句「歴史的」参照**

L36 **自民族中心主義**…自分の民族こそ最も優れたものだという考えかた

L36 西洋中心主義…とくに近代の西洋や西洋文明こそ最も優れたものであるという考えかた

L38 合理性…理屈や論理、法則に合致しているさま

L39 普遍的…どこでも誰にでも通用するさま

L41 帝国主義…軍事・経済などの面で、他国や他民族を征服して大国家を建設しようとする傾向→植民地主義

L43 享受…受け入れ味わい、自分のものにすること

L53 マイノリティ…社会的少数者⇔マジョリティ

L58 間主観的…ここでは、ある思いや考えが、人々の間で共有されているさま

L62 逆説…p.26 語句「逆説」参照

読解のポイント

I

・憲法は問題を提起し、議論を引き起こすことに意味がある

↓

・不利な立場に置かれている人間は、新しい言語によって不正義を語る必要がある

↓

・だが、そうした営みは失敗することが多い

II

・それでも憲法は不可能な問題を提起し、真の共存共生をもとめていく

問題文は、L36から「自民族中心主義」や「西洋中心主義」といった、それまで出てこなかった話題に入っていきます。このL36を切れ目として、問題文を二つに分けて見ていきましょう。

I 憲法の意義と具体的な営み（冒頭〜L35）

私たちは「憲法」をほかの法律と同じように、私たちの権利を守り、社会を安定させるためにあると考えがちです。でも「憲法」は権力をもつ者の力を抑え込むためにあるといわれます。たとえば「表現の自由」を肯定する「憲法」は、権力者が「表現の自由」を制限し権力者にとって不利になる表現や報道を抑え込む、という行為を権力者にさせないためにあるのです。

でも残念ながら、そうした「自由」は現実にはきちんと守られていない。完全な「自由」など、もともと「実現不可能な理念」（L1）だからです。ですが「憲法」はそうした「理念」を掲げることで、「どうしてこの『自由』が守られていないんだ!?」という「議論」を引き起こすためにあると、筆者は考えています。

つまり憲法の役割は「社会問題の創出」（L4）にあるのです。そして国民が一つになって「同一性」（L5）を成り立たせるのは、そうした社会問題を創る（つく）ことに関与するという決意が示されたときです。

たとえば憲法は「国民の基本的人権を保障」しますが、「基本的人権」が守られていないという事態は社会のなかに多く見られます。すると「憲法」の規定を用いて、「基本的人権」を侵すような「社会的な不正、抑圧を問題化することができるようになる」（L8）のです。そこでは「不正義」を「論争として定式化」し（＝形として明らかにし）、「分節化」する（＝区分けし、見えるものにする）。あらたな問題が浮かび上がれば、今までその問題を論じてこなかった「論争の制度的枠組みと論争が用いる言語の限界も明確」（L10）になります。つまり新しく提起された問題は、今までの言語とそれが表している意味や考えかたでは語れず、新しい概念などを作る必要があることがはっきりしてくるのです。

こうして、抑圧されてきたと感じる者たちが、正義に反することがらを訴えるのですが、ほとんどの場合、その要求が認められることはないのです。それでも、憲法は、問題提起を続けるのだと筆者はいいます。

ただし一つ確認しておかなければならないのは、「社会的に有利な立場と不利な立場が、あらかじめ客観的に」（L18）決まった形としてあるわけではない、ということです。「不利」、「特権」は「歴史（＝時間の流れ）」のなかでも一定ではありません。だからといって正義と不正義は時代の流れのなかで変わっていくという「相対主義的」（L21）なものでもない。正義と不正義は、誰かが、とくに「不利」な立場に置かれていると感じている者が、その「感じ」を公の場で「分節化」するという努力と実践を通して、明確にしていくものなのです。

問題を「分節化」するとは、単に抑圧する側の「虚偽意識（＝思考の誤り）」を「暴露」することではありません。また誰もが常に認めてきた既成の正義や不正義を

意識させることでもない。つまり「客観的（に）存在（してきた正義や不正義）を意識化することではない」（L23）のです。何が正義で何が不正義であるかは、私たちが絶え間なく問題提起をしていく実践のなかで浮かび上がるのであり、「不正義」を行った人間を責めたり、今までの「正義や不正義とはこうだったぞ」、ということを示したりすることには意味がないと筆者はいうのです。

そしてその「実践」が筆者のいう「仕事」（L27）です。不利な立場に置かれていると感じている者が、そのことを既成の常識に反する「新しい言語（＝既成の意味を取り払った言葉↓特権を得ている側の内面の仕組みを壊すことができるような言葉）」で、社会的な不正義に関して問題を提起し続けること、新しい言語や価値を『『つくる』仕事」（L30）をするのです。ですが筆者はこれも失敗してしまうことが多いだろう、と述べています。「だったらやっても意味ないじゃん」ということになりがちですが、筆者は、「憲法」は問題解決を目的とするものではなく、「問題提起」を行うものだということを強調したいので、「仕事」には意味があるのです。

Ⅱ 憲法における「仕事」と西洋中心主義批判などとの共通点（L36〜ラスト）

「仕事」は失敗に終わることが多い困難なものです。それと同じように困難なのが、「自民族中心主義」や「西洋中心主義」を批判することです。それらの対立の構図を具体的に示すと

〈上位〉		**〈下位〉**
・西洋（文明）	↓	非西洋（野蛮）
・天皇	↓	人民
・男性	↓	女性
・マジョリティ	↓	マイノリティ

となります。そして〈下位〉に位置づけられた「不利」な立場の人たちが、〈上位〉の者に対して「不正義」を「分節化」して示します。でも「自民族中心主義」や「西洋中心主義」が「合理性」をもっている＝理にかなっている、と考える者にとっては、何をいっているんだかわからない言葉に聞こえます。そして、たとえば自分たち文明人は、「野蛮に対して文明の恩恵をもたらし、野蛮人を人間らしくして」（L40）やるのだと思っている

のです。これが「帝国主義的温情主義」（L41）です。支配者が支配されるものに恩情をかけているのだ、それなのになんで文句をいうのかわからないというものです。

これは帝国主義的な「皇民化教育（＝人民は天皇のしもべであることを教え込む教育）」を植民地の外国人に対しても行った戦前の日本はもちろん、自分たちもアジア人なのに、アジアを見下し、お情けをかけてあげようとする戦後の日本にもある。こうした温情主義や自民族中心主義は、特権を得ている人間にとっては、「透明な（＝明確な、クリアーな）、どこにでも通用する（＝普遍的）常識」（L43）だと思われています。だから、「帝国主義的温情主義」が、支配される側にとっては「抑圧」だということを「定式化」しようとすれば、温情主義の側からの「多くの抵抗」（L45）が予想されます。

たとえば合州国（＝アメリカ）では、歴史的に不利な立場にあった黒人、女性、その他のマイノリティを擁護する政策に反発したり、「西洋中心的伝統に帰ろうという『西洋への回帰』」（L54）の動きが生じたりします。

それでも憲法に基づく「仕事」の営みは継続されるべきだと筆者は考えています。たとえそれが「不可能」に見えようと、「仕事」を国家の規模で肯定すること、それこそが「憲法」自体の役割だと筆者は考えているのです。それは、今ある理屈（＝「合理性」）に基づいて、お互いの立場を理解してみなが簡単にわかりあい＝「社会構成員間の相互交換性と伝達の効率を高めてゆき」（L57）、多くの人たちが認める共通部分＝「間主観的な共約性」、をふやし、国民の一体感を強めることとは違います。「憲法」は、逆に社会が秩序をもってまとまることができないような、解決不能な問題を投げかけ続けるのです。それが「社会編制に不可能性を導入する」（L59）ということの意味です。「均質」であること、みんな同じであることを目指し、異質なものを受け入れず、自分と、自分と似たものだけで納得している「閉じた合理性」を解体するために、「憲法」は、「社会問題を製造する装置」として働き続けるのです。そしてうした「社会問題」を「創出」することで、異質な者同士が真に「共存共生することを可能にする制度」（L61）こそが「憲法」なのです。常識に反する「逆説的な表現」でいえば、〈社会というものが成り立つのはむずかしいということ（そんなに簡単にはいかないこと）＝「社会が

不可能性である」（L62）ことを示すところに、「憲法」の可能性（や価値）がある〉、ということです。

テーマ〈法・制度〉

法は「制度」です。「制度」とは〈なんの根拠もないのに、人々が自明なことと見なしているもの〉と定義することができます。たとえば家族制度、学校制度なども同様です。子供に私たちは「何歳?」って聞くより「何年生?」と聞くほうが多い気がします。それだけ「学校」という制度は当たり前のことになっているのでしょう。でも不登校の子とかには「何年生?」という問いかけはツライ。制度はときに抑圧する力となります。そして法も力です。法の名の下で「死刑」という暴力も許される。法や制度のもつ恐さに私たちはもっと敏感であるべきなのかもしれません。

ひとこと要約

憲法は社会問題をつくり出すものである。

200字要約

満点30点

[a]憲法の役割は社会問題を作り、[b]問題提起の機会を与えるところにある。そしてその際、[c]社会的に不利な立場に置かれていると感じた者が、[d]新しい言語で差別を不正義として社会に提示する仕事が必要になるが、[e]それだけで差別が解消されるわけではなく、[f]そうしたことへの反発さえ予想される。[g]それでも憲法は既存の理屈からいえば不可能なことを国家の規模で肯定し、[h]社会問題の創出を通じて人々の真の共存共生を可能にする制度なのである。（200字）

＊a…「社会問題を分節化する」も可。
＊d…「仕事」の内容が明確に示されていることが必要。
＊d…「不正義として」がないものは1点減。
＊d…「新しい言語」は「常識に反する言語」も可。
＊g…「社会編成に不可能性を導入」のみはわかりづらいので2点。
＊h…「社会が不可能性であることに憲法の可能性が見出される」のみはわかりづらいので2点。
a〜d・g・h…4点／e・f…3点

設問ナビ

問一 **傍線部の内容説明問題**

傍線部Ａ「分節化」＝〈区分けすること〉は、何と何を区分けするのでしょう？　本来「不正義」であるはずのものがうやむやになっていて「不正義」として見なされていないという現状がある。そこであることがらを「不正義」だと主張することで、その**「不正義」をほかと区別してはっきりと浮かび上がらせ、際立たせる**（ａ）。それが「不正義を分節化する」という傍線部の意味です。このことは、傍線部Ａの直前の「不正義を集団間の対立として表現」するという部分が、傍線部と「つまり」という接続語でイコールになっていることからもわかります。

さらに「分節化」という言葉が出てくる部分を傍線部とつなぎましょう。p.35の梅POINTでもいいましたが、**傍線部や傍線部前後にある語句と同様の語句があるところをつないで、傍線部の内容を考える**のでした。

するとL18や「**分節化するためには……それまでの常識に反して新しい言語をつくらなければならない**」（L25）という箇所にたどり着きます。この部分は傍線部のあとの、「論争の制度的枠組みと論争が用いる言語の限界も明確化される」という部分とも内容的につながっています。つまり「分節化」では、**既存の言語や制度、常識という価値観などが否定される**（ｂ）のです。

するとｂを「既存の社会体系（＝制度）の全体性から導き出される価値（＝常識）に照らして判断せず、論争の言語を通して」と記し、「不正」の「提示」というａの内容を含む**２が正解**になります。「新しい言語」は不正義を訴える相手と争うための言語ですから、「論争の言語」です。また傍線部が「論争」と関係があることは、傍線部が直前の「論争として定式化する」ことと結びついていることからもわかります。

１は「問題を分析」という表現が、「不正義を分節化する」ことと食い違います。また「社会の構成員全員に分かりやすいかたちで」説明することは、既存の言語や論理に乗ってしまうことになるため、L26と×です。「権利を保障するため」ということも問題文に根拠があるとはいえません。３は、「別の正義を作り出す」という部分が問題文に書かれていませんし、既成の言語や常識の

否定というbに触れていません。

4は「不利な立場に置かれた者に代わって」が×。不利な立場に立たされた人間の、代理の人間が「分節化」を行うというようなことは「社会的に不利な地位に置かれていると感じている者に問題提起をする機会を与える」（L12）やL17と食い違います。

5 チョイマヨ は「つまり」でイコール関係になっている傍線部直前と似ているので選びがち。でも「社会をさまざまな集団間の論争の場とみなし」という社会についての説明と「社会的な不正義を集団間の対立として表現」（L9）するということとは同じことではありません。前者は多様な集団を想定していますが、「不正義を分節化」する後者では、不正義を認めない集団と不正義を認めよ、という集団との二者の対立だとも考えられるからです。そして「告発（＝隠された不正や悪事をあばいて世の中や捜査機関に知らせること）」が行われるのかも断定できません。言語の問題について触れていない点も不十分です。

ムズ 解答 2

問二 傍線部の内容説明問題

傍線部Bの「にもかかわらず」という表現は、**〈不利な立場に置かれた人間が問題提起をしたとしても、それが問題の解決あるいは解消を意味しない（a L11〜L13）〉**が、それ「にもかかわらず」憲法は社会的に不利な立場に置かれた者に問題提起をする機会を与える、そして論争が始まる、という文脈を作っています。

こうした内容をふまえ、選択肢を見ていくと、2の**「憲法の……困難を伴うが」がaと対応します**。そして問題提起は論争を生じさせるのだし、「論争として定式化されれば、論争の制度的枠組みと論争が用いる言語の限界も明確化される」（L10）ことになります。2の「事柄を可視的にする（＝目に見える形にする）」は、「分節化」や「明確化」の**イイカエ**です。「事柄」は「問題」自体や「論争の制度的枠組みと論争が用いる言語の限界」などを指していると考えればいいでしょう。「論争の継続を可能とし」という部分は、傍線部の「問題提起の機会を与え続ける」を**イイカエ**たと考えられます。「可視的にするために」というつなぎかたが正しいといえるか少し疑問ですが、ほかの選択肢のつなぎかたもア

ブナイし、それ以外の部分にも問題が多いので、これを正解とするしかありません。**一番マシなものを選ぶという柔軟性**を身につけてください。あまり**根拠が見つからないときは、即消去法に切り替える**ことも忘れないでください。

1は「憲法改正が実現されることも考えられるから」が問題文にナシ。それにやはり1も「そのために」というつなぎかたがおかしいです。3は「実際の問題解決は個々の領域における法律の運用にゆだねられている」、「憲法の条文を通してこそ社会的な不正義や抑圧を感じ取れるのだから」が問題文にナシ。それに「憲法」があるから「論争として定式化され」（L10）るので、「憲法」だけでは「論争として定式化されたり解決されたりすること」はないとは断定できません。4 チョイマヨ は「基本的人権」の規定だけが、「問題提起の機会を与え」るかのように述べている点がおかしい。「基本的人権」の規定は、「たとえば」（L8）とあるようにあくまでも「憲法」の一部分です。「憲法の条文」全体についてコメントしている傍線部と一致しません。

5は「感覚を問題とすること」が「明確さに欠けており」、「正当でないかぎりその要求を認めるべきではない」という部分が問題文に書かれていません。また「提起されれば容易には斥（しりぞ）けられないから」という提起された側の態度も、問題文に書かれている「抵抗」（L45）や「反発」（L54）と一致しませんし、「から」という因果関係も成り立ちません。

ムズ　解答　2

問三　傍線部の内容説明問題

まず**接続語なしにつながる文同士はイイカエであることが多い**のですから、ここでも傍線部を含む一文と直前の一文はイコールの内容となり、「仕事」とは、**〈a　不利な立場に置かれていると感じている者が、その感じを定式化するために、常識に反して新しい言語をつくること〉**だ、となります。

また「仕事」に関することが書かれた部分を見ていくと、「仕事」が「投機＝投企的」（L29）であることがわかります。これは、**〈b　リスクを冒しても行う〉**ということです。aとbをまとめると、「仕事」とは**〈社会的に不利な立場に置かれた者が、新しい言語によって不利な立場に置かれているという感じを定式化することにチ**

ャレンジすること〉だとわかります。すると**正解は5**です。「感性的現実」とは、社会的に「不利な立場に置かれていると感じている」ことを指します。また「社会的に不利な立場に置かれているという感じはたんなる感じにすぎないとされ」（L31）や「不正義はたんなる感じであって」（L33）という記述に合わせて「感性的現実にすぎない」と表現しているのです。5の後半は**a**と合致し、「社会的……賭ける」は、**L32＋bのイイカエ**、です。

1 チョイマヨ は5と似ていますが、「不利な地位に置かれた人びとの救済の可能性を願う」という表現が、不公正を感じている本人ではなく、第三者や「人びと」の代理人が「仕事」をしているように解釈できて、マズイです。傍線部の一文前を見ればわかるように、「仕事」はあくまで「不利な立場に置かれていると感じている者」がするのです。また、たんに「願う」というだけでは、行為としての「仕事」の意味や**b**が示せません。

梅 POINT 傍線部説明問題では、たんに問題文に書かれていることだから、というだけでなく、傍線部やそれと関連する箇所との対応を重視せよ。

2は「社会の再構成」が問題文に書かれていない。

3は「客観的に……意識化する」という説明が、「客観的存在を意識化することではない」（L23）と×。

4は「常識を回復する」が「新しい言語」の創出とズレますし、「社会的不公正を誰もが実感できるものにするということも問題文にナシです。

ムズ **解答 5**

問四　傍線部の内容説明問題

傍線部**D**の「これ」は、直前の「不正義を定式化する言説が生まれたからといって」、「不利な地位に置かれた人びとが救済され」るわけではないし、「差別は相変わらず残存している」ことを指しています。すると傍線部は、そうした困難な現実が「自民族中心主義」や「西洋中心主義」を「批判」するときにも生じる、と述べているのです。事実「自民族中心主義的な言説は、そのなかに生き、特権を享受しつつある者にとって」（L42）は「普遍的妥当性」（L39）をもつものとして理解されています。そして自民族中心主義を「普遍視してきた彼らの常識とその合理性を懐疑することを迫る」（L51）と、彼らは「反発」し、逆に自文化に「回帰」してしまうのです。

こうした傍線部を含む段落の内容と対応するのは、４です。「困難にぶつかる」という表現で「反発」や「回帰」をまとめてます。「中性的」は*L* 37にあります。

1は「自民族中心主義」が「普遍的妥当性を有する合理性に基づくものであ」ると断定している点が不適切です。普遍性は、優位な者にそう「理解されている」(*L* 39)だけであり、主観的なものです。それを客観的に妥当だといってしまうと、まるで「自民族中心主義」を擁護するかのような内容になってしまい、筆者の立場と矛盾します。2 チョイマヨ も「一般に受け容れられている」が、「なかにいる者(＝優位な者)にとって」(*L* 38)という限定とズレているし、「不成功に終わることは容易に想像される」とまではいえない。3も「それを内面化する者には誰にでも特権を与える合理的なものであって、多くの人びとがその歴史的妥当性を認めている」が問題文にナシだし、「自民族中心主義」擁護路線だから筆者の立場と×。5は、失敗や困難な事態に出会うという点が書かれてないし、「一般には妥当性を有するものとして認識されており」が、2同様*L* 38と食い違います。また「外に出ようとすることは直ちに特権の喪失につながる」や「西洋化に不満を感じ」という内容もナシ。

解答 4

問五 **傍線部の理由説明問題**

理由説明は主語に着目するのでした。この問題では、傍線部「『西洋への回帰(＝西洋を中心としたあり方に再び戻ろうとすること)』の動き」自体が主語ですから、この「動き」が「起きる」プロセスを読み取ればいいのです。それはつぎのように整理することができます。

a 西洋中心主義のなかで生きてきた人々に対して、「西洋中心主義を分節化する『仕事』」(*L* 49)が行われる

↓

b それまで西洋中心主義を普遍的だと思ってきた人々は、その常識と合理性を問われる

↓

c それに対する「反発」として「西洋への回帰」が生じる

こうした流れをきちんと説明しているのは1です。「合州国」に限定して書いてあるのは、傍線部Eが「合州国」について説明している文脈にあるからです。また「マイノリティ（＝少数派）」は「西洋中心主義」を批判した側、「マジョリティ（＝多数派）」は西洋中心主義者を指します。「西洋への回帰」に向かう人々は「マイノリティを擁護する政策」に「反発」（*L*54）するのですから、「マジョリティ」です。「普遍的であると信じてきたもの」とは、「西洋中心主義」のことです。すると1の末尾は「西洋中心主義を回復しようとするため」となり、だから〈西洋に回帰する〉という傍線部とスムーズにつながります。

理由説明問題では傍線部とスムーズにつながる選択肢を選ぶべし。

2は「合州国のマジョリティがみずからの合理性に問掛け」がまずおかしい。これでは反省したことになります。また「マイノリティを擁護しようとする」が逆。

3は「みずからの限界を感じた合州国のマジョリティ」が、4は「優位性の無根拠さを知った」が、5は「地域性を自覚せざるを得なくなった」が問題文にナシ。

1

問六　傍線部の内容説明問題（記述式）

まず設問文から、筆者の考える「憲法」は、「『社会構成員間』の『伝達の効率』や『共約性』を『増加』させることに否定的」＝みんながナアナアでわかりあうようなことはダメ、であり、「『社会編制』に『不可能性を導入する』」＝みんなが違和感を覚えまとまらないような問題を投げかけるもののことだ、ということが設問の前提だということを理解しなければなりません。つまり、**異質で反社会的に思えるような問題を投げかけるのが憲法だということです。**

では、こうした設問文の意味を押さえたうえで、傍線部の内容と「具体例」を考えましょう。

まず「憲法」が「社会問題を製造する」とはどういうことか？　これは「社会問題の創出」とイコールと考えていいと思います。すると同じ表現が*L*4にあるのでそこを探ると、*L*2の**〈憲法は、社会的な矛盾を顕在化さ**

せる〉ことが「社会問題の創出」の**イイカエ**になります。「創出」の〈生み出す〉というニュアンスと、はっきり現れるという意味の「顕在化」も合致します。これを問題文に書かれた内容を踏まえ、詳しく説明すると、**〈a　憲法は、社会的に不利な立場に置かれてきたと感じている人々が問題提起をする機会を与える〉**(L12)**〈b　集団間の論争が起こる〉**(L9)、となるでしょう。

つぎに「共存共生することを可能にする」ということについて考えましょう。ただし**b**を考えれば、この「共存共生」は簡単にはいきません。そして問題にもあったように、筆者は「社会構成員間」の「共約性（＝共通性）」をふやすことには否定的でした。そうしたことを踏まえることがこの問題では求められていました。

なので**b**の論争を問題文に即して考えれば、**〈c　不利な立場に置かれていると感じている人間が、その感覚を言葉にしても、「たんなる感じにすぎないとされ」**(L31)**たり、自分たちの立場や考えかたを普遍的だと思ってきた人間たちから「抵抗」**(L49)**され、「反発」**(L54)**を受けたりする〉**のです。そして**〈d　彼らの問題提起は失敗に終わる可能性が高い〉**ことは傍線部Dの前後にも書かれていました。だとすると、**〈e　対立し合う人々が真にともに生きること〉**が傍線部の「共存共生」だということになります。

よって筆者が目指す「共存共生」であるためには、**L59**の「自己充足して閉じた合理性に支配され……とらわれることを防ぐ」必要があります。「閉じ」てしまっては「共存共生」はできないからです。閉じないためには、「自己充足（＝自らのありかたに満足）」しないこと、つまり**〈f　自らの状況や思考に対する再検討を行う〉**ことが求められるでしょう。

この**f**は筆者の考える「共存共生することを可能にする」条件であると同時に、「可能にする」という部分の具体的な中身ともいえるので、解答に含めるべきです。

そしてここで設問の条件を思い出してください。「本文中の具体例に即して」というのが設問の条件でした。**p.34〜p.35**でもいいましたが、**記述問題では設問文の条件をもとに、何を書くべきかというポイントをゲットするのでしたね。**すると憲法が「製造する」「社会問題」は〈不当な扱いを受けていると感じる存在〉に機会

を与えるのだから、そうした存在に即して、「論争」や「共存共生」について書けばいいと考えられたらナイスです。その例としては「不利な立場にあった」**〈g「黒人、女性」などの「マイノリティ」〉**（L53）が本文で示された例です。これを〈不正義を感じる人間〉と抽象的に書いてしまっては、具体例にならないので注意してください。**g**は**a**の「**社会的に不利な立場に置かれてきたと感じている人々**」と結びつけて書いても、**c**の「**不当な扱いを受けていると感じる存在**」と結びつけてもいいです。

傍線部内容説明問題では、傍線部のポイントを確認し、**イイカエ**ていくことが大切ですが、記述問題の場合、その**ポイント同士がどのように関係しているかを考えていくことが必要**でしたね。この設問でも、**a→c→e**というつながりを軸に、解答を構成していく力＝構成力が必要です。それは解答の中の論理を考えていくことでもあります。大切にしてください。

解答の形は、傍線部の前半～後半へと**イイカエ・説明**していくように書けばいいと思います。早稲田・法はむずかしいっ！　ガンバラネバダ！

大ムズ　解答例　**憲法は、黒人や女性など不正義を感じている人々に問題提起を行う機会を与え、論争を引き起こす。その時彼らは、今までの自分たちのあり方が普遍的な妥当性を持つと考える人々から反発や抵抗を受け、問題提起は失敗に終わる可能性が高い。だが憲法はそうして社会の矛盾を顕在化させながら、既存の常識の再検討を促し、人々が多様な存在との関係を真に構築しうる契機をもたらすということ。**（180字）

この問題がふつうの評論の最後だから、再確認しておきますが、

梅 POINT

1. 問題文に手がかりや根拠、正解になくてはならない要素を見つけるべし。
2. それから初めて選択肢を見るべし。
3. 自分が得た手がかりや要素を含むものを積極的に選ぶべし。

10

現古融合

『龍蛇と菩薩（ぼさつ）　伝承文学論』

早稲田大学　文化構想学部（改）

別冊（問題）　p.92

解答

問一	問二	問三	問四	問五	問六	問七	問八	問九
ニ	ホ	穀物	イ	ヘ	ハ	ハ	ヘ	イ・ハ
5点	5点	4点	5点	4点	5点	5点	5点	（順不同）6点×2

ムズ　問三、問四、問五、問六、問八

問題文ナビ

合格点

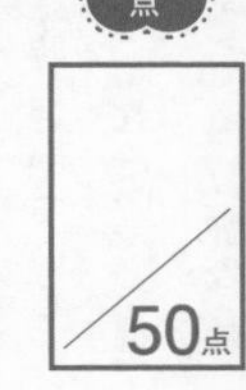

語句ごくごっくん

L1 伝承…いい伝えられること。またいい伝えられてきたもの

L3 形象…ものの形や姿。「形象化」は思想や感情などを具体的な形にして表すこと

L12 剛胆…ものごとに動じない力強い心のありかた

L28 観念…p.37 語句「観念」参照

L35 慈悲…（仏などの）人間の苦を除こうとする心

L38 翻案…外国作品やほかの作品の筋立てを借り、別の作品に仕立てること

L45 淵源…源があること。またその源そのもの

10

読解のポイント

甲
・異境である竜宮は豪華絢爛（けんらん）で、金銀財宝に満ちた世界として描かれる
　↓
・その描かれかたに共通するものがあるのは、仏典の影響であろう
　↓
・竜宮のもう一つのパターンは、英雄が竜宮に招かれ、大蛇を救うという話である。その竜は人間に富をもたらす点で、古い農耕神の姿と重なる

テーマ　現古融合問題

・出題するのは早大文化構想学部・社会科学部など。

〈読解〉 文章同士には共通点があります。現代文を先に読んで、その共通点やテーマを探りましょう。

〈設問〉 文章同士の共通点を問う問題が特殊なだけです。読むときに似た話題はチェックしましょう。

問題文を甲・乙・丙と見ていきますが、乙と丙については、現代語訳を書いておきます。

甲Ⅰ　竜宮という異境（冒頭〜L19）

竜宮は人間の世界とは異なった「異境」です。だから竜宮に関する言い伝えは、人間の世界とは異なった世界を訪れる「異境訪問譚（たん）（＝話）」として語られます。

「異境」は人間界とは正反対であったり、大きな違いがある空間として描かれます。とくに竜宮は「豪華絢爛」（L3）で、人間の世界にはない貴重な宝物に満たされた世界として描かれています。たとえば『今昔物語集』では、竜宮の空間のありさまをつぎのように描写しています。

〈竜宮の素晴らしく美しく飾り立てて造ってある門に着いた。（中略）何重にも連なる立派な宮殿がいくつもあり、皆七種類の宝玉で作られ、美しく光り輝いている。奥のほうに行きついて、中心の御殿と思われる屋敷を見ると、さまざまな宝石が飾られた、とても立派な帳（とばり）

（＝垂れ絹）と床（＝帳の台）が置かれ、輝き合っている。」

この竜宮は、『太平記』に書かれている藤原秀郷が訪れた琵琶湖の湖底にある竜宮と同じように描かれています。このように、竜宮の表現にパターン＝「類型性」（L9）が見られるのは、『海竜王経』などの仏典に描かれたようすから人々が影響を受けたからだと考えられます。

また異境を訪れる人間は、特別の資質を備えた人であり、『太平記』によれば、俵藤太こと藤原秀郷が竜宮に招かれたのは、人並み外れた剛胆（＝ものに動じない心）のゆえであったと語られています。秀郷は、「勢多の橋」（＝瀬田の唐橋）の上に横たわる大蛇の背中を、恐れることなく踏んで通ったといわれている人物です。これが「剛胆」（L12）ということなのでしょう。そしてあるとき、男が現れて、長年自分と敵対しているものを討伐してほしいと、秀郷に手助けを願い出ます。実はこの男は、橋の上にいた大蛇で、秀郷の「剛胆」を見込んで頼みに来たのでした。そして秀郷は竜宮に案内され、攻め寄せてきた「（かなり大きな）百足」（L15）を、弓矢で倒し、後に三井寺に寄進され納められることになる鐘や武具など、多くの宝物を竜宮から与えられて帰ってきます。このように、無限の富を収めている世界、それが竜宮なのです。竜王の娘が、ほかに比べようもない宝物をお釈迦さまに捧げることからも、竜宮がとてつもない宝物がある場所だと考えられていたことがわかります。秀郷が俵藤太と呼ばれ、「田原」とも通じる、尽きることのないものを収めた「俵」（L19）を竜から得たと語られているのも、竜宮にとてつもない宝物があるということから考えれば、当然のことといえるかもしれません。

甲Ⅱ　大蛇の恩返し（L20〜ラスト）

竜宮の話の、もう一つのパターンとして、『今昔物語集』に載っている、英雄が竜＝大蛇を救うというものがあります。霊力を持った蛇に味方し、蚣を退治した漁師たちが、蛇の勧めによって、後に「猫ノ島」（L27）と呼ばれる島に移住します。この蛇の霊力は人間に富をもたらすところにあり、この島が田んぼを作ることのできる場所が多い、と蛇は漁師たちにいい、この島への移住を勧めます。それは蛇が多くの豊かな作物を漁師たちに

与えることを意味していますから、竜＝大蛇は、「古い農耕神の姿を留めている」（L29）といえるだろうと筆者は述べています。この漁師たちのエピソードは、秀郷が竜宮から俵を持ち帰ったという話とも似ています。俵の中に入っているものといえば、ふつうはお米などの穀物ですから、「猫ノ島」に住み着いた漁師たちも秀郷と同じく竜神の霊力によって豊かな食糧を与えられ保護されたと考えていいでしょう。

竜の危機を救ってあげたおかげで竜宮に招かれ、宝物を得るという説話は、先の『今昔物語集』の別の話にも通じます。この話では、小さな蛇＝竜王の姫を助けるという行いによって竜宮に招かれ、減ることのない金塊をもらって帰ってきます。これにとても似た話が『諸経要集』や『法苑珠林（ほうおんじゅりん）』という中国の書物に載っています。『今昔物語集』はこれらをベースにし、日本に舞台を移して作品を作ったのだと考えていいでしょう。

ライバルと争う竜に力を貸し、その恩返しを受けるという説話は中国にもありました。『捜神後記』という書物では、山小屋に泊まっていた猟師のところに黄色い衣に白い帯を身につけた背の高い人が訪れます。その人は実は白蛇であり、明日黄蛇と戦うことになっているので助けてほしいと猟師にいいます。翌日、白蛇の願いどおり、猟師は黄蛇を倒します。白蛇はそのお礼に多くの獲物を約束し、猟師は事実多くの獲物を得るのですが、「来年からはここに来てはいけない」という白蛇のいいつけを守らなかったために命を落とすことになります。似たような話は『今昔物語集』にも載っていて、そこで争うのは青と赤の竜であり、猟師は青竜に味方し赤竜を倒し、青竜から宝石をもらい大いに富み栄えたとされています。この『今昔物語集』の話が先の中国の書物『捜神後記』をベースにしていることは疑いないですが、直接『捜神後記』から話をもってきたのかどうかはわかりません。それは日本に似たような話が多くあることから、単純に『捜神後記』から引用したのではなく、日本の伝承などからの影響も考えられるからです。

乙『太平記』巻十五〈現代語訳〉

琵琶湖の波をかき分けて水中五十町（＝約五四〇〇メートル）ほどあまりに、楼門（＝二階造りの門）が一つある。開いて中に入ると、瑠璃（るり）（＝青色の宝石）の砂利

が厚く（敷かれ）、宝玉の石畳が温かくて、落花が自然とみだれ散っている。朱塗りの楼台（＝高い建物）、紫に塗られた宮殿、宝玉の手すり、鐺（＝屋根の一部）に金の金具を付け、銀を柱としている。その壮麗な姿、きらびやかな華麗さは、いまだかつて見たこともなく、耳にしたこともなかったところである。この身分の低そうな男は、先に中に入ってわずかの間に正装してやって来て、秀郷を客用の座に招いた。左右の警護の役人、前後の着飾った宮廷女官らも、立派で美しさの限りを尽くしている。

　酒宴が何時間も続き、夜もすっかりふけると、（宮殿の者たちは）敵が攻めてくるはずの時間になったと慌てて騒ぎ出す。秀郷が、生涯にわたって、そばから離さずもっていた弓は、五人張りの（＝四人がかりで曲げ、あとの一人が弦をかけて造る）強弓で、硬い弓弦がかけて（あったがそれを）唾で湿らせて、矢は十五束三伏（＝約一・二メートル）の長さにこしらえて、矢じりを縦に差し込む部分を矢筈（＝矢の端）までぶっ通しにした矢を、たった三本だけ手にもち、今か今かと（敵を）待っていた。夜半を過ぎる頃に、風と雨がひとしきりさっと吹き過ぎて、激しい雷が絶え間なく鳴った。しばらくして、（湖の岸の）比良の高嶺のほうから、松明二、三千本くらいを二列に灯し、間に島のようなものが、竜宮城に向かって近づいてきた。そのようすをじっくり見ると、二列に灯した松明は、すべて（島のようなもの）それ自身の左右の手に灯してあるとわかった。「ああこれはムカデが化けたものだ」とわかり、（秀郷は）矢の射程距離近くにムカデが入ったので、例の五人張りの弓に十五束三伏の矢をつがえて引き絞り、集中して狙い、（ムカデの）眉間の真ん中を射たのであった。（だが）その手応えが鉄を射るように聞こえて、矢筈が跳ね返されて刺さらなかった。

　秀郷は一本目の矢を射そこなって不安になり、（念のため）二番目の矢をつがえて少しの狂いもなく、わざと前の矢で狙った箇所を射た。（だが）この矢も前のように跳ね返り、まったく体には刺さらなかった。秀郷は二本の矢をみな射そこなって、（残りの）頼りは矢一本（だけ）である。どうしようかと思ったが、ふと思いついたことがあって、今回射ようとする矢の先に、唾を吐きかけて、再度同じ狙いを射たのだった。この矢に毒を

塗ってあったためだろうか、また同じ狙いを三度まで射たためだろうか、今度の矢は眉間の真ん中を貫通して、喉の中まで矢羽のつけぎわが入るほど深く刺さった。二、三千本見えていた松明も火がすぐに消え、島のように見えたものが、倒れる音が大地に響いた。近づいてこれを見てみると、予想通り百本足のムカデだった。竜神はこれ（＝ムカデを倒したこと）を喜び、秀郷をさまざまにもてなしたが、巻絹一疋・鎧一領・口を結んだ俵一俵、赤銅の撞き鐘一つとを与えて、「あなたの一門に将軍となる人がきっと多いはずだ」と告げ知らせた。秀郷が都に帰ってから、この（もらった）絹を切って使うと、（いつまでも）尽きることはなく、俵は、中に入っていたものを、取っても尽きることがなかったので、財宝も蔵に満ち、衣装は（数が多くて）着られないで余っている。そこでその（秀郷の）名を「俵藤太」といったのである。

丙『捜神後記』巻十〈現代語訳〉

呉の時代の末頃に、臨海という地域の人が山に入って弓で猟をし、小屋を作って寝泊まりしていた。ある夜、人が訪ねてきた。身長は一丈（＝約三メートル）あり、黄色い衣に白い帯をつけていた。（猟師のほうに）まっすぐ来て「私には敵があって、明日を期日と決めて戦わなければならない。あなたが私を助けてくれるならば、きっと手厚いお礼をするだろう」と猟師にいった。猟師は「（私は）ただ自然にあなたを助けるだけだ。お礼などいらない」といった。白帯の人が「明日食事のとき、あなたは谷川の岸辺まで出てみるとよい。敵は北からやってきて、私は南から進んで迎え撃つ。白い帯をつけているのが私で、黄色い帯のほうが相手だ」と答えた。猟師は申し出を承諾した。

翌日（川岸に）出ると、本当に川岸の北側で声がするのが聞こえた。嵐のようなようすで、草木は四方になびいている。南側を見てもそのようである。（しかし）ただ二匹の大蛇が現れただけだった。長さは十丈あまりで、谷川で顔を合わせると、互いに相手に絡みついた。白蛇の勢いが劣勢になったので、猟師はばね仕掛けの弓を引き絞り敵である黄蛇を射た。黄蛇はたちまち死んでしまった。日暮れ頃、ふたたび昨日の男がやってくるのが見えた。感謝を述べ「この地にとどまって一年間狩猟をし、翌年には立ち去り、万が一にも二度と来てはいけ

ない。来たら必ず災厄に遭うだろう」といった。猟師は「よろしい」といった。（そして猟師は）そのまま一年滞在して狩猟をしたところ、獲物は非常に多く、家は豊かになり富豪となった。

数年後、ふと以前の獲物が多かったことを思い出し、来ないと誓ったのを忘れて、再び前の山で狩猟をした。（すると）白い帯の男と会い、男は「二度と来てはいけないといったのに、その言葉をあなたは守らなかった。敵の子がもう成長しているので、きっとすぐにあなたに復讐するだろう。（でもそれは）私の関わり知らないことだ」と告げていった。猟師はこれを聞いて、非常に恐れ、すぐに逃げようと思った。それから三人の黒衣の人と出会ったが、みな身長は八尺（＝約二メートル）で、（蛇のように）口を広げて一斉に猟師に襲いかかった。猟師はたちまち死んだ。

設問ナビ

問一　空欄補充問題

空欄[I]には、「異境を訪れる人間」がどんな「存在」であったかを説明する語句が入ります。その例として秀郷が挙げられているのですが、彼は「剛胆」であるところを評価されて、「敵を討って欲しいと助力を乞」われたのです。それは、竜宮から選ばれた、ということですから、**ニが正解**です。ニを入れると、[I]の前の「偶然そこに足を踏み入れるのではなくて」、〈竜宮側が選んだのだ〉という**対比**的な文脈も作れます。ロは「武力」に限定しているところが不適切です。秀郷は「剛胆」という精神的な強さを評価されているからです。他は右に述べたことと無関係です。

解答　ニ

問二　空欄に関する説明問題

問題の意図が少しわかりづらいですが、空欄[ア]には各選択肢の最後のカギカッコの中に書かれた漢字二字の語句が入るという意味だと思います。そしてそれは「竜神」であり、「農耕神」だと考えられる。するとホの「豊年満作をもたらす」という語句が「農耕」と対応して適切です。「仏教伝来以前からあった」という説明に疑問を抱いた人もいると思います。たしかに傍線部**1**直

前には、「『竜』という文字やその観念が日本に持ち込まれる以前の」と書かれているだけで、「仏教」の話は出てきません。ですが竜や竜宮については、「『海竜王経』などの仏典の表現の影響があろう」(L10)と書かれています。つまり竜が「農耕神」であるということは、「竜宮」が豪華で金銀財宝がたくさんあるという(極楽のような)イメージが仏典を通して入ってくる前の素朴な神であったということだ、と考えられます。なので**そうしたことと結びつけて考えれば、ホの冒頭部分のように「仏教伝来以前からあった」といえるでしょう**。また竜といえば水のイメージもあり、農耕、とくに日本のように稲作を中心とする農耕では、水はなくてはならないものです。そういう意味で水も農耕と関係があります。なので**ホが正解**です。ほかは「農耕」と直接関係ナシ。

解答 ホ

問三 空欄補充問題

空欄Ⅱに入る条件はまず、俵に入れるもの。このことはⅡの前の文脈からわかりますね。そしてⅡのあとには「俵から『よねを取りいだす』」と書かれています。「よね」は「米」です。でも解答は「漢字二字」でなければいけないので「米」ではダメ。そこで米は「**穀物**」だというふうに、連想できるとナイスです。空欄補充というのは原文の復元なので、原文が「穀物」となっていると、別解を認めるか、微妙ですが、「穀類」もOKにします。

ムズ **解答** 穀物

問四 空欄補充問題

これが先のテーマでいった現古融合独特の設問です。空欄Ⅲは現代文(=甲)の中にあり、猟師が「命を落とす」理由が入ります。ですが、現代文の中では、「命を落とすこと」になる理由がわかりません。そこで、古文か漢文のどこかに、関連することが書いてあるのではないか、と考えられる。この話は『捜神後記』に出てくる話です。丙の漢文は『捜神後記』です、最後に「射人即死」とあります。あとはみんなの漢文の力です。「来年以降は来てはいけない」と白蛇にいわれたのに、「忘前言、復更往猟」という部分に着目し、〈いわれたことを忘れて来ちゃったから、殺されたんだ〉とわかれば、イが選べます。**これが現古融合の設問**です。へは「数年

間」が間違いです。彼が狩猟を許されたのは一年だけで、「数年ののち」白蛇の言いつけを破って来たときに殺されるのです。その山で「数年間」獲物を捕ってはいません。

ムズ　解答　イ

問五　文学史問題

「『今昔物語集』以前に成立したと考えられる作品」の名前を答えるだけでも難しいのに、選択肢で具体的な作品名を示さず、その作品の内容までわかりなさい、というのは受験生には酷ですね。イ…鎌倉時代の説話物語集『宇治拾遺物語』に「瘤取りじいさん」の原作といわれる「鬼にこぶとらる、事」と「舌切り雀」と内容の近い「腰折雀」が収録されています。ただ『今昔物語集』が一一二〇年頃、『宇治拾遺物語』が一二二一年頃成立といわれているので、解答にはなりません。ロ…慶滋保胤の『池亭記』などに影響を受けたとされる鴨長明の作品『方丈記』は、一二一二年頃の作品で、やはり『今昔物語集』よりあとです。ハ…「後一条天皇」から「高倉天皇」までの歴史を記した歴史物語は『今鏡』で、成立は一一七〇年頃でこれも×。ニ…「神武天皇」から「仁明天皇」までの歴史を記した歴史物語は『水鏡』で成立は一一九五年頃といわれています。なのでこれも×。ホ…藤原定家が「百首」選んだ「秀歌撰」は「百人秀歌」も「百人一首」も内容がほとんど変わらないので、どちらを指しているのかわかりにくいですが、どちらにしても一二三五年以降。これもダメ。へ…『将門記』のことですが、成立年代は不明で、十世紀半ばという説が有力ですが、遅い説としては十一世紀説もあります。でも『今昔物語集』は十二世紀なので、**へが正解**。ですがシンドイ設問です。作品と作者名プラス、作品の成立年代をジャンル別に覚えましょう。

ムズ　解答　へ

問六　傍線部の理由説明問題

傍線部は〈あなたの一門に将軍となる人がきっと多いはずだ〉と訳せる部分です。設問は「竜神はどうしてこのようなことを言ったのか」を問うています。現古融合問題でも、**理由は主語の性質や性格の中にある**、という原則をつらぬいてください。主語の「竜神」は**〈a 秀郷がムカデを退治してくれたことを喜んでいます〉**。そ

10

の御礼として「秀郷も……〈竜神〉の霊力を分かち与えられ、その保護を受け続けることになった」（甲 L32）のです。これを「竜神」を主語にして**イイカエ**れば、**「竜神は秀郷に霊力を与え、保護し続けた」（b）**となります。すると、傍線部の〈あなたの一門に将軍となる人がきっと多いはずだ〉というのは、竜神の「保護」によって、秀郷だけではなく、**その子孫も「保護」を受け続けることを意味しています（b）**。また傍線部直後の「示しける」という部分は、「告げ知らせた」という意味であり、一種の宣言であるといえます。すると「竜神」が傍線部のようなことをいったのは、**〈〈竜神は〉秀郷がムカデを退治してくれたので、秀郷やその子孫を保護し続けることを宣言しようとしたから〉**となります。

　こうした内容に最も近いのはハです。前半部が**a**と、「竜神が感謝して子孫を守護する」が**b**と、そして「誓った」は傍線部直後の「示しける」と対応しています。

　よって**正解はハ**です。**イ**は後半部が問題文に書かれていないことです。**ロ**は秀郷が「超人的能力を獲得した」という説明が不適切です。これでは秀郷が自分の行為によって「超人的能力」を得たことになります。でも「超人的能力」は竜神によって与えられたのです。**ニ**も傍線部の内容と食い違います。**ニ**は秀郷が「次々と将軍を輩出する家柄なのだと考えた」と説明していますが、そのような家柄になるといったのは、「竜神」であり、秀郷が自分で考えたのではありません。**ホ** チョイマヨ は竜神が秀郷の未来を予測しただけになり、竜神が秀郷に霊力や御礼を与えている場面に合わない発言になります。**へ**は「竜神」が「約束させられた」が×。

ムズ　解答　ハ

問七　漢文の返り点の問題

「返り点」の問題は内容から考えるのはもちろんですが、漢文のルール、とくに句形の面からも考えていくべきです。この問題でも、傍線部の前半の「勿復更来」は、丙の文章の*L* **6**の「勿復来」と同じ禁止の句形です。それがわかれば一・二点が付く形だとわかります。また後半の「不能見用」は、*L* **2**の「可見助」と同じ受身形です。すると「能」と「見」はレ点で返ることがわかります。よって**正解はハ**です。

解答　ハ

問八　傍線部の内容説明問題

この問題は読解ができないと解けないので、漢文の実力が出ます。まず傍線部の「讐」の字に着目してください。この字は丙の文章の第一段落にも出てきます。大男が「我有讐（＝私には讐（＝敵）がいる）」といっています。この大男が白蛇ですから、「讐」は翌日戦う「黄蛇」です。すると「讐子」は、黄蛇の「子」です。黄蛇を殺したのは猟師＝「射人」ですから、それこそ猟師へのリベンジ＝復讐、に燃えている「子」なのです。だから最後に猟師は殺されるのです。なので**正解はへ**です。

ムズ

解答 へ

問九　内容合致問題（趣旨判定問題）

甲・乙・丙すべてを見なければなりませんし、その三つの文章の重なり・共通点も考えていかなければなりません。では一つひとつ、選択肢を見ていきましょう。

イ…甲の文章の**L9**で、竜宮に関する描写やイメージに「類型性」があるのは、『海竜王経』などの仏典の表現の影響があろう」と書かれています。すると「仏教の世界観では」といういいかたは問題ないといえます。イの後半も甲の**L7**に引用された『今昔物語集』に書かれていることであり、「室内調度品」とは「帳」（**L8**）などのことです。なので**イが一つ目の正解**。

ロ…浦島太郎のような「悲劇的な結末に終わる」という内容は問題文にナシ。ワースト2ランクです。

ハ…乙の「この怪しげなる男……酒宴数剋に及んで」（**L3**）の内容と合致します。なので**ハが二つ目の正解**。

ニ…松明は、ムカデの手に灯したものです。ですから「軍勢」だったというのは問題文と食い違います。

ホ…大男（＝白蛇）がいったのは、自分は白帯で、相手は黄帯だということであり、「敵味方の区別が付きにくいので、気をつけるように伝えた」のではありません。

へ…**問八**で確認したように、「射人」を殺したのは、黄蛇の子であり、「狩り場を荒らす者を警告する役割」の巨人ではありません。これはワースト1ランク。

解答 イ・ハ

どうでしたか。ここまでの最難関私大の評論に勝利しましたか？　今は自信がなくても、何度も挑んでいく粘りが大切。そうすれば道は必ず開ける。そしてつぎのエッセイ編へ。

11 随筆

『加賀金沢・故郷を辞す』

南山大学

別冊(問題) p.103

解答

設問	解答	配点
A1	オ	4点
A2	ウ	4点×4
A3	イ	
A4	エ	
A5	ア	
A6	エ	6点
A7	ウ	6点
A8	ア	7点
A9	イ	5点
B1	a 冷淡　b 軽薄	2点×2
B2	いちべつ	2点

ムズ A1、A5、A6、A7、A9

/50点

問題文ナビ

語句ごくごっくん

L1 塩梅(あんばい)…ものごとのほどあい。加減。具合

L22 縷々(るる)…①細く絶えずに続くさま　②こまごまと述べるさま。ここでは②の意味

L24 破目(はめ)…境遇。とくに困った状態を指す

L28 逗留(とうりゅう)…旅先でしばらくとどまること

L34 悒(いぶ)せくも…うっとうしくも

L36 事古(ことふ)りた…言い古された。古くなった

L36 さもしい…浅ましい。卑しい

L44 国…故郷

L44 偏屈…性質がかたより、ねじけていること

L47 文壇…作家・文芸批評家たちの世界

L56 ぬかった…油断して失敗した

読解のポイント

I 田舎に帰ってきて旧友と会うのがわずらわしい

↓

Ⅱ　自分の偏屈さを反省するようになった

ひとこと要約

故郷で過ごしている中で、自分の偏屈さに気づいた。

問題文は、自分の「偏屈」さを反省するという、気持ちの変化が現れる最終段落と、それまでの部分とに分けることができます。問題文を二つに分けて見ていきます。

Ⅰ 旧友とのやりとりを通じて（冒頭～L43）

筆者室生犀星（むろうさいせい）は一八八九年金沢に生まれた詩人、小説家。幼いときに家族とうまくいかなかったため、**故郷に対して複雑な思いを抱いています**。その故郷にもどってきて、筆者は自然の中で穏やかな日々を過ごしています。秋の山々の景色にもしんみりとしたものを感じ、鮎のようすにも何か人間に通じるものを感じたりします。

故郷での「秋」は二年目であり、「田舎にあいて（＝飽きて）しまった」（L15）のですが、もうしばらくいようと思っている筆者のところへ、旧友がたずねて来ます。ですが、筆者は旧友の話を「人事（ひとごと）のようにきき流」（L19）してしまっている自分に気づきます。一緒に食事などすることになったときは、なおさら「不幸」（L24）になった気がするのです。

やはり故郷というものはひっそりやってきて、こっそり帰っていくのがいい場所だと、筆者は思います。

「古い人情のこだわり」（L29）が自分の心をくすませるような気がし、旧友たちの話が自分に「一しょに手を拍（う）たねばなら」（L36）ない（＝話を合わせなければならない）ように「強い」てくる気がして、イヤになってしまうのです。

Ⅱ 自分の「偏屈」を反省する筆者（L44～ラスト）

そんな人嫌いの筆者でしたが、「国（＝故郷）」に帰ってみて、自分が「偏屈」であることに気がつき始めました。そして「偏屈」であることを意識しなければならないことが「美しくない」（傍線部③）気がしてきたのです。「文壇」とも関わりをもたなかったことも無意味だったと思い始めます。それは「退屈な、むかしばなしの友だちよりどれだけ増しだろう」（L49）と思ったからだというのです。これでは「偏屈」を反省しているとはい

えないですが、それでも「孤独」を意識しすぎて人との交わりを避けすぎたことを「きまりわるい」（L54）ことをしたと反省するのです。

そしてすぐにわかる「見え透いた」言動は、「一番」嫌いなものであったはずなのに、自らが「見え透いた」「孤独」や「へんくつ」を示していたのではないかと思った筆者は、自らの今までのありかたに「不賛成」を表明するのです。

テーマ　エッセイについて

随筆（エッセイ）というのは、筆者個人が「私」など一人称で、自分の体験や思い、考えを書いたものです。そうした随筆にも、**対比**や**イイカエ**などの構造があります。だから、評論と同じように読むことが基本です。ただ違う点はつぎのようなことです。意識して読み、設問を解いてください。

1　評論のような論理ではなく、筆者の連想によっていくつかのエピソードが続く場合が多い↓どのような共通点でつながっているかを考える

2　文章全体で一つのテーマだけを語っていることが多い↓傍線部を傍線部とその前後の文脈だけで読まず、全体のテーマと傍線部とをリンクさせて設問を解く

3　比喩的な表現などが多く、設問でもそれを問われる↓比喩が何を喩えているか、を傍線部前後の文脈と全体の内容から判断する

設問ナビ

A 1　空欄補充問題

最初から比喩の問題です。空欄[I]に入るのは「山肌に見え」るものです。そして[I]の前後には、「山々」の痩せた皺や襞が「侘びしく」見えるようすが書かれています。「とげとげしさが沈んで見えた」というのも、[I]の前とのつながりやあとの鮎の話へのつながりから、人間でいえばとんがっているところが老いてなくなったように見える、という意味だと判断すべきです。すると筆者の前にある山は暗いようす、あるいは落ち着いたようすを見せていると判断できます。なので**オが正解**。比喩的ですが、山の暗さ、よくいえば落ち着いたようすが表現できます。**エ**「枯木の蔓」が「山肌に見え」ると、「とげとげし」くも見える可能性があるので、[I]の後ろへのつながりがよくありません。

ムズ　**解答**　**オ**

A2 空欄補充問題

空欄**Ⅱ**のあとの「かれら」は「鮎」です。その鮎が産卵の時期を迎え、「尾の方から黄いろく」なっていく。「春浅いころ」(*L* **11**)から鮎を見てきた筆者ですが、若々しい鮎が育ち、産卵期を迎え、肌の色が変わったり、体力が衰え、「荒い瀬なみ(=川の流れ)」(*L* **13**)を抜けきることができなくなったりしているのです。**ウ**を入れれば、そうした鮎のようすの変化を表すことができ、わびしい山のようすともつながります。

解答 ウ

A3 空欄補充問題

空欄**Ⅲ**は「古い人情のこだわり」を喩えた表現が入ります。そして*L* **31**に「その柿のしぶ」という語句があり、この「その」が**Ⅲ**を受けていると考えられるので、**正解はイ**。**Ⅲ**のあとの「染め」るともつながります。

解答 イ

A4 空欄補充問題

空欄**Ⅳ**はすぐあとにあるように「曲りなりに固ま」るもの。なので**エが正解**。

解答 エ

A5 空欄補充問題

空欄**Ⅴ**は「孤独」や「へんくつ」が「見えてき」たようすを表しているのですが、「忌々しい古い日記をひっぺかすように」と**Ⅴ**直前にあることに注目してください。「ひっぺかす」というのは〈引きはがす〉というような意味です。それに「古い日記」なので、傷んでいたりページがくっついていたりして、なかなか思うようにページもめくれないかもしれません。だからこの比喩は、自分の「へんくつ」などを見るときになかなか簡単には見えなかったようすを表していると考えられます。このことは「やっと」「見えてきて」、という**Ⅴ**前後の語句のつながりからも推測できます。すると「雲や霧」が立ちこめて、なかなか思うように見えなかったけど、それが「やっと」「見えてき」た、という意味にすれば、**Ⅴ**の前後の内容と合致します。だから**アが正解**。「過去」も「古い日記」と対応します。**イ**を入れた人もいるかもしれませんが、**イ**は**Ⅲ**の一行あとの「その」という指示語との関係で**Ⅲ**に必要。**A1**の設問文にあるように、同じ選択肢は使えないし、「柿のしぶの中に見えて」という表現は日本語として「雲や霧の中に」よ

り不自然です。

解答 ア

A6 傍線部の内容説明問題

A２でも触れましたが、傍線部①の前の部分は鮎の話です。それを筆者は、「人情の中のもの」と「くらべながら思い出し」ているのです。つまり「鮎」が、人とダブる。すると産卵する鮎はもちろん生命の誕生の喜びにもつながりますが、体の色も変わり、「荒い瀬なみを抜けきることのできなくなっている」、また「流れを下るだけで上ることのない」ものは、人間でいえば、挫折や、もはや流れに立ち向かうエネルギーを失った老いた状態への嘆きに通じるともいえます。

ですから「人情の中のもの」とは**人間が人生を生きるうえで感じるさまざまな情**、という意味だと考えられます。なので**正解はエ**。筆者は自分の人生と重ねている可能性もあるので、ア「人を思いやる」は自分への感情を含めることができないし、意味が限定されてしまいます。**ウ** チョイマヨ の「感情の起伏」は、テンションの高低を表す表現ですが、ここでは「情」の「起伏」が問題なのではなく、多様な「情」が鮎のようすに重なり合うことを説明すればよいのです。だから「起伏」は余計です。イの「情（なさけ）」やオの「絆（きずな）」は入れる根拠がナシ。

解答 エ

A7 傍線部の理由説明問題

傍線部②に「旧友が昔と変って人なつこそう」とあります。だから「旧友」は昔はあまり筆者に近づかなかった。なのに今は違う。それは**「むかし対手（あいて）にしてくれなかった人々までが、いくらか表面だけらくに見えるわたしの暮（くら）しを訪ねてくる」**（**a** *L* **32**）と書かれていることとも対応しています。**理由はエッセイでも「主語」の性質・性格の中にあります。**この文の主語である「旧友」が話に来るのは、今引用した部分から、余裕のあるように見える筆者の暮らしぶりに関係がある、とわかります。文学者として有名になったから近づいてくる、ということかもしれません。

このaを踏まえている選択肢がウです。でも**ウ**は傍線部の**イイカエ**で、理由になっていないんじゃないか？と思った人もいるでしょう。あるいは、*L* **26**にあるように、故郷を嫌う感情もある筆者には、旧友の振る舞いも

素直には受け取れない面もある。そうしたことも含んだ選択肢が正解じゃないの、と。それはとても正しい感覚です。ですが、**p.49第3講問七**でも触れましたが、

梅POINT 理由説明問題で傍線部をイイカエているだけのように見える選択肢を正解とすることもあると心得よ。

それはやはり傍線部と対応している点で、ほかの選択肢よりマシだからです。アは「昔仲良くしていた」という部分が傍線部と×だし、イの「昔けんかした」は問題文にナシ。**エ**も「昔無口だった」がナシ。オも「私が話を聞きたくないと思っていることがわかっている」という部分が、問題文にナシ。

梅POINT 傍線部問題は傍線部とのつながりを優先すべし。

という原則を忘れないようにしましょう。

解答 ウ

A8 傍線部の内容説明問題

傍線部の直前の内容は、〈自分が偏屈だと思い、偏屈な人間は偏屈なためにどんどん偏屈にならなければならず、そういうことを強く意識していくこと〉という意味です。そうした自分に対して、筆者は「少し美しくない気がし出した」のです。

また傍線部③のあとの一文は、傍線部を含む一文と**接続語なしにつながっているので、イイカエの関係にある**と考えていいでしょう。つまり「偏屈」であることは、「自分は孤独」だといったり、思ったりすることともつながっているのです。その証拠に「『孤独』や『へんくつ』」（L58）というふうに、「孤独」と「へんくつ」は並列されて書かれてます。

これらをまとめると、傍線部は**〈偏屈と感じてそうした意識を強くもったり、孤独だといったりするのは、かっこわるいと思い始めた〉**という意味になり、これに最も近い内容をもつ選択肢、**アが正解**です。

イ チョイマヨ は「自分」が実は「偏屈」じゃないんだ、と思うようになったという内容になるので、自分を「偏屈」な人間だと感じ始めている筆者のようすと×です。

ウは「偏屈でもよい」という部分が、「偏屈」を「美しくない」と思い始めていることと×。「偏屈」と「孤独」を区別しているのも、二つが並列されていることと一致しません。エは「そこから抜け出せない」が問題文にナシ。 **解答** ア

A9 空欄補充問題

空欄Ⅵは、自分でも嫌いな「見え透いた『孤独』や『へんくつ』」が見えてきて、その「根」に対してⅥをした、という文脈。いやなもののその根っこに対しては、それを根こそぎにしてやろう、つまり〈否定したい〉と思うでしょう。それに*L*54に「自分乍(なが)ら賛成できない」とあります。これは「自分は孤独だからと言ってその説（＝考え）の中におさまりかえって」（*L*46）、「文壇人」と話さなかった自分の「孤独と偏屈」ゆえの「考え」に「賛成できない」といっているのです。だから自分の「孤独」や「へんくつ」の根っこに対しても「賛成できない」＝「不賛成」なのだと考えて**イ**を入れれば、文脈もつながります。よって**イが正解**。

エ チョイマヨ 「危惧」は〈あやぶむこと・心配すること・不安に思うこと〉という意味ですが、「忌々しい」ものの根っこが「やっと」見えてきたのです。それに対して「不愉快」、「忌々(いまいま)しい」とまでいっているのに、「危惧」という言葉は不適切。エッセイ・随筆では、書きかたや筆者の心情を考えながら解答していきましょう。**オ**「追従」は〈つき従うこと〉です。悪い根っこにつき従ってはダメですね。**ア**・**ウ**は真逆。 ムズ **解答** イ

B1 漢字の書き取り問題

解答 a 冷淡　b 軽薄

B2 漢字の読みの問題

「一瞥(いちべつ)」は〈ちらっと見ること〉です。傍線部分は、〈相手をちらっと見て、すぐに見え透いた行動をすること（や人）が一番嫌いだ〉という意味です。 **解答** いちべつ

12

随筆

『「あはれ」から「もののあはれ」へ』

早稲田大学　教育学部（改）

別冊（問題）　p.110

解答

問一	問二	問三	問四	問五	問六	問七
a ウ　b エ	オ	ウ	ウ	ア	ウ	1 オ　2 イ
2点×2	8点	7点	8点	8点	9点	3点×2

ムズ　問一、問三、問四

大ムズ　問七

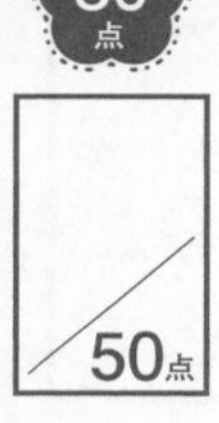

問題文ナビ

語句ごくごっくん

L7 **抽象**…p.87　**語句「抽象」参照**

L8 **具体**…p.87　**語句「具体的」参照**

L8 **帰納**…個々の事実や経験から結論（法則）を導き出すこと

L9 **敷衍**（ふえん）…ほかのものにまで広げて説明すること

L10 **客観的**…p.75　**語句「客観的」参照**

L15 **概念**…p.26　**語句「概念」参照**

L20 **羅列**…つらねて並べること

L23 **なおざり**…いい加減にするさま

L24 **胡坐**（あぐら）**をかく**…自分では何もしないで、いい気な態度でいる

L25 **杜撰**（ずさん）…いい加減でミスが多いこと

L40 **普遍**…p.112　**語句「普遍的」参照**

L68 **絶対**…ほかの何ものとも比較されず、ほかと取り替えがきかないこと。どんな制約も条件も受けつけないこと。ダントツ

読解のポイント

I

・評論…感動の根源を分析して論理的に把握したい欲望にもとづくもの

⇔

・小説…感動の根源を分散し拡げて強調したい欲望にもとづくもの

＝

両者の共通点…事物を「見る」ことが必要

II

・『西洋哲学史要』は絶対の叡智などないと私に教え、文学に目覚めさせ、見ることの大切さをも感じさせた

問題文は*L*50の（中略）のところで、評論と小説に関する「文学」についてのテーマと、「文学」に目覚めた少女時代について語る内容とに大きく分かれます。ただし前半が長いので、三つの内容的なポイントを挙げて、前半を三つに分け、合計四ブロックとして見ていきます。

I—① 小説の「壁」（冒頭～*L*22）

筆者は「小説よりも先に評論を発表してい」ました。それは「私の自然」＝〈自分の中にある自然な欲求〉から生じたものだったのですが、そうした筆者の中に小説を書きたい「衝動」（*L*1）が沸き上がってきます。

筆者の中で「評論」と「小説」は各々「別の」表現として意識されていました。つまり「小説への衝動」は「評論」を否定するものではなく、「評論」とは「別の」表現としての「小説」を求めることだったのです。

でも実際に小説を書き始めてみると、筆者は「壁」に「突き当っ」てしまいます。「評論という形式に馴染ん」でいたため、「事物」を「抽象的（＝非具体的）」に「処理」してしまう癖が身についていたからです。「なぜ感動したのか」と自分に問いかけ、「分析」して「帰納」して「言葉による明確な結論」を求めます。

でもこれは「評論」のやりかたです。「小説」を書くならば、「感動の拠り所」を自らのイメージや方法によって拡げて「強調」する、という欲望を満たさなければなりません。でも筆者の中には「小説」への欲望と「評論」への欲望とが「矛盾なく」(L13)存在しています。だから「小説」を書こうとするときにも、「評論」を求める気持ちが自然と沸き起こってくるのです。

これが「小説を書き始めてまず突き当った壁」(L7)です。もちろん「小説」を書くにも理性は必要です。でもその「理性」が背後ではなく表に表れて、「具体的な事物」を描写するのを妨げるようになると、「小説」から自然な「勢い」が失われ、具体性が損なわれるのです。すると「小説」としての、のびのびとして張りのある「弾力」も作品から奪われてしまいます。

I―② 「見る」こと(L23〜L40)

「具象といい加減に馴れ合った抽象に胡坐をかいている」(L24)という表現は、具体的現実に即して、事象や「事物」をしっかりと見ずに、いい加減にただ抽象的に言葉を書き連ねることを指しています。「抽象」は「具象(=具体)」あってこそのものですから、具象をいい加減に扱った「抽象」には人を説得する力やリアリティはありません。筆者はそれを避けるため、一生懸命、具体的事物に向かい合おうとするのです。

すると日頃の「物の見方」が、いかに「杜撰」であるかがわかってくるというのです。「小説を書く基礎」は、「事物を杜撰にではなく『見る』習慣、『見る』力だ」と筆者はいいます。たとえば何気ない、一つの茶碗でも、どのような線からできていて、見えない背後にはどのような線や形が隠れているか、そうした「事物」の構造を意識的に「見る」ことも、「『見る』習慣、『見る』力」に当てはまることでしょう。そしてそれを言葉で表現する。だから「事物としての言葉遣い」(L41)という表現にも暗示されているように、「事物」という語には〈言葉〉も含まれると考えられます。〈言葉〉をもじっくり「見る」のです。なので「見る」ことによって始まる「事物の選択と再構成」(L27)というのは、どのような具体的な事物や言葉を選び、どのように「小説」世界を築いていくか、ということを指しているのです。

　このような「『見る』習慣」や「『見る』力」は「評論」でも必要です。テキスト（＝書かれたもの。この場合は他人の作品）を読むことは、日常で「自分の環境の事物を見る」ことと変わらないことです。「読み」にも深浅の「段階」がありますが、それは「見る」際の「段階」に無限の深みがあることと、根本は一緒です。「テキストの読みの粗雑な評論（＝対象作品に対する見方の甘い評論）」（L33）は、「説得力」がなく、「声が高い（＝高慢で大げさ）」ものになります。小説を書くことを知った筆者は、自分の評論に「平明な（＝わかりやすい）言葉」で、テキストを事物のように見て分析し、客観的なものとして論じようと考えます。

I―③　テキストの読解で大切なもの（L41～L50）

　「テキスト」をよく「見る」こと、それは、自分はわかっているのだという過信を捨てて「テキスト」と「謙虚」に向き合うことでもあります。

　ただしもう一つ「テキスト」を「分析」するときに「大切」なものがあります。それは、「ひらめきのような直観」（＝A）です。

　「謙虚」とは、主観や自分の意図をもとに「文章」を解釈するといった「目的」をもたずに、「文章」から与えられるイメージや意味を素直に受け入れる、ことです。

　そしてそうした「無目的の場合」に「小さくても発見に類するようなこと」が生じやすい。この「小さくても発見に類するようなこと」自体、あるいはそれをもたらすものが「直観」でしょう。すると「謙虚」な場合ほど、「直観」や「ひらめき」がもたらされることになるので、両者は「矛盾」（L43）しないのです。

　だから「謙虚」に「無目的の状態で文章に集中すれば」、「ひらめきのように頭を過ぎる何かに出会」える。「評論」の書き手がそういう瞬間を獲得したかどうかは、その人の書く「評論の文章そのもの」（L50）に張りや「弾み」のようなものがあるかどうかという「違い」となって表れてくると筆者はいうのです。

II　「文学」への目覚め（L51～ラスト）

　筆者は子供の頃、自分の中に「理性と感性という相容れないもの」（L58）があると意識するようになりました。この二つのものに「折り合い」をつけてくれるもの

として、筆者は人間の「賢さ」＝「叡智」に救いを求めます。

そして出会ったのが『西洋哲学史要』という本でした。でもその本は、「折り合い」をつけてくれるのではなく、この世に「不変」、「絶対の叡智」などというものがないことを思い知らせるものでした。筆者は「折り合い」をつけようとしたこと自体がいけなかったのだと思い、自分が「安直」だったと反省します。そして自分の中の「理性と感性」だけではなく、「世界」との「折り合い」を探る方向へと自分の道を転換します。ここで折り合いを「つける」ことと、「探る」ことが違うこととして語られているところに着目してください。折り合いを「つける」というのは、解決を求めることです。それに対して「探る」というのは、世界と自分という二つのものの正体とその関係を見きわめるということですから、解決を目的としているわけではありません。

そしてそうした探究の中で、筆者は「言葉で生きる人間のよろこび」を知ります。ここまで来れば「文学への目覚め」はもうすぐです。そのきっかけは、文学とは直接関係のない『西洋哲学史要』だったのですが、そこにあった「叡智」は、「時空」に存在する「目には見えないもの」を見つめた「人間の目の歴史」（L73）でもあったのです。

ここでⅠ―②の「見る」ことと話がつながった！と思えたらナイスです。そして「見る」ことをいい加減にして書かれたものは、その人の生きかたとしてあらわれてくると、筆者は述べています。

テーマ　小説について

小説では誰の視点から描かれているか、ということがとても重要です。たとえば①作家が小説世界を統括する「超越的視点」＝登場人物が三人称で描かれる。②「私」という一人称が視点人物である、などをきちんと意識して読みましょう。

また表現の仕方を意識できるようになることも大切です。たとえば①「象徴的な表現」＝直接心情や言いたいことを述べず、風景描写などでそれを暗示する。②「写実的な表現」＝目に見えるままを感情を交えずに微細に描く。③「抒情（じょじょう）（叙情）的な≒感傷的な表現」＝感情・感動・心理を詩情豊かに描く。④「幻想的（視覚的）な表現」＝非現実的な情景や色彩感を描く、などを自分で判断できるようになりましょう。

設問ナビ

問一 **漢字問題（マーク式）**

aは「到来」で、**ウ「周到（＝よく行き届いていて落ち度がないさま）」が正解**。ア昏倒（＝倒れること）。イ桜桃（＝さくらんぼのなる木。またはさくらんぼ自体）。エ透徹（＝筋道が通っていて一貫していること）。オ薫陶（＝優れた人格や徳によって人を感化すること）。

bは「器」で、**エ「利器（＝便利な機械や器具）」が正解**。ア喜色（気色・黄色）。イ規矩（＝行為の基準となるもの）。ウ継起（継木）。オ毀損（＝壊れること、傷つけること）。　ムズ

解答　**a　ウ　b　エ**

問二 **傍線部の理由説明問題**

理由は主語の性質の中にある、というのが基本でした。傍線部の主語は「私」です。「私」は今「小説」を書こうとしていますが、「小説」では傍線部直前に書かれているように「結論」は筆者が書くのではなく、「読者にゆだね」るのです。一方、「結論を自分に要求」（L9）とあるように、「結論めいた文章」を書くのは「評論」の場合です。つまり「評論」と「小説」には、

> ・結論を書く評論
> ⇔
> ・結論を必要としない小説

という違いがあります。このことと、傍線部の「結論めいた文章を書かない不安」という表現をもとに考えれば、**〈a　評論を書いてきて、小説も書こうとする「私」は、評論の性格が出ないように小説を書くことがむずかしく感じられるから〉**、「不安」になっているのです。

だからaと対応する**オが正解**。右の**対比**と合致します。

アは「小説も評論も」、「理性の存在を結論に明示することが求められた」と説明していますが、これでは「小説と評論が対立しませんからaと×です。イ チョイマヨ は後半部がおかしい。後半部は問題文に書かれていないともいえますが、筆者は小説を書いていて悩んでいるのです。だから「小説」の方向性を打ち出さなくてはなりません。なのに「どちらかの方向性を明確にすることが困難になってしまった」という説明だと、「評論」の方向

性が「明確」になってもいいことになります。**ウ**は「融合」がおかしい。評論を書きたい欲望と小説を書きたい欲望は「矛盾」（L13）はしてないと書かれていますが、二つには違いがあり、その違いに「私」は悩んでいるのです。二つが違いを乗り越え、一緒になって「融合」してくれたら、うれしいですが、そうならないから「不安」なのです。**エ**は後半が「評論」の書きかたですから、**イイカエ**ると、「小説」を「評論」のように書けなかった、ということになります。筆者は「評論」では書けないものを書きたくて、「小説」を書き始めたのです。その「小説」を「評論」のように書くことに「不安」を感じているのです。内容が逆です。

解答 **オ**

問三　空欄補充問題

空欄A の部分は、基本的には「評論」の話をしています。そしてAには「謙虚」と並列されるものが入る。それも「テキストの分析帰納で」（L41）、つまり文章を読むときの態度（**a**）として、一見「謙虚」と「矛盾するよう」に考えられるものです。p.58の梅POINTでもいいましたが、**対比の文脈にある空欄には、対比がより明確になる語句を入れる**のでしたね。

だから「謙虚」と対比される語句（**b**）が正解です。

ただしここでいう「謙虚」とは、「文章に即して謙虚」（L39）とあるように、他人の文章に対し、自分の考えなどを交えず、書かれたことを忠実に受け取ることです。そのときに何か「目的」（L44）を持って読んでやろうという下心があると、「謙虚」じゃない。だからこの「謙虚」は「目的を持たず……聞えてくるものだけに聞き入ろうとする」（L44）こととイコールだと考えられます。

そうした「謙虚」さと「矛盾」するかもしれないものは**ウ**です。「ひらめき」や「直観」は、文章を読んでいて（＝**a**）、自分の中から能動的に湧き起こってくるものですから、「謙虚」と逆のイメージ（＝**b**）になるからです。アの「平明」や**エ**の「聞き入ろうとする受け入れ態勢」は、「謙虚」と同じような意味をもつので、**対比**が作れません。**イ**は「文章」そのものの性質で、文章に対する態度を表せません。**オ**の「具象に戻る作業を繰り返す辿々しさ」も誠実で地味な態度です。なのでやはり「謙虚」と意味的に近く、**対比**を作れません。L45「発見」≒Aと考えるのもOK。

ムズ　**解答** **ウ**

12

問四　傍線部の比喩説明問題

p.109の梅POINTでもいいましたが、**比喩説明は傍線部内容説明問題の変形バージョン**でした。**イイカエを重視しましょう。**

では問題に入ります。傍線部**2**の「ほどに応じた」という部分はわかりづらいです。「ほど」はふつうは〈程度〉という意味です。この場合は、自分に関係する「ほど」なのでしょうが、それが何の〈程度〉なのかがはっきりしません。読みの「段階」や「見方」（L35）の〈程度〉なのか、「聞えてくるもの」（L44）の「程度」なのか、それとも単に〈適度〉という意味なのか。

それにこの「ほど」は「土壌」にかかるのか、「耕し」にかかるのか、判断する決定的な根拠もない。

とりあえずあまり限定せずに**〈a　自分のレベルに対応した適度の〉**と理解しておきましょう。

ではつぎに「土壌の耕しを怠ら」ないという部分です。「土壌」とは〈作物を育てる土地。物事を生じさせる環境・条件〉という意味です。「文章に集中すれば」という傍線部の後半の述部を見ると、傍線部の主語は〈文章を読む人〉だと判断できます（筆者だと考えてもいいでしょう）。その人は「ひらめき」のようなものと出会う人です。なので「土壌」とは、〈作物〉として「ひらめき」のようなものを実らせる〈文章を読む人〉自身のことだと考えられます。

そしてその人が、「耕しを怠ら」ないことによって、「ひらめきのような」ものに出会える。〈文章を読む人〉は、「聞き入ろうとする自分」（L46）と同じ人物です。その人は「受け入れ態勢」を整えなければならない。それは「仕込みの粗密（＝読書によってどれだけのものを自分が身につけたか、知識や認識が密度の薄いものであるか、濃いものであるか）」に関係する。「仕込み」をすることと「耕しを怠ら」ないことは、同じ〈文章を読む人〉が行うのだから、同じようなことのはずです。ふつう「仕込み」は〈桶などに詰めること。教えること。身につけること〉などの意味がありますが、この場合の「仕込み」は「文章」の「受け入れ態勢」と関連し、「聞えてくるものの種類、程度」を左右するのですから、文章を読む人がどれだけ、書物に対する態度を育んできたか、ということ、つまり**〈b　読書経験の積み重ね〉**ということだと考えられます。だから「耕しを怠らず」も

bのような意味です。

傍線部後半の「無目的の状態」は*L*44にあったように、**〈c　安易な答え（＝「目的」）を求めず、文章から聞こえてくるものだけに聞き入ろうとする状態〉**だと考えればいいでしょう。

すると傍線部は**〈自分のレベルに合わせて読書経験を積み重ね、安易な答えを求めず、文章から聞こえてくるものだけに聞き入ろうとすれば〉**と**イイカエ**ることができます。すると**正解はウ**。「自身の能力に応じて」が**a**と、「教養をつちかう」は**b**と一致します。「虚心」は〈素直な心〉だから「無目的」＝**c**と対応します。「積極的」を「無目的」と食い違うのでは？　と思った人もいるかもしれません。これは傍線部の1行前に「ただただ消極的に文章に対していればよいということではない」とあり、それに続いて傍線部が出てくるので、傍線部の「文章に集中（＝**c**の『聞き入ろうとする』）」する態度をこのように表現したのだと思います。そして「無目的」は、答えを得ようという下心をもたない、という意味であって、それと〈ひたむきに書物に集中する〉という積極的態度は両立します。だから「積極的」もOKです。

アチョイマヨは**a**に対応する内容がありません。**エッセイでも、傍線部内容説明問題であれば傍線部と内容や表現が最も対応している選択肢を選ぶ、というルールは変わりません。**イは「自身の問題意識に応じた多様な内容を取り入れ」ることが「ほどに応じた土壌の耕し」の**イイカエ**になるといえる根拠がありません。エの「批判的に把握しよう」、オの「読みを確かなものに構築しようとして」が両方とも「無目的」＝**c**と×。

ムズ　解答　ウ

問五　傍線部の内容説明問題

『西洋哲学史要』について書いてあるところをピックアップすると以下のようになります。

a　叡智の限り（＝限界）を思い知らされた（*L*67）
b　世界の「本源」「原質」について論じていた（*L*65）
c　不動、不変、絶対の叡智は無いと知らされた（*L*69）
d　文学に目覚めさせてくれた（*L*72）
e　目に見えないものを見る重要さを示唆した（*L*74）

すると**正解はア**。**a**～**c**と*L* **67**に一致しています。**イ**は後半部がナシ。**ウ**「緊張を解消して」も問題文にナシ。**エ**は「絶対的なものへの憧憬（＝あこがれ）……学ばせてくれた」という部分が**a**・**c**と×。**オ**も「本質的な不安を解消する……くれた」が**a**・**c**と×です。

解答 ア

問六 内容合致問題

ア チョイマヨ…「自らの内部……折り合いをつけるために文学を志す」が×。筆者は「折り合いをつける」のではなく、「世界との折り合いを探る方向」（*L* **70**）へ向かったのです。それに「探る」うちに、「やがて」文学に出会ったので、「折り合いをつけるために文学を志」したというつながりも問題です。

イ…後半部が問題文にナシ。ワースト2ランク。

ウ…「評論では……『見る』力の必要については、小説の場合と全く同じ」（*L* **28**）と一致します。「評論」も「小説」も「書く」ものですから、「『書く』は『見る』に支えられている」も○。なので**ウが正解**。

エ…「常に文学から何かを得ようとしなければならない」という部分が「無目的の状態」（傍線部**2**）がいいと書いてあることと×。

オ…「感動」は「評論」にも「小説」にもある（*L* **12**・*L* **31**）のに、「小説」にだけ「感動」があるかのような説明だし、「接点を特に意識したのは小説の根底に存在する感動に気づいたとき」も問題文にナシ。

解答 ウ

問七 文学史問題

1 「広島県出身」で「原爆を題材とした」小説を書いたのは**オ井伏鱒二**（いぶせますじ）。

2 彼の代表作で「原爆」をテーマとしているのが**イ**『**黒い雨**』。作家と作品のペアは、**1ア**村上春樹＝**ウ**『風の歌を聴け』。**1イ**林京子＝**ア**『祭りの場』。**1ウ**野坂昭如（あきゆき）＝**エ**『火垂るの墓』。**1エ**寺山修司＝**オ**『田園に死す』。

あとまだ文学史やってない人は×でも仕方ないです。

大ムズ **解答** **1** オ　**2** イ

御苦労さまでした。みんなの努力が報われますように。

〔出典：竹西寛子『「あはれ」から「もののあはれ」へ』（岩波書店）〕

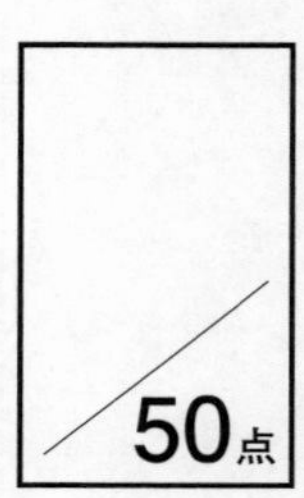